KB149929

이동하는
아시아

이동하는 아시아

발행일 초판1쇄 2013년 4월 30일 | **엮은이** 김미란·오영숙·임우경

펴낸이 유재건 · **펴낸곳** (주)그린비출판사 · **주소** 서울 마포구 동교로17길 7, 4층(서교동, 은혜빌딩)

전화 02-702-2717 · **이메일** editor@greenbee.co.kr · **등록번호** 제313-1990-32호

ISBN 978-89-7682-774-6 93300

이 도서의 국립중앙도서관 출판시도서목록(CIP)은 서지정보유통지원시스템 홈페이지(http://seoji.nl.go.kr)와
국가자료공동목록시스템(http://www.nl.go.kr/kolisnet)에서 이용하실 수 있습니다.(CIP제어번호: CIP2013001864)

이 책은 2007년 정부(교육과학기술부)의 재원으로 한국연구재단의 지원을 받아 수행된 연구임(KRF-2007-361-AM0005).

나를 바꾸는 책, 세상을 바꾸는 책 www.greenbee.co.kr

아이아 총서 104

이동하는 아시아

탈/냉전과 수교의 문화정치

성공회대학교 동아시아연구소 기획

김미란 · 오영숙 · 임우경 엮음

그린비

서론 _ 탈/냉전 아시아 수교의 문화정치, 1970~1990년대

임우경

1. 탈냉전과 이동하는 아시아

1989년 베를린 장벽의 해체는 동구 사회주의권의 몰락과 함께 세계적 냉전의 종결을 알리는 신호탄이었다. 고르바초프 등장 이후 개혁개방을 외치며 쇄신을 추구하던 소련도 결국 1991년 말 연방의 해체를 피할 수 없었고 이로써 근 반세기에 걸친 미소 냉전이 종결되었다. 그러자 동아시아에서도 탈냉전적 합종연횡이 이루어졌다. 1992년 소련 해군이 베트남에서 철수하는가 하면 미국은 필리핀의 아시아 최대의 미국 해군 기지와 클라크 공군기지를 철수시켰다. 또 옐친의 중국방문으로 중소분쟁이 종결되고, 몽골 및 베트남과 중국의 관계가 정상화되었을 뿐 아니라 한국은 북방외교를 통해 적대국이었던 러시아, 중국과 잇달아 수교했다. 베트남 역시 중국은 물론이고 적대국인 한국, 미국과도 수교했다. 또 중국은 남순강화 이래 시장경제로의 전환을 가속화했고, 한국과 태국에서는 군사정권이 종결되었으며 일본에서는 55년 체제가 붕괴되었다. 그즈음 타이완에서는 통독논쟁이 시작되고, 중국과 수교를 맺은 한국은 그새 타이완을 거의 망각해 가고 있었다. 당시 최원식이 예민하게 포착한 것

처럼, 냉전시대에는 상상도 할 수 없던 상황들이 바야흐로 눈앞에 벌어지고 있었던 것이다.[1]

미·소 냉전체제의 와해가 동아시아지역 전체에 불러일으킨 이 거대한 변화에 직면하여 남한에서는 한반도 변혁운동이 나아갈 길은 "진정한 동아시아 모델을 창조적으로 모색"[2]하는 것이라며 동아시아적 시각의 중요성이 제기되기 시작했다. 탈냉전으로 인한 냉전 이데올로기의 퇴조 속에 그동안 냉전적 틀에 갇혀 있던 지역 상상 혹은 지역주의가 새롭게 사고되기 시작한 것이다. 1993년 이후 『창작과비평』이 연이은 특집을 통해 동아시아론을 제기하는가 하면 1995년 『상상』을 중심으로 동아시아적 글쓰기 논쟁이 벌어졌으며, 『전통과 현대』, 『아시아적 가치』, 『동아시아 문화와 사상』, 『동아시아 비평』과 같은 전문 잡지가 잇달아 발간되면서 '아시아적 가치', '유교자본주의론', 문명론으로서의 동아시아론, 정치경제적 동아시아공동체론 등 다양한 맥락의 동아시아론이 제기되고 서로 각축했다.[3] 아시아 담론의 급증은 냉전시대에는 상상하지 못했던, 탈냉전이 가져온 커다란 변화였다. 탈냉전은 남한의 사상과 담론 영역에서 '아시아 귀환'의 시대를 열어젖힌 것이다.

그러나 '아시아의 귀환'이 훨씬 더 의미심장하고 중요한 변화를 보인 것은 담론영역보다도 현실영역에서였다. 그러한 변화는 탈냉전과 함께 무너진 국경 위로 인적, 물적, 문화적 이동들이 급증하면서 시작되었다. 우선 냉전시대 적대국이었던 국가들 간의 관계가 '정상화'되고 국교

---

1) 임우경, 「비판적 지역주의로서 한국 동아시아론의 전개」, 『중국현대문학』 제40호, 2007.
2) 최원식, 「탈냉전시대와 동아시아적 시각의 모색」, 『창작과 비평』 1993년 봄호, 212쪽.
3) 1990년대 이래 한국의 동아시아론에 대해서는 임우경, 앞의 글 참고.

가 수립됨에 따라 과거 진영논리에 갇혀 금단의 땅으로 여겨지던 구 사회주의 국가로의 이동이 활발히 이루어지 시작했다. 과거 공산권 국가를 방문하려면 사전에 반드시 받아야 했던 안기부 교육도 수교와 함께 사라졌다. 죽의 장막(竹─帳幕), 철의 장막 너머의 세계에 대한 호기심과 저마다의 기대를 품은 사람들이 이제 미국 대신 러시아로, 대만 대신 중국대륙으로 떠났다. 단기간의 여행객을 제외하면 그들 대부분은 유학생이거나 새로운 시장과 저임금 노동력을 찾아 이동한 기업과 상인들이었다. 뒤따라 대중문화도 이동했다. 탈냉전과 함께 소련과 중국 대륙의 영화가 남한 상업극장에 걸리더니 몇 년 후에는 중국, 몽골, 베트남 등지에서 '한류'가 등장하고 한국의 연예인들이 국경을 넘는 '아시아의 별'이 되기 시작했다.

반대로 사회주의 국가였던 중국, 몽골, 베트남, 러시아 등지의 사람들이 비싼 임금과 더 나은 경제적 조건을 찾아 남한으로 밀려들기 시작했다. 10년도 채 되지 않아 "베트남 여성과 결혼하세요"라는 결혼중개업소의 현수막이 대로변에 버젓이 걸릴 정도로 국제결혼 이주여성이 늘어나고, 어느 식당에 가나 종업원으로 일하는 중국조선족들을 흔히 볼 수 있게 되었다. 이처럼 급증하는 외국인 이주노동자들의 인권문제와 국제결혼으로 인한 다문화 문제가 남한의 사회적 핫이슈로 떠오르게 되었다. 한편에서는 이들을 남한 사회 내로 안전하게 정착시키기 위한 정부차원의 정책이 모색되기 시작했으며 또 한편에서는 아시아 시민연대를 위한 아래로부터의 지역운동도 활성화되었다.[4] 2000년대부터는 이런 현실이

---

4) 대중의 일상 속에 형성되는 동아시아적 현실과 문화적 상상에 대해 더 자세한 것은 임우경 앞의 글, 제5절 '담론과 현실' 참고.

대중문화에도 반영되어 「아시아! 아시아!」, 「러브 인 아시아」처럼 아시아인들을 소재로 하는 전문 다큐예능 프로그램이 사람들의 휴머니즘을 자극하며 인기를 누리게 되었는가 하면, 남한사회 속 아시아인들의 삶을 소재로 한 영화나 드라마도 심심찮게 등장하기 시작했다. 여기에 또 인터넷 문화의 확산은 때로는 국경을 강화하는 민족주의적 대결의 장을 열기도 하고 때로는 팬덤처럼 초국적 공동체의 장을 열기도 하면서 실제와는 또 다른 사이버상의 이동 공간을 확장하고 있다.

베를린 장벽의 해체가 동서냉전의 와해를 선언하는 상징이었듯이 한국에서 탈냉전의 실감은 이처럼 국경의 허물어짐과 더불어 왔다. 무너진 국경 위로 이루어진 인적, 물적, 문화적 이동들은 다양하고 혼종적인 문화의 접경지대를 낳게 되었으며 그 와중에 아시아라는 지역과 지역주의가 새롭게 부각된 것이다. 일상은 새로운 아시아 상상이 만들어질 뿐만 아니라 다양한 층위의 아시아적 삶들이 서로 횡단하고 번역되며 새로운 혼종적 현실을 구성해 내는 미시정치의 장이 되었다. 아시아 지역 간 다양한 이동은 그와 같은 혼종적 아시아를 구성해내는 접경지대로서 일상을 작동하게 하는 중요한 작인인 것이다. 그리고 그와 같은 이동을 대규모로 가능하게 만든 결정적 계기가 바로 탈냉전이었다. 탈냉전으로 인해 과거 적대 국가 간 관계가 '정상화'되고 새롭게 수립되면서 그와 같은 대규모 이동이 현실적으로 가능해졌기 때문이다.

그런 점에서 우리는 아시아에서 탈냉전과 함께 이루어진 국가 간 관계들의 재구성, 특히 과거 적대진영에 속했던 국가 간 수교와 냉전의 관계에 주목하고자 했다. 국민국가는 냉전시대 진영을 구성하는 정치적 기본단위로서 국가 간 수교의 문제는 냉전 또는 탈냉전의 미묘하거나 첨예한 국면변화를 반영한다. 본서는 이른바 세계적 탈냉전의 흐름 속에 아시아 국가 간 성립된 수교를 계기로 아시아 일상 속에 새롭게 형성된 다양한 문화적 층위의 이동에 주목하고 그 문화정치를 추적해 보자는 취지에서 시작되었다. 서론에서는 본서에 실린 논문들이 공통으로 대면했던 연구의 전제로서 아시아에서 탈냉전과 수교 및 이동의 관계에 대해 간략히 검토한 후 각 논문들의 내용을 간추림으로써 본서에 대한 소개를 가늠하고자 한다.

2. 아시아에서 냉전과 수교의 관계

사실 국교의 수립은 굉장히 다양한 차원의 이해관계와 주체의 의도가 개입되는 국제정치적 행위이기 때문에 탈냉전이 수교의 전제조건이라고 말하는 건 지나친 단순화임에 틀림없다. 더구나 냉전의 주축이었던 미국과 소련도 1933년 수교한 이래 반세기가 넘는 대치관계 속에서도 단교를 한 적은 없었다. 하지만 탈냉전과 함께 이루어진 동아시아지역의 합종연횡은 적어도 이들 나라에서 수교와 탈냉전이 긴밀한 관계에 놓여 있음을 시사한다. 예컨대 남한에서는 탈냉전과 함께 이른바 '북방외교'를 추진했다. 냉전질서의 주역이었던 남한의 군사정부가 스스로 과거 적대국이라 규정했던 국가들과 급작스런 교류를 선언하며 기민하게 탈냉전 국면을 주도했던 것이다. 그리하여 남한은 1989년 헝가리, 폴란드, 유고, 이라크와 수교하고, 1990년에는 러시아, 몽골, 불가리아, 체코, 알제리와, 1991년에는 알바니아, 리투아니아, 1992년에는 중국, 베트남, 우즈베키스탄과 같은 구 소련의 연방들과 연달아 국교를 수립했다. 1989년 이후에만 59개국과 수교했으며 그 중 대부분이 과거 사회주의 진영의 국가들이었다. 탈냉전이 남한의 수교 봇물을 틔운 것이다.

탈냉전과 수교의 긴밀한 관계는 이처럼 과거 냉전의 최전선이었으며 여전히 준전시 상태로 대치하고 있는 남북한의 경우 특히 두드러진다. 탈냉전과 함께 남한은 2012년 현재 전 세계 192개국 중 시리아, 마케도니아, 쿠바 3개국을 제외한 189개국과 수교한 상태다. 북한도 1970년대 중국이 미국과 화해하고 서방외교를 추진하자 따라서 서방과의 외교관계를 확대하기 시작했으며 현재 남한과 수교관계가 없는 위의 3개국을 포함하여 전체 161개국과 외교관계를 수립한 상태다. 그중 158개국은 남한도 수교관계를 맺고 있는 이른바 공동수교국이다. 한편 탈냉전과 함께 남북한은 1992년 동시 UN가입을 이루었지만 정작 양자는 여전히 미수교 상태다. 양자는 서로를 하나의 주권국가로 인정하지 않기 때문이다. 2012년 남한 외교통상부 홈페이지에는 남한과 북한의 외교관계 수립 현황을 남북한 단독수교, 남북한 공동수교로 나누어 소개하고 있다. 북한은 남한의 외교대상국이 아니라 남한과 동시에 소개되어야 하는 존재이며, 아예 외교 수립 대상에서 제외되어 있다. 이는 남북한이 통일된 근대 민족국가 건립을 여전히 미완의 과제로 삼고 있음을 보여 준다. 미완의 네이션으로서 남북한은 근본적으로 수교를 맺을 수 없는 관계인 것이다.

그것은 중국 양안도 마찬가지다. 그런데 내전으로 인한 분단을 경험했다는 점에서 중국 양안은 남북한과 유사하지만 수교 양상은 사뭇 다르다. 남한의 외교관계 수립 현황표에는 북한과 함께 대만도 외교대상국에서 아예 제외되어 있다. 남한은 1992년 중국과 수교하면서 대만과는 단교를 했다. 1951년 영국이 중국을 인정하자 대만은 영국과 단교를 선언했고 1964년에는 같은 이유로 프랑스와 단교했다. 다음의 〈표〉에서 보이듯이, 2차대전 이후 국제사회에서 중국을 대표하는 국가로서 대만

중국-대만의 수교국 증감 현황(1969~2007년)

연도	중국	대만	비고
1969	44	67	
1970	49	66	
1971	66	54	대만 UN 퇴출
1972	87	39	대만-일본 단교
1973	89	37	
1974	97	31	
1975	106	26	
1976	111	26	
1977	114	23	
1978	116	21	
1979	120	22	대만-미국 단교
1980	124	23	
1981	124	23	
1982	125	23	
1983	129	24	
1984	130	25	
1985	133	23	
1986	133	23	
1987	134	23	
1988	134	22	
1989	131	26	
1990	137	28	대만-사우디 단교
1991	141	29	
1992	156	29	한국-대만 단교
1993	158	30	
1994	159	29	

연도	중국	대만	비고
1995	161	30	
1996	161	30	
1997	164	29	
1998	166	27	
1999	166	29	
2000	166	29	
2001	166	28	
2002	167	27	
2003	167	27	
2004	168	26	
2005	168	25	
2006	169	24	
2007	170	23	

출처: Taiwan Research Community "Hello! Taiwan 안녕! 대만"(작성자: 최창근, http://blog.daum.net/caesare21/59, 열람일 2013.3.25).

은 1969년 67개국과 외교관계를 맺고 있었다. 그런데 중화인민공화국의 UN가입과 함께 UN에서 퇴출당한 1971년 대만의 외교수립국은 54개로 줄어들었고, 중미수교가 이루어진 1979년에는 미국과 단교하는 등 외교수립국이 22개로 대폭 감소했다. 반면 중국은 1970년 49개국이었던 것이 1971년 66개국, 1972년 87개국, 1979년에는 120개국으로 늘었다. 2007년 현재 중국은 170개국과, 대만은 23개국과 국교를 수립한 상태다. 세계적으로 냉전과 국교 간의 긴밀한 관계를 이처럼 단적으로 보여 주는 예도 드물 것이다. 이것은 무엇을 의미할까?

아마도 그것은 이들 국가의 식민경험과 함께 탈식민 국민국가 건설에서 냉전논리가 담당했던 역할과 무관하지 않을 것이다. 오랜 식민 상태에서 벗어나 최초로 자신만의 근대국가를 수립했던 여러 아시아 국가들은 미소 대결이 심화되던 상황에서 불가피하게 양극체제로 수렴되어 갔다. 이들 신생국에서 민족해방을 지향하는 다양한 정치세력들은 좌우 대결로 치달았고 심지어 내전을 거쳐 무력으로 정권을 획득하는 데 이르렀다. 특히 중국 양안, 남북한, 남북베트남은 조금씩 차이는 있지만 모두 자본주의와 사회주의적 이념이 서로 극렬하게 경합한 결과 두 개의 유사국가로 분열되었다. 독일이 냉전의 양극인 미국과 소련에 의해 그야말로 강제 분할되었다면, 중국 양안, 남북한, 남북베트남은 민족해방을 지향하는 내부 민족주의 세력 간의 극단적 경쟁이 세계적 냉전국면과 결합되면서 두 개의 정치공동체로 분열되고 열전까지 치러야 했다.

분열된 양쪽 모두에게 냉전 논리는 민족해방과 국가건설이라는 궁극적 목표를 달성하기 위해 양보할 수 없는 방법론이자 정권의 합법성을 주장할 수 있는 근거였다. 그 결과 이들의 분열적 민족국가 건설에서 냉전 논리는 국가정체성의 주요 골간으로 자리 잡았다. 민족해방과 민족국가 건설이라는 대의는 정권의 냉전 논리에 무소불위의 권력을 부여했고 그 냉전 논리는 다시 이들 국가의 민족주의를 옹호하면서 서로를 강화해 온 셈이다. 그리하여 냉전 시기 이들 정권은 모두 내부적으로 국가의 냉전 이념을 부정하는 세력에게서 국민의 자격을 박탈했고 외부적으로는 국제사회에서 자신의 냉전적 국가 정통성을 수호하고 인정받기 위해 투쟁했다. 무력으로 전쟁에 승리한 베트남은 단일한 민족국가 건립에 성공했지만 중국 양안과 남북한은 여전히 미완의 네이션으로 남아 서로 국제사회의 인정을 얻기 위해 경쟁하며 이 같은 투쟁을 계속하고 있는 것이다. 유독 아시아에서 수교/단교가 탈/냉전의 중요한 하나의 표지일 수 있다면 그것은 바로 냉전 이념이 해당 국민국가의 존립 이유가 되었던 이들 지역 현대사의 특수성 때문일 것이다.

한편 수교를 중심으로 아시아에서 탈냉전을 살펴보면 또 하나 흥미로운 사실을 발견하게 된다. 바로 탈냉전의 시간대가 훨씬 광범위하다는 사실이다. 세계적 탈냉전이 동구 공산권의 와해와 소련의 해체가 이루어진 1990년을 전후로 이루어졌다면 아시아에서 탈냉전은 그보다 거의 20년이나 빠른 1970년대로 거슬러 올라간다. 가장 중요한 사건은 역시 1972년 닉슨의 중국 방문이었고, 그보다 더 근본적으로는 이미 1950년대부터 조짐이 시작된 중소분쟁이었다. 1969년 우수리 강에서 소련과 전투까지 벌이게 된 중국은 본격적으로 서방외교를 추진하며 반소 독자노선을 추구했다. 그리하여 냉전기였던 문화대혁명 시기에도 중국은 캐나다, 이탈리아, 오스트리아, 호주 등과 수교하고, 1972년에는 미국과 화해하고 일본, 서독과 수교했으며, 1975년에는 필리핀, 태국, 방글라데시와 수교를 맺고 1979년 벽두에는 급기야 미국과 수교를 성사시켰다. 뒤이은 중국의 개혁개방과 시장주의의 물결은 중국에서 탈냉전의 흐름을 밑으로부터 견고하게 뒷받침했다. 1970년대 이 같은 중국의 탈냉전적 행보를 흔히 '데탕트'나 '해빙기'의 지표로 보지만 아시아에서 그것은 훨씬 더 의미심장한 불가역적 변화를 가져왔다고 할 수 있다. 중국의 냉전사학가 션즈화(沈志華)가 중미 화해가 이루어진 1971년에 냉전은 끝났다[5]고 말한 것도 일리가 없는 것은 아니다.

이처럼 아시아에서 탈냉전은 일찌감치 시작됐지만, 냉전은 아직도 끝나지 않았다. 앞서도 보았듯이 북한은 아시아에서 유일하게(?) 사회주의체제를 고수하는 국가로서 여전히 미국과 적대관계에 있으며 남한은

---

5) 牛大勇·沈志華, 『冷戰與中國的周邊關係』, 北京: 世界知識出版社, 2004, 5쪽.

물론이고 일본, 프랑스, 이스라엘 등과도 수교관계를 수립하지 않고 있다. 북한의 핵위협, 천안함 사건, 연평도 폭격, 한미군사훈련 등 남북한은 여전히 군사적으로 대치하며 일촉즉발의 긴장 속에 살고 있다. 남북한에서 냉전은 바야흐로 진행 중이며 그런 남북한을 둘러싸고 관련 국가들 역시 그 영향으로부터 자유롭지 못하다. 또 중국과 대만은 이제 냉전적 대립보다는 새로운 민족공동체 간 적대로 나아가고 있는 것처럼 보이지만, 그 분단의 기원과 역사가 세계냉전과 착종되어 있다는 점에서 양안관계가 '통일'에 준하는 어떤 정치적 해결을 보지 못하는 한 완전한 탈냉전의 국면을 맞이했다고 말하기는 어려울 것이다. 남북한이나 중국 양안처럼 미완의 근대 민족국가가 존재하는 한 아시아에서 "아직은 탈냉전 시대가 아니다"라는 주장은 계속해서 제기되고 지지받을 것이다. 아시아에서 탈냉전은 1970년대에 이미 시작되었으되 여전히 '완전한' 상태의 탈냉전 시대로 진입하지는 못한 셈이니, 벌써 40여 년째 아시아는 '탈냉전으로 가고 있는 중'이라고나 할까.

아시아에서 냉전과 수교의 관계를 살필 때 또 하나 주목할 만한 것은 바로 일본의 수교 행보다. 1951년 샌프란시스코조약을 계기로 일본은 미국과 관계를 정상화했으며(1952년 4월 발효), 1950년대에 이미 대만(1952)을 비롯해 일본이 과거 침략했던 아시아 주요 국가들과 모두 수교했다. 다만 샌프란시스코 조약에 초대받지 못한 중국 및 남북한과는 외교관계를 수립하지 못하다가 1965년에 가서야 남한과 한일협정을 맺었고, 중국과는 1972년에야 관계정상화를 선언했다. 닉슨의 중국방문으로 뒤통수를 맞은 뒤 서둘러 같은 해 9월 중국과 관계정상화를 선언하고 1979년 중미수교에 앞서 1978년에는 평화조약까지 체결한 것이다. 하지만 북한과는 여전히 미국을 따라 미수교 상태를 유지하고 있다. 그런가 하면 일본은 소련(1954)을 비롯해 체코, 폴란드(1957), 헝가리(1959) 등 동구권과도 일찌감치 수교했고, 1973년에는 막 전쟁에서 승기를 잡은 북베트남과도 수교를 맺었다.

과거의 식민제국이었던 일본, 그리고 새로운 제국 미국의 군사기지이자 우방으로서 냉전의 첨단에 서 있는 일본, 그 두 가지 정체성과 수교의 복잡한 관계는 더 궁구될 필요가 있지만, 일본의 수교행보는 아시아에서 냉전과 수교 사이에 보이는 독특한 상관관계와는 분명 거리가 있어 보인다. 그것은 일본과 아시아 국가들 간 국교수립에서 세계적 냉전국면이 과거 식민관계를 덮을 만큼 더 중요하게 작동했음을 보여 준다. 적어도 아시아에서 전후 국제관계를 재건하면서 일본은 미국과의 냉전적 우방관계 속에서 과거 제국주의자로서의 정체성을 탈각시키는 데 어느 정도 성공한 것으로 보이며, 이는 아시아 냉전의 수립과정에서 탈식민이 굴절되고 불철저하게 이루어졌음을 시사하는 또 하나의 예라 할 것이다. 냉전으로 탈각되었던 과거 일본의 제국주의 정체성이 탈냉전 시대를 맞아 다시 부각되며 아시아 국가 간 민족주의적 대결을 부추기게 된 것은 당연한 역사적 귀결이라고 해야 할까.

요컨대 수교가 탈냉전의 절대적 표지가 될 수 없음은 분명하지만, 수교라는 정치행위를 중심으로 아시아의 탈냉전을 살펴보게 되면 적어도 다음과 같이 의미심장한 몇 가지 사실을 확인할 수 있다. 첫째, 아시아에서 보이는 탈냉전과 수교의 독특한 관계양상은 2차대전 후 아시아 신생국들에서 냉전 논리가 민족국가 정체성의 핵심으로 작동한 것과 불가분의 관계에 있다. 둘째, 아시아에서 탈냉전은 세계적 탈냉전보다 20여 년이나 앞섰던 한편 지금도 여전히 완결되지 않은 진행형으로 존재한다. 셋째, 1970년대 중미화해와 중일관계정상화, 그리고 이어진 시장개혁

등 시종 '유연'했던 중국의 행보가 아시아의 탈냉전적 변화에서 의미심장한 비중을 차지한다. 마지막으로 이 모든 것들 속에 관통되는 것은 역시 아시아에서 민족주의라 아니할 수 없다. 제국주의 침략에 맞서 민족해방을 추구해 온 아시아 각국에서 냉전은 탈식민의 과정과 성격을 규정짓는 핵심 요소였으되 그 극단적 논리를 정당화하는 목표 혹은 가장 궁극적인 방점은 여전히 민족국가에 있었기 때문이다. 그런 점에서 아시아에서 미완의 탈식민은 여전히 미완인 아시아의 탈냉전과 쌍생아인 것이다.

3. 수교와 이동의 문화정치

그렇다면 국가의 경계 개방, 즉 수교가 구 진영 간 교류와 이동을 야기한 유일한 요소일까? 사실은 아니다. 수교와 상관없이 냉전시대에도 민간 교류를 비롯한 특이한 형태의 이동들이 존재했다. 예컨대 중일 민간교류처럼 적대진영 국가 간에도 공공연한 민간의 경제적 문화적 교류 활동이 존재했는가 하면, 국가 간 반체제운동의 상호지지, 초국적 진영연대, 남북이산가족 상봉이나 조선인북송과 같은 인도주의적이고 민족주의적인 기획들, 북파공작대나 간첩처럼 국가가 주도한 정치 이동, 밀수나 밀항 같은 개인적 차원의 이동, 문화자본과 대중문화의 전파 등 다양한 형태의 이동들이 있어 왔다. 탈냉전과 전 지구적 자본주의화가 이루어짐에 따라 이들 이동 중 경제적 교류나 자본, 문화의 이동 같은 것은 급속히 확대되고 본격화되었는가 하면 초국적 진영 연대나 정치적 간첩활동 같은 것은 상대적으로 그 의미가 퇴색하기도 했다. 본서에 실린 여섯 편의 논문들은 모두 아시아 적대진영 간 수교(혹은 수교에 준하는 개방)를 전후로 발생한 탈냉전적 이동과 그것이 과거 일상의 냉전적 감각에 초래한 문화정치적 파장에 주목하고 있다.

먼저 권혁태의 「선린학생회관과 중일관계」는 1967년 봄 일본 도쿄에서 일어난 선린학생회관 사건과 그 파장을 중심으로 국민국가 논리와 진영 논리 사이의 착종관계를 분석한다. 선린학생회관의 전신은 1938년 건립된 '만주국 유일(留日) 학생회관'이었는데 전후에는 일중우호운동의 거점으로 재활용되었다. 그런데 1967년 회관의 소유권을 둘러싸고 5층에 자리한 일중우호협회와 4, 5층에 자리한 재일 화교 학생 간에 물리적 충돌로 부상자가 발생하는 사건이 벌어진 것이다. 권혁태에 의하면 이는 일본공산당과 중국공산당 간의 노선대립에서 발생한 이른바 공공(共共)갈등이 일본 사회운동권의 헤게모니 쟁탈과 맞물려서 일어난 사건이었다. 중공과 일공은 발족 당시부터 적극적인 지지와 우호관계를 유지해 왔지만 베트남전쟁에 대한 사회주의권의 통일전선구축을 둘러싸고 '반미반소'를 주장하는 중국과 '반소'에 소극적인 일공의 입장 차이가 선명해지면서 양당 간 균열이 심화되기에 이르렀다. 그로 인해 그간 일중우호운동의 주축이었던 일공은 1966년부터 중공에 대한 공격을 강화하고 기존의 일중우호운동에 대한 '방해활동'에 착수하게 되었는데, 선린학생회관 사건은 그 대표적 예라는 것이다.

그런데 이 사건은 단지 진영 내부의 갈등과 파열만 드러낸 것이 아니라 일본의 전쟁책임 문제와도 관련된 것이었다. 설립 당시 선린회관은 만주국이 모든 경비를 대고 운영만 일본인이 하였으며 전후 GHQ는 이를 적산으로 보고 일본정부의 청산절차를 중지시킨 바 있다. 이는 건물의 소유권이 중국에 있음을 잠정적으로 인정한 것이었다. 그러나 샌프란시스코 조약 이후 일본정부는 이를 무시하고 다시 회관의 소유권을 일본 정부에 이관하려는 움직임을 본격화했고 그 과정에서 중국소유를 주장하는 화교학생들과의 충돌을 초래한 것이다. 권혁태는 이러한 일본정부의 태도가 침략전쟁을 부정하고 그 전쟁에서 취득한 재산의 '부당성'을 인정하지 않으려는 태도와 맞물려 있다고 본다.

나아가 권혁태는 진영 내부 우호운동의 주체였던 일공도 정부의 그러한 태도를 묵인하고 편들었다고 주장한다. 그는 1955년 이후 국민국가의 논리로 무장하고 있었던 일공이 중소 간의 진영 내 갈등이라는 새로운 사태에 직면하면서 '자주성'이라는 이름으로 일본이라는 국경 안으로 '피신'했다고 분석한다. 그 '피신'의 결과가 선린학생회관 사건이었고 전쟁책임 문제에서 일본정부와 보조를 맞추는 방식이었다는 것이다. 권혁태는 이 같은 분석을 통해서 냉전 시기와 수교에 이르기까지 중일 간 진영 내부의 갈등과 전쟁책임 문제를 둘러싼 민족국가 논리가 어떻게 복잡하게 갈마들며 선린학생회관이라는 하나의 공간을 둘러싼 문화정치를 파생했는지 탁월하게 보여 준다.

한편 임우경의 「중일 인민연대와 탈/냉전 문화이동」은 1978년 중일 평화우호조약 체결 기념 일본영화주간에서 상영된 「망향」(望鄕)과 「추포」(追捕)의 수용과정을 중심으로 중일수교의 또 다른 문화적 풍경을 포착하고 있다. 그에 따르면 신중국 정부는 중일 양국의 인민들은 공동의 적인 일본 정부에 공동으로 맞서야 한다는 이른바 인민외교 정책을 표방하면서 냉전시대에도 양국 간 인민교류를 추진해 왔다. 1978년 일본영화주간의 개최도 그러한 중국의 대일정책과 도쿠마 야스요시(德間康快)처럼 이에 부응한 일본 내 일중우호인사들의 노력이 맺은 결실이었다. 식민/제국주의 전쟁의 참혹한 경험에도 불구하고 중국인들이 큰 반감 없이 일본 영화 「망향」과 「추포」를 수용할 수 있었던 것이나, 일본대중문화가 1980년대 중국에서 크게 환영받을 수 있었던 것도 중일 간 인민연대를 강조했던 인민외교 정책이 중요한 역사적 배경이 되었다는 것이다. 앞서 권혁태가 진영논리와 민족국가 논리의 중층성에 주목했다면 임우경은 양자가 빚어낸 하나의 문화적 결실을 둘러싸고 그 화해적 측면을 부각시킨다.

하지만 임우경 역시 다른 차원에서 진영논리와 민족국가 논리의 중층성을 강조한다. 그에 따르면 중일 간 인민연대 활동은 양국의 국교정상화를 추동하는 바탕이 되었지만, 중일 국교정상화의 실현은 중일 인민연대의 논리를 부정하는 역설에 직면할 수밖에 없었다. 일본정부와 수교한다는 것은 군국주의자요 미제의 공모자로서 중일인민의 공동의 적인 일본정부의 정체성을 탈각시키는 것이었기 때문이다. 실제로 중국은 수교를 위해 일본정부에 전쟁피해보상 청구를 포기했을 뿐 아니라 미일안보체제도 묵인해 주었다. 이는 인민연대의 논리를 뿌리째 흔드는 것이 아닐 수 없다. 그런 점에서 임우경은 더 나아가 국가와 인민 사이의 대표 불/가능성의 문제를 제기한다. 엄밀하게 따지자면 중일 인민연대는 중국정부의 외교정책이었지 실제로 인민들이 주도하는 '민간'교류는 아니었기 때문이다. 임우경은 「망향」과 「추포」가 그렇게 환영받았던 것도 사실은 이 두 텍스트가 모두 '국가를 회의하는 개인'을 다루었기 때문이라고 지적한다. 중국 관중들이 두 영화에서 주목했던 것은 무엇보다 섹슈얼리티와 젠더 역할이었는데 이는 국가 이데올로기에 대항하고자 하는 개인의 욕망이 성적 은유를 통해 더 용이하게 표출될 수 있었기 때문이라는 것이다. 관중들은 개인의 섹슈얼리티를 드러내고 성별 역할을 재규정함으로써 자신의 일상을 대항공간으로 재편해 갔고 이로써 더 근본적으로 국가의 대표성과 그 냉전 논리를 전복할 수 있었다고 한다.

그런 점에서 임우경은 국경을 가로지르는 중일 간 인민연대는 냉전 논리에 근거하면서도 탈냉전적 성격을 포함한다고 주장한다. 그에 따르면 냉전이 미국과 소련을 중심으로 한 자본주의 진영과 사회주의 진영 간의 대립을 말한다고 할 때, 중국정부가 표방했던 인민외교 정책은 사회주의적 국제주의에 입각하여 계급을 중심으로 세계를 이분하는 전형적인 냉전논리라고 할 수 있다. 그런데 한편으로 냉전은 미국과 소련, 그리고 그 추종 국가들을 중심으로 구성된 국가 간 대립이기도 했으며, 아시아에서는 특히 냉전적 진영의 경계가 그 국가의 경계와 일치되었다. 그렇다면 국민국가가 냉전의 경계가 되는 지점에서는 계급적인 횡적 연대가 탈냉전의 계기가 되고, 계급적인 횡적 연대가 냉전의 경계가 되는 지점에서는 국민국가 내부의 종적 통합이 탈냉전의 계기가 될 수도 있는데, 이 '탈/냉전'적 상황에 가장 유의미한 변수로 작용한 것이 바로 국민국가 논리였다. 국민국가의 논리는 냉전의 논리와 때로 결합하고 때로 충돌하면서 아시아의 복잡한 '탈/냉전'적 풍경을 만들어 냈는데, 임우경은 냉전의 횡적 연대로서 중일 간 인민연대와 냉전의 종적 연대로서 중일 간 국교정상화 사이의 모순이 그 전형적인 예라고 주장한다.

김미란의 「탈/냉전기 타이완의 '중국상상'과 민족주의」는 1987년 타이완의 '대륙친지방문' 실시 이후 타이완 사회에서 '국민당'으로 대표되는 냉전적 질서가 도전받으며 타이완 민족주의가 대두하게 되는 맥락을 분석하고 있다. 그에 따르면 1979년 중미수교 이래 중국의 국제적 위상이 높아지면서 양안교류의 주도권이 베이징정부에게로 넘어가자 국민당정부는 오히려 반공정책을 더욱 강화하면서 냉전전략의 일환으로 대륙친지방문을 제안했다. 비록 '대륙에 3촌 이내의 친척'이 있고 '군인 공무원 교육자'를 제외한 개방이었지만, 1987년 고향방문 허용은 냉전으로 가로막혔던 양안의 인적 교류가 공적으로 가능해졌다는 점에서 수교에 버금가는 사건이었다. 하지만 1992년 '양안조례'가 입법되고 '반공'이라는 국시를 정책적으로 포기하기 전까지 타이완정부는 고향방문을 철저히 냉전적 체제경쟁의 장으로 활용하고자 했다. 타이완정부는 귀향객들에게 국가적 차원에서 여비를 지원하고 선물용 가전제품에 파격적인 세제혜택을 주는가 하면 미국에 유학중인 중국대륙의 유학생들을 초청해 타이완 체제의 우월함을 체험하게 함으로써 그들을 공산당에 대한 비판세력으로 양성하고자 했다. 동서독의 경험을 참고한 타이완정부는 고향방문을 통해 타이완의 경제적 풍요와 자본주의적 민주제도의 우월성을 과시함으로써 중국 공산당 정권이 내부로부터 붕괴되기를 기대했던 것이다.

그런데 흥미롭게도 양안개방은 뜻밖의 결과를 초래했다. 김미란은 양안개방으로 40여 년 동안 대륙을 '적'으로 상정해 온 국민당 통치이념이 도전받게 되었을 뿐만 아니라 냉전 시기 양안이 모두 추구했던 '하나의 중국'이라는 원칙 자체가 깨지게 됐다고 지적한다. 그에 따르면 대륙을 방문한 전후 세대들은 냉전 시기 국민당 교육을 통해 자신들이 상상해 온 전원적 고향으로서의 '중국'은 실재하지 않는다는 사실에 실망했다. 또 양안 사회의 차이를 뚜렷하게 인식하게 된 외성인 2세들은 부모세대와 달리 자신들이 나고 자란 타이완에 더 많이 친밀감을 느끼며 타이완인으로서의 정체성을 형성하게 되었다. 곧 '타이완인에 의한 타이완통치'라는 주장이 제기되기 시작했고, 이는 타이완 사회의 민주화 요구와 결합하면서 1980년대 후반 '정당'이라는 정치적 실세로 모습을 드러내게 되었다. 그로부터 '중국대륙과 관련된 일체'의 것으로부터 타이완을 박리해 내려는 본성인들의 '타이완 민족주의'가 갈수록 강화되었다.

타이완 민족주의는 중화 민족주의와 대립하면서 타이완 사회의 내부 갈등을 심화시켰을 뿐만 아니라 대륙과의 긴장감도 높이고 있다. 냉전시대에 양안 정부 모두에게 고수되던 '하나의 중국' 원칙은 탈냉전 시대 양안 개방을 계기로 '하나의 중국, 하나의 타이완'을 주장하는 타이완 민족주의에 의해 부정되기 시작했고 과거 냉전적 대결은 이제 민족주의적 대결과 중첩되며 새로운 전환을 맞고 있는 것이다.

김미란의 글이 인적 이동을 중심으로 양안 간 탈냉전의 복잡한 정체성 문제를 다루고 있다면, 쩡전칭의 글 「충돌의 소리인가 화해의 노래인가」는 '덩리쥔 현상'을 중심으로 아시아에서 냉전과 식민의 문제가 어떻게 탈/냉전기 문화적 이동과 소비에 관련되는지를 분석하고 있다. 1964년 14세의 나이로 데뷔한 타이완 가수 덩리쥔은 1970년대 동남아에서 인기몰이를 한 후 1980년대에는 일본까지 진출하였으며 마침 개혁개방 물결이 일었던 대륙에서도 지하시장과 불법음원을 통해 많은 사랑을 받았다. 1995년 갑작스런 요절은 그녀에 관한 무성한 소문을 낳으며 이른바 '포스트덩리쥔 현상'을 낳기도 했다. 쩡전칭은 각기 다른 지역에서 덩리쥔의 성공은 저마다의 역사적 기억의 상자를 열어젖혔으며, 국공 대결, 중일 간의 원한, 과거 식민에 대한 복잡한 감정들, 고향에 대한 향수들이 경계심을 무너뜨리는 덩리쥔의 감미로운 노랫소리를 따라 줄줄 풀려났던 것이라고 말한다.

그에 따르면 중국에서 덩리쥔은 철의 장막 뒤로 억압되었던 따뜻한 상상이자 냉전으로 가족과 고향을 등진 이들의 향수였으며 닿을 수 없는 자유와 해방의 원초적 고향의 이미지로 소비되었다. 한편 국민당 정부는 덩리쥔과 같은 걸출한 가수의 존재를 타이완이 중국보다 더 민주적인 체제임을 증명하는 증거로 선전하였고, 타이완 내부적으로는 국민당 타이완 통치의 우월성과 정통성을 확립하는 선전도구로 활용했다. 그러나 타이완 민족주의가 발흥하고 중국 관방이 덩리쥔을 양안이 공통의 문화적 탯줄관계에 있음을 보여 주는 징후로 삼기 시작하자 타이완은 의식적으로 덩리쥔을 망각하기 시작했다. 전쟁박물관에 진열된 옛 전사의 전리품처럼 타이완에서 덩리쥔은 이미 드러내고 싶지 않은 냉전사의 흉터가 되어 버렸다는 것이다. 이제 탈냉전과 함께 덩리쥔은 언제 그랬냐는 듯이 상업적으로만 활용되기 시작했고 자연스럽게 관련활동은 주로 타이완이 아닌 중국에서 중국 청중을 대상으로 진행되고 있다.

한편 덩리쥔 현상은 아시아의 식민문제와도 긴밀하게 관련된다. 쩡정칭에 의하면 일본에서 엔카(演歌) 가수로서 덩리쥔이 이룬 성공에는 과거 일본 식민지였던 타이완의 일본 콤플렉스와 과거 식민지에 대한 일본의 향수가 동시에 작동하고 있다. 원래 덩리쥔은 일본에서 '신비로운 정부(情婦)' 이미지로 소비되었는데, '포스트덩리쥔 시대'에 중국어권 지역에서 떠돌았던 무성한 소문과 보도들——덩리쥔과 6·4천안문 사건과의 관련성, 간첩설 등——이 일본에 전해지면서 그러한 신비화가 한층 더 심화되었다. 특히 간첩설이 과거 일본의 중국침략 시기 중국인으로 위장하고 인기를 끌었던 가수 리샹란(李香蘭, 즉 야마구치 요시코[山口淑子])과 덩리쥔의 이미지를 중첩시킴으로서 일본의 식민지 향수를 부추겼다는 쩡정칭의 지적은 흥미롭다. 과거 타이완과 일본은 식민관계에 있었다는 점에서 중국에 파견된 타이완의 간첩 덩리쥔은 중국에 파견되었던 일본의 간첩 리샹란과 쉽게 동일시되었던 것인데, 여기서 필자는 중국의 수중에서 타이완을 쟁취하고 타이완과의 관계를 다시 연결하는 일본의 후식민적 상상을 지적하고 있다. 쩡정칭의 말대로 덩리쥔 현상은 냉전 시기 치열해 보였던 이데올로기 전쟁이라도 그 배후에는 사실 적지 않은 정치적 묵계와 문화적 공식이 존재했으며, 반대로 탈냉전 시기에도 여전히 '보이지 않는 이데올로기적 장벽'들이 문화적 장 속에서 끊임없이 투쟁하며 이어지고 있음을 알게 해준다.

오영숙의 「탈/냉전 시기, 남한의 영화문화와 중국 영화 수용」은 탈/냉전 시기 한국사회의 '감성구조'가 어떠했는지를 당대의 영화문화를 통해 탐색하고 한때 적국이었던 중국의 영화적 부상을 한국 영화계가 어떻게 받아들였는지 추적하고 있다. 오영숙에 따르면, 예술과 영화 방면의 교류는 한소수교나 한중수교 전부터 추진되고 있었는데 그 중요한 지표가 88서울올림픽 기간에 열린 '우수외화시사회'였다. 88서울올림픽이 동서 양 진영의 국가들이 함께 참여하는 '화해'의 올림픽이었듯이 해당 시사회도 동구권 영화를 다수 포함하고 있어 '스크린 올림픽'이라 불리기도 했다. 당시 한국 영화계는 미국 영화의 지배구조를 벗어나 한국 영화의 자생력을 확보해야 한다는 위기의식이 팽배했고 위기를 타개하기 위한 대안으로 동유럽이나 중국, 제3세계 영화 등 다양한 문화권의 영화 수입을 추진하고자 했다. 그러나 당시 수입된 대부분의 공산권 영화는 국제영화제에서 검증된 예술영화들이거나 심지어 반사회주의적 영화들이어서, 자본주의 국가의 영화와는 다른 무언가를 발견하고 싶어 하는 대중들의 기대감은 그리 충족되지 못했다.

그런데 중국 영화, 특히 5세대 영화는 다르게 이해되었다. 오영숙은 중국의 5세대 영화가 인민이나 민중의 힘을 부각하고 집단성을 강조하며 사회주의적 문제의식이 여전히 유효한 것이라고 생각할 수 있는 여지를 제공했다고 한다. 그에 따르면 중국의 5세대 영화는 당시 평론가들에게 집단의 문제를 도외시하지 않으면서도 개인적 미학을 창출하는 존재, 기존의 제3세계 영화처럼 혁명성이나 정치성으로 과부하되지 않으면서도 사회에 실천적으로 참여하는 예술성을 보여 주고, 지역적 특수성을 포기하지 않으면서도 고립되지 않고 보편적 지지를 얻을 수 있는 영화로 이해되었다. 이것이 당시 한국 영화계가 5세대 영화에 주목하고 열광했던 이유였다. 한편 오영숙은 당시 중국 영화를 이해한다는 것은 냉전시대에 굳어온 여러 오해를 넘어서는 작업이기도 하고 이데올로기나 국가의 경계를 넘어서는 영화공동체와 영화미학의 가능성을 타진하는 일이기도 했다면서, 중국 영화의 수용이 아시아영화라는 새로운 범주를 사고할 수 있게 해주었고 상상의 아시아 공동체를 창출하는 데 문화의 의미를 일깨우는 중요한 계기가 되었다는 점도 지적한다.

사실 위와 같은 중국 영화의 수용은 한국 영화계에 결여된 것, 그래서 탈냉전시대 한국 영화가 새롭게 취해야 할 모습에 대한 적극적 검토 과정에서 이루어진 것이었다. 오영숙에 의하면 탈냉전과 함께 한국사회 전반에 탈정치화의 경향이 팽배해 가고 있을 때 영화는 오히려 정치성을 드러내고 사회성을 구현하는 적극적인 장이 되기 시작했으며 역설적으로 영화담론에서 정치성과 사회성이 차지하는 비중은 오히려 확대되었다고 한다. 그와 함께 1980년대 후반 이후 영화감상 소모임이 급격히 증가하고 시네마테크 운동이 부상하였으며 다양한 매체를 통해 영화를 자유롭게 토론하는 문화가 급격히 증가했다. 영화는 '민중문화운동의 대중화'를 보여 준 가장 활기 있는 영역이었다. 오영숙은 영화가 무엇을 해야 할 것이냐라는 실천적 질문과 그 토론의 활성화 속에서 중국 영화에 대한 담론도 보다 활성화될 수 있었다고 보고, 탈냉전 시기 중국 영화의 수용이 탈식민적이고 탈자본적인 생존 가능성을 타진하고 비판적인 탈국가적 초국가적 공간으로서의 아시아를 상상하는 데 긍정적으로 일조했다고 분석한다.

탈냉전은 냉전이라는 '비평화상태'[6]의 종결을 의미하지만 뜻밖에 또 다른 열전을 초래하기도 했다. 바로 1979년 2월에 시작된 중국과 베트남의 국경전쟁이 그것이다. 장쥐안의 「1979년 중월 국경전쟁과 포스트사회주의 중국의 탈/냉전 문화정책」은 1980년대 중국에서 중월국경전쟁을 소재로 다룬 대중영화를 분석함으로써 베트남을 적대시하던 냉전시대의 공포가 점차 내적 자아성찰과 자기분석으로 전환되는 과정과 그 사회적 맥락을 추적하고 있다. 그에 따르면 1980년대 중국대중문화는 전쟁영화가 주류를 이루었는데 특히 베트남을 악의 축, 지역평화의 파괴자, 사회주의의 반역자로 묘사하는 선전용 수사가 빈번히 사용되었다고 한다. 중국정부가 중월국경전쟁을 '정당방위반격'이라 정의한 데서 이들 영화는 '정당방위반격 장르'로 불렸다. '정당방위반격 장르'의 영화들은 전체적으로 대개 국가 이데올로기의 틀을 완전히 넘어서지는 못했지만, 과거와는 달리 뻔하게 윤리적인 영웅주의를 의도적으로 자제한다든가 철저한 군인영웅들을 인간적인 영웅으로 그린다든가, 베트남 여성과 중국남성의 비극적 사랑을 전면에 내세우면서 전쟁의 잔인함을 제기한다든가, 이전에는 다루어진 적이 없었던 고위간부와 평범한 병사들 사이의 불평등, 공권력의 남용과 군인들의 가난, 군인가족에 대한 보살핌의 부재 등을 다룸으로써 과거 국가가 전유했던 전쟁에 대한 의미를 물었고 그 이데올로기에 균열을 내기 시작했다. 장쥐안은 이 같은 분석을 통해 1980년대 이미 변화의 물결 속에 있었던 중국의 대중문화가 인도주의, 개인주의와 결합함으로써 혁명적 영웅주의라는 냉전적 시스템으로부터 탈피하고 있을 뿐만 아니라 반전과 같은 혁신적 주제들을

---

6) 베른트 슈퇴버, 『냉전이란 무엇인가』, 최승완 옮김, 역사비평사, 2008, 15쪽.

탐색함으로써 사회주의적 미학과 도덕주의까지 위협할 수 있었다고 지적한다.

그러나 1989년 베트남군의 캄보디아 철수로 지루했던 중월국경전쟁이 종결되고, 1994년에는 중국과 베트남의 국가관계가 정상화되자 과거의 전장이었던 국경지대는 성공적인 경제특구로 변신했다. 국경의 주민들은 원한과 적개심을 의도적으로 망각하기 시작했고 '정당방위반격 장르'도 빠르게 자취를 감추었다. 그 영화들은 이제 새로운 양국 간 외교정책과 경제개발주의 이데올로기에 대립된다는 이유로 더 이상 영화관이나 텔레비전에서도 상영되지 못한다. 장쥐안은 흔히 1980년대 문화의 자유주의적인 휴머니즘적 전환에만 주목할 뿐 1980년대 내내 10년 가까이 지속되고 있던 중월전쟁은 간과한다고 지적한다. 그 말대로 1980년대 내내 인기를 누렸던 '정당방위반격 장르'의 탈냉전적 성격은 같은 시기 국경에서 진행되고 있던 중월국경전쟁의 냉전적 성격과 맞비추어 놓고 볼 때 그 사이의 의미심장한 간극을 발견할 수 있을 것이다.

이른바 공공(共共) 갈등에서 비롯된 이 전쟁은 궁극적으로 중소분쟁에 기원이 있었다. 중소분쟁으로 중국은 미국과 화해를 도모함으로써 세계적 탈냉전을 촉진했지만 한편으로 이를 공산주의 운동에 대한 배신으로 받아들인 베트남은 소련과 더욱 가까워졌고 이는 다시 중월 간 국경 갈등을 증폭시켰기 때문이다. 앞서 일공과 중공 간의 갈등을 다룰 때 권혁태가 지적한 대로, 중소분쟁을 비롯한 사회주의 진영 내부의 갈등들은 노선대립처럼 보이지만 사실은 사회주의 이념이 국민국가의 이른바 '자주독립' 노선과 맞물렸을 때 소련 지도의 냉전논리가 얼마나 무력해지는가를 보여 준다. 장쥐안도 지적했듯이, 흔히 '공산진영'과 '자유진영' 사이의 대립으로 냉전을 규정하는 연구들은 진영 내부의 이데올로기적 동일성과 연대의식을 전제로 하기 쉬운데, 중월전쟁은 그것이 신화에 불과함을 보여 주는 전형적인 사례가 아닐 수 없다. 중월전쟁 직전인 1979년 1월, 중미수교를 위해 미국을 방문한 덩샤오핑이 중국의 베트남 공격에 대해 미리 미국의 '도의적 지지'를 요청했다는 사실은 냉전논리와 국민국가 논리 사이의 모순이 탈냉전적 계기를 창출하고 이것이 다시 냉전시대 진영 내부의 분열을 강화시키는 냉전사의 아이러니한 순환을 고스란히 보여 준다.

4. '탈냉전'에서 '탈/냉전'으로

간단히 요약한 데서 보이듯이 본서에 실린 논문들은 각자 초점은 다르지만 크게 세 가지 차원에서 서방 세계의 탈냉전과 아시아 탈냉전 사이의 착위(錯位, 어긋남/불일치)를 보여 준다고 할 수 있다. 시간적 착위, 내용적 착위, 공간적 착위가 그것이다. 우선 시간적으로 아시아의 탈냉전은 서방 세계의 탈냉전보다 그 시간대가 훨씬 광범위하고 심지어 어떤 의미에서는 여전히 탈냉전의 시대가 아니기도 하다. 이 같은 특성은 아시아에서 탈냉전 시대 냉전적 계기들의 온존과 동시에 냉전 시대의 탈냉전적 계기들이라는 두 가지 측면에서 모두 서방 냉전과는 다른 내용적 착위들을 만들어 낸다. 그 한가운데 아시아 식민의 역사와 반식민 민족주의에서 비롯된, 유독 냉전 논리와 강하게 유착되어 있으면서도 그것과 충돌하며 길항해 온 고집스런 국민국가 논리가 존재한다. 이 같은 차이는 다시 미소 중심의 냉전과는 다른 경험을 가진 공간으로서 아시아와 그 공간적 착위에 주목하게 한다. 나아가 이들 착위에 주목하게 되면 그간 냉전연구가 얼마나 서구 중심적이었는지, 좀더 정확하게는 얼마나 미국 중심적이었는지 쉽게 깨닫게 된다.

사실 냉전은 그 용어부터가 서구중심적이다. '이루어질 수 없는 평화', '긴 평화의 시대'로 말해지는 냉전은 아시아·아프리카·라틴아메리카에서 1960~70년대까지도 계속되던 식민해방투쟁과 크고 작은 열전을 늘 부차적이고 종속적인 것으로 바라보게 만든다. 예컨대 중월국경전쟁을 이 냉전의 틀 속에서 설명하려고 할 때 곤혹스러움을 느끼는 것도 무리는 아닌 것이다. 이들 지역의 주체적이고 능동적인 냉전개입을 "강아지 꼬리가 강아지를 흔들었다"[7]고 표현한 냉전연구의 대가 존 루이스 개디스의 비유는 그와 그로 대표되는 미국의 냉전연구가 얼마나 서구중심적 사고에 젖어 있는지를 가감 없이 보여 준다. 그와 같은 연구는 늘 냉전을 세계정치의 최고 심급으로 간주하면서 반/식민, 반/제국, 주변/중심은 부차적 문제로 만들고 만다.

그런 점에서 이른바 세계적인 신냉전연구의 등장 이후 그에 대한 비판이 다각도로 이루어지고 있음은 반가운 일이다. "유럽/대서양의 냉평화(cold-peace)와 아시아/태평양의 열전, 제3세계의 혁명과 민족해방운동까지 아울러야 한다"는 '지구 냉전'(Global Cold War) 개념이나 "아시아에서는 '냉전'이라고 하는 개념이 적절치 않다"는 견해, "냉전의 가장 중요한 측면은 군사전략적인 것도 아니고, 유럽중심적인 것도 아니며, 오히려 제3세계의 정치적 사회적 발전과 결부되어 있다"[8]는 주장들은 위에서 말한 아시아 냉전의 착위들을 본격적으로 사고할 수 있게 해준

---

7) 존 루이스 개디스, 『냉전의 역사: 거래, 스파이, 거짓말, 그리고 진실』, 정철·강규형 옮김, 에코리브르, 2010, 186쪽.
8) 이들 다양한 주장과 신냉전사 연구 동향에 대해서는 이병한, 「신냉전사: 중국현대사의 새 영역―비평과 전망」, 『중국근현대사연구』 제53집 참고.

다. 그 외에도 탈냉전 지구의 정치적 복수성(political plurality)을 단순화하고 동질화하려는 서구 냉전 서사들의 시도 속에서는 더 이종적인 민족주의와 그 민족주의로부터 고무된 지역주의를 광범하게 설명할 수 없다는 렁유의 비판[9]이나 홍콩 냉전문화와 민족주의의 긴밀한 관계를 강조하는 로윙샹의 연구[10]도 본서에 실린 여러 필자들의 문제의식과 상통한다.

같은 맥락에서 아시아에서 냉전의 시간대와 '전후'의 시간대를 중첩시켜 보자는 백원담의 성찰도 주목할 만하다. 아시아에서는 민족해방운동과 그 귀결로서 민족국가 독립이 조금씩 시간차를 두고 지속적으로 이루어졌다는 점에서 그는 '전후'라는 시간성을 아시아의 시침으로 돌려놓을 필요가 있다고 주장한다. 일본에 의한 아시아 병영체제와 미국에 의한 일본의 패배가 낳은 아시아적 파장 등, 아시아에서 세계전쟁의 귀결이 남긴 문제를 '전후'라는 개념 속에 육중한 시간감으로 놓아두는 전략이 요구된다는 것이다. 주지하다시피 제국주의 전쟁 이후부터 아시아에서는 중국 내전, 한국전쟁, 베트남전쟁 등 민족해방전쟁이라는 외양에 계급적 격돌을 내재한 내전들이 계속되었다. 백원담의 말대로 이 전쟁의 연속으로 계속 재현되는 전후들, 바로 그 전쟁 이후의 시간대를 새로운 세계 인식 및 관계상이 창출되는 가치 창조의 시간성으로 파악할 수 있다면 그 역시 서구중심성을 벗어난 아시아 냉전 연구에 다가서는 또 하나의 독창적 길이 될 것이다.[11]

---

9) 렁유, 「복수성 관리하기: 냉전 초기 싱가포르 주변의 정치학」, 성공회대 동아시아연구소 엮음, 『냉전 아시아의 문화풍경 1: 1940~1950년대』, 현실문화, 2008, 126쪽.
10) 로윙샹, 「홍콩의 탈식민주의 정치와 문화 냉전」, 같은 책, 179~181쪽 참고.
11) 백원담, 「냉전기 아시아에서 아시아주의의 형성과 재편 1」, 같은 책, 31~32쪽 참고.

다만 본서에 실린 논문들에서는 위와 같은 문제의식을 담아내기 위해 우선 '탈냉전' 대신 다소 생경한 '탈/냉전'이라는 표기를 선택했다. 호미 바바는 통합적인 것으로 여겨지는 민족 내의 문화적 차이와 이질적인 역사들을 가리키고 살려내기 위해 '빗장 쳐진 민족'(the barred Nation[it/Self])을 도입한 바 있는데, 본서 역시 '탈냉전'에 '빗장'을 차용하여 '냉전' 내외부의 다양한 차이와 이질적 역사들을 환기시키고자 한다. 권은선의 말대로 '탈/냉전'은 '탈냉전' 시대에 잔여적인 힘으로 완강하게 버티고 있는 '냉전'의 시간대 및 이데올로기적 힘을 가리키고 탈냉전과 냉전의 상호경합과 동요를 의미화할 수 있다.[12] 나아가 '탈/냉전'은 단지 시간적 착위만을 담아내는 것이 아니라 냉전 자체에 내재된 탈냉전적 계기들, 그리고 일상 속에 펼쳐진 냉전의 자기부정적 혼란과 중층성을 환기시킬 수 있다. 또 나아가 '탈/냉전'이라는 표기는 빗장을 통해 미소대립의 불가피한 국제적 맥락을 고려하면서도 '냉전'이라는 용어 자체의 서구 중심주의적 함정으로부터 거리를 두려는 전략이기도 하다. 본서는 이러한 문제의식을 최대한 반영하고자 했지만 실제로 어느 수준에 미쳤는지는 의문이다. 그저 아시아 냉전에 관한 더 전문적이고 심도 있는 후속 연구가 계속 나오기를 기대하며 본서는 포전인옥(抛塼引玉)의 역할로 만족하고자 한다.

---

12) 권은선, 「'한국형 블록버스터'에서의 민족주의와 젠더」, 『여/성이론』 제4호, 2001년 여름, 106쪽.

차례

선린학생회관과 중일관계:

국민국가의 논리와 진영의 논리

1장 _ 선린학생회관과 중일관계
: 국민국가의 논리와 진영의 논리

권혁태

1. 냉전과 국민국가의 논리 사이에서

냉전이란 기본적으로 사회주의와 자본주의 간의 군사적 대립을 기본으로, 외교적·정치적·문화적 진영 논리가 하나의 이념형으로 체계화되고 대치되는 현상을 말한다. 만일 냉전의 진영 논리가 반공/반소/반중 혹은 반미/반자본주의라면, 군사적 반(反)의 논리는 반드시 각각 친(親)의 논리를 동반하면서 위로부터의 억압과 아래로부터의 동의가 상용(相容)하면서 자기 안정성을 획득해 갈 것이다. 물론 진영은 하나의 단위이기는 하다. 하지만 진영을 하나의 단위라 해도 그 단위는 국민국가라는 기초단위의 연합체(혹은 동맹체)일 수밖에 없다. 더구나 진영은 진영 내의 이념적 통일성을 기하기는 하지만, 그렇다고 해서 반드시 국민국가라는 기초단위의 해소를 지향해 '세계 단일국가'를 구상하는 자기 논리를 가지는 것은 아니다. 그렇다면 논리적으로는 진영의 논리는 국민국가의 논리와 때로는 호흡하고 때로는 갈등할 수밖에 없다. 다시 말하면 냉전 대립은 어디까지나 사회주의 국가군(群)과 자본주의 국가군의 대립이지 사회주의라는 '국가'와 자본주의라는 '국가'의 대립은 아니다. 따라서 사회주의와 자본주의의 대치는 그 진영에 속하는 개별 국가 간의 대립을 통해서 드러난다. 물론 미국을 정점으로 하는 자본주의 국가군 내의 위계적 관계나 소련을 정점으로 하는 사회주의 국가군 내의 위계적 관계는 존재한다. 하지만 위계적 관계가 반드시 국민국가의 해소를 내포하고 있는 것이 아닌 이상, 아니 정확하게 말하자면 국민국가의 형성을 전제로 하고 있다면, 진영의 논리와 국민국가의 논리 사이에는 항상적으로 잠재적인 긴장관계를 내포될 수밖에 없다. 따라서 진영이 국민국가를 해소하려 하거나 혹은 국민국가 내부에서의 정치변동이 진영논리와 모순되는 사태가 발생할 때, 정치변동이 국민국가의 해소를 지향하지 않는 이상, 그 국민국가는 다른 진영으로 '이적'할 가능성을 이론적으로는 가지고 있다. 아시아의 냉전 구조가 냉전의 본고장인 유럽과 특히 다른 지점이 바로 이 지점이다. 아시아나 제3세계에서는 냉전진영에 대한 가담 여부가 민족 해방(독립)과 동시 병행적으로 진행되었기 때문에, 국민국가의 논리가 냉전 논리를 압도할 가능성은 논리적으로 언제나 잠재되어 있었다고 볼 수 있다. 따라서 진영 내의 냉전 논리는 아시아나 제3세계를 이해하는 데 매우 중요한 요소이기는 하지만 그렇다고 해서 진영논리가 국민국가의 논리를 언제나 압도할 만큼 절대적이라고는 볼 수 없다. 이 때문에 아시아 냉전을 바라볼 때, 진영과 국민국가의 관계(호흡과 모순)를 고려해야 하는 것이 첫번째 문제의식이다.

　두번째 문제는 첫번째 문제와 관련되는 것이지만, 냉전 진영 내의 분열이나 갈등 가능성이다. 이는 특히 아시아나 제3세계에서 사회주의나 자본주의 이념의 보편성이 국민국가의 논리를 녹여내지 못하는 데서 기인한다. 중국과 소련 간의 이념 분쟁은 사회주의 이념 노선상의 대립인 것처럼 보이지만, 그 실상에는 아시아에서 사회주의 이념이 국민국가의 이른바 '자주 독립' 노선과 맞물렸을 때, 소련 지도의 냉전 논리가 얼마나 무력해지는가를 여실히 보여 준다. 북한이나 베트남에서 소련 사회주의의 배타적 지도성이 부정되는 역사과정도 이를 잘 보여 준다. 혹은 본문에서 다루는 일본공산당과 중국공산당 간의 대립도 아시아에서 소련 지도의 사회주의 이념의 지도성, 다시 말하면 보편성이 얼마나 자리 잡기 힘든가를 여실히 보여 준다. 서방 세계의 냉전 해체 이후에도 아시아에서 냉전 논리가 강하게 작동되는 것은 아시아의 냉전 논리에 민족해방=국민국가의 논리가 강하게 작용하고 있기 때문이다. 진영 내의 갈등을 아시아 냉전사 연구에 도입해야 하는 이유가 바로 이 지점에 있다.

세번째는 이 같은 아시아 냉전의 특이성이 사실은 유럽의 냉전에 대해 아시아 및 제3세계의 '열전'을 만들어 낸 배경으로 작용하고 있다는 점이다. 한국전쟁이나 베트남전쟁 등이 사회주의 지향성과 함께 민족해방적인 성격을 동시에 가지게 된 것도 유럽 냉전에 대한 아시아 열전의 대표적인 사례일 것이다. 한발 더 나아가면, 유럽의 냉전이 아시아, 제3세계의 '열전'과 어떻게 구조적으로 맞물려 있는가를 고려해야 할 필요성이 여기에서 제기된다.

네번째는 유럽의 냉전구조가 전쟁이나 침략이라는 역사의 구속에서 비교적 자유로웠던 것에 비해 제3세계, 특히 아시아에서는 역사의 구속이, 즉 식민주의의 굴레가 강하게 작용하고 있다는 점이다. 이는 과거사 청산에서 각각 적극적이었던 독일과 소극적이었던 일본이라는 대조적인 두 나라의 태도에서만 나타나는 것이 아니다. 피해국과 점령국의 불일치와 그리고 미국 중심의 아시아 특유의 패전처리에 일차적 원인이 있지만, 일본의 전후 건설 과정에서 철저했던 아시아 배제에 책임이 있다고 볼 수 있다.

다섯번째는 냉전 진영 내의 논리를 고려할 때, 국가의 논리와 시민사회(민간)의 논리를 분리하는 시점이다. 즉 국가 간의 공식적인 대립이 민간교류 그 자체의 원천적인 차단을 반드시 의미하는 것은 아니라는 점이다(물론 중국과 대만, 남북한 사이의 대립은 이와 다르다). 따라서 민간교류가 가지는 상대적 자율성과 그 역할을 중시하여야 한다. 하지만 민간교류가 국가 간의 공적인 대립 여부를 좌우할 수 있는 요인으로 작동하지 못한다는 점도 동시에 고려해야 한다.

이상의 다섯 가지 문제의식을 가지고 이 글에서는 중일우호운동의 일본 측 거점이었던 선린학생회관을 다룬다. 선린학생회관은 후술하는 바와 같이, 원래 '만주국'의 중국인 일본 유학생을 통제 관리하기 위해 도쿄에 건립한 시설이다. 이 시설은 그후 소유권과 관리권을 둘러싸고 1950년대에는 일본 정부와 화교 측, 그리고 1960년대에는 일본공산당과 화교 측의 대립을 거쳐, 중일 국교정상화(1972년) 이후에는 소유권 결정이 유보된 채 중일우호운동의 거점이 되어 현재에 이르는 시설이다. 이 시설을 둘러싸고 벌어졌던 각종 논란을 중심으로 전후 중일 관계의 일본 측 논리를 재구성하는 것이 이 글의 목적이다. 따라서 주로 일본 측의 자료에 의존할 수밖에 없는 것이 이 글이 가지는 특징이면서 동시에 한계이다.

2. 중일국교정상화와 냉전구도의 '역전'

중국과의 국교회복은 언젠가 실현될 것이다. 그리 멀지 않은 시기에 실현될 것이다. 아무튼 시세(時勢)가 변해 버렸다. 전쟁 위기가 완전히 사라지지는 않았지만, 당분간 위기가 멀어졌으니 다른 사람보다 페시미스트인 나도 인정하지 않을 수 없다. 게다가 이제는 미국의 동의도 있고 재계의 공인도 끝났다. …… [중일국교 회복의—인용자] 의미가 바뀌었다고 해도 국교를 회복하지 않는 것보다는 국교를 회복하는 편이 낫다. 그건 당연한 일이다. …… 하지만 일본 인민의 양심이 발휘되어 그 양심에 의해 중국 인민과의 연대를 기대할 수 있는 형태로 중일국교 회복이 결국 실현되지 않았다는 사실만큼은 가슴에 새겨두어야 한다.(1972년 8월)[1]

회담의 성패가 정말로 궁금했다. 조인식 개회가 늦어지자 불길한 느낌조차 들었다. …… 공동성명의 내용이 차례로 소개되면서 어깨에서부터 힘이 빠지는 느낌이 들었다. 거의 예상했던 대로, 아니 예상 이상이었다. 이 정도까지 할 줄이야라는 것이 솔직한 인상이다. 중국인 희생자들은 고이 잠들 수 없을지도 모르지만, 적어도 일본의 전쟁 희생자들은 이제 편하게 눈을 감을 수 있지 않을까.(1972년 11월)[2]

위의 인용문은 일본의 전후를 대표하는 사상가이자 중국전문가인 다케우치 요시미(竹内好)가 중일국교정상화(1972년 9월)를 전후해 발표한 글이다. 1960년 3월에 발표한 글[3]에서 일본의 전쟁책임을 중일국교정상화의 전제로 생각하고 있었던 다케우치는 1972년 9월에 '돌연' 다가온 중일국교정상화를 매우 복잡한 심경으로 받아들이고 있는 듯하다.

---

1) 竹内好, 「中國を知るために」(第98回), 『竹内好全集』(第11卷), 東京: 筑摩書房, 1981, 142~143쪽.
2) 竹内好, 「一百一, 迷惑」, 『竹内好全集』(第11卷), 160쪽.
3) 예를 들면, 竹内好, 「戰爭責任について」, 『日本とアジア』, 東京: 筑摩書房, 1966 참조.

1964년 10월 16일에 있었던 중국 최초의 핵실험 소식을 접하고 "불행한 일이다. 있어서는 안 되는, 있도록 해서는 안 되는 일이다. 인간으로서 일본인으로서 이 일을 안타깝게 여기지 않는 사람은 적을 것이다"라며 중국에 대한 실망을 숨기지 않으면서도, "이성을 벗어나 감정의 면에서는, 말하기 쉽지 않은 일이기는 하지만, 내심 잘 했다. 앵글로색슨과 그 하수인들(일본인을 포함해)의 콧대를 꺾어 주었다는 일종의 감동을 숨길 수 없다"(1965년 1월)[4]며, 중국의 핵무장을 중국의 반서방주의/반제국주의의 상징적 사건으로 받아들였던 다케우치에게도 중국이 제국주의 국가인 미국을 비롯한 서방과, 그리고 그 서방의 '하수인'인 일본과 손을 잡는 중일국교정상화는 일종의 '가치전도'이면서도 "인정하지 않을 수 없는", "시세의 변화"였을 것이다. 그래서 다케우치는 "형식은 [아직—인용자] 조약이 아니지만, 내용은 평화조약 이상의 것을 포함하고 있다. 바랄 수 있는 최상의 것일지도 모른다. 나의 비관론은 기가 막히게 무너졌다"면서 "일단 오늘의 성과를 축하하고 싶다. 생각해 보면 길고 긴 여정이었다. 이로써 최대의 불합리가 제거되었다. 혹은 최대의 불합리를 제거하기 위한 길이 열렸다. 축하하는 것은 당연하다"[5]고 말한다. 그리고 중일국교정상화를 목표로 삼아 자신이 주재해 오던 '중국의 모임'(中國の會)의 해산 결정을 내린다.

다케우치가 "시세의 변화"를 "인정하지 않을 수 없"었던 것은 중일국교정상화가 너무나 갑작스럽게 다가왔기 때문만은 아니었을 것이다. 왜냐하면 전후 일본 사회에서 다케우치를 비롯한 많은 '친중' 지식인들

---

4) 竹內好, 「周作人から核實驗まで」, 『竹內好全集』(第11卷), 295쪽.
5) 竹內好, 「一百一, 迷惑」, 163~164쪽.

은 중국을 비롯한 사회주의 진영에 적대하는 미일안보조약을 폐기하고, '하나의 중국'을 지지하며, 일본이 전쟁책임을 다하는 것이 중일 국교 정상화의 전제라 생각하고 있었기 때문이다. 하지만 다케우치가 복잡한 심경으로 바라보아야 했던 중일공동성명(1972년 9월 29일)은 중일 간의 "비정상정인 상태"를 끝내고 중화인민공화국을 중국의 유일한 합법정부로 승인하며 대만이 중국 영토의 일부분임을 표명하고 있지만, 일본에 대한 배상 청구를 중국이 포기하는 내용을 담고 있는 데다가 미일안보조약에 관해서는 단 한마디의 언급도 없었다.

또 중소대립과 문화대혁명의 소용돌이 속에서 마오쩌둥 이론을 일본뿐만 아니라 세계혁명의 보편이론으로까지 받아들이고 있었던 일본의 신좌익 세력 일부에게도 중국의 '변심'은 매우 당혹스러운 일이었다. 예를 들면 혁명좌파 출신으로 후에 연합적군에 가담한 사카구치 히로시(坂口弘)는 1972년 2월, 경찰과 총격전을 벌이던 아사마(淺間) 산장에서 닉슨 대통령이 중국을 방문해 저우언라이(周恩來) 수상에게 환영받는 장면을 텔레비전을 통해 보고, "우리들의 무장투쟁 노선이 뿌리째 뒤흔들리는 충격적인 일이었다. 그러나 우리들의 미숙한 머리는 그 배경을 무엇 하나 제대로 이해하지 못하고 있어 그저 화면에 비치는 닉슨의 방중 풍경을 그저 멍하니 바라보고 있기만 했다"[6]고 회상하고 있다. 같은 곳에서 텔레비전을 보았던 가토 미치노리(加藤倫教)도 "도대체 우리들이 무엇을 위해"라는 의문을 품게 되어 전의를 상실했다고 회상한다.[7] 또 연합적군의 최고지도자로 사형판결을 받은 나가타 요코(永田洋子)는

---

6) 坂口弘, 『あさま山莊 1972』(下卷), 東京: 探流社, 1993, 90쪽.
7) 山平重樹, 『連合赤軍物語: 紅炎』, 東京: 德間書店, 2011, 450쪽.

1990년에 쓴 책에서 닉슨 방중을 접하고 "어떻게 된 일인지 이해할 수 없어 곤혹스러울 뿐"[8]이었다고 회고하고 있다.

소련 사회주의를 스탈린주의, 혹은 사회제국주의라 비난하고 일본 공산당과 적대적 관계하에서 새로운 사회주의를 꿈꾸고 있던 일본의 신좌익 세력에게 중국 사회주의는 우군이자 살아 있는 혁명노선이었고 일본 자민당 정권과 미제국주의를 타도하는 데 빼놓을 수 없는 혁명의 '본고장'이었다. 중국 사회주의를 혁명노선으로 받아들였던 혁명좌파나 ML파(공산주의자동맹 맑스레닌주의파)는 말할 것도 없고, 중국 사회주의에 대해 비판적이었던 신좌익 세력도 중국의 문화대혁명과 홍위병의 모습에서 '세대론'과 '자기부정'의 논리를 읽어냈다. 국제사회로부터의 고립을 감수하면서도 반제/반미 투쟁을 주장하는 중국 사회주의에서 자신들이 꿈꾸던 '영속혁명'의 의지를 읽어 내기도 했다. 이들에게 중국은 국민국가가 아니라 혁명 '운동체'였다. 따라서 미중, 중일 관계 정상화는 자신들의 타도 대상과 자신들의 '우상'이 손을 잡는 "인정할 수 없는" 사태였다.

줄곧 대중외교의 최일선을 맡아 왔던 사회당은 1971년 2월 26일에 총평(總評)과 함께 일중국교회복국민회의를 결성하고 중일국교정상화를 외교정책의 기본정책으로 자리매김하였으니,[9] 중일국교정상화를 환영하지 않을 수는 없었다. 하지만 정상화 교섭에서 사회당은 완전히 배제되었고, 수차례의 방중을 통해 미국을 중일인민의 '공동의 적'이라고 규정했던 중국공산당과의 공동성명의 흔적을 국교정상화 공동성명에서

---

8) 永田洋子,『續十六の墓標』, 東京: 採流社, 1990, 89쪽.

9) 이 점에 대해서는 原彬久,『戰後史のなかの日本社會黨』, 東京: 中央公論新社, 2000 참조.

찾는 것은 불가능했다. 일본공산당은 공식적으로 중일국교정상화에 환영의 뜻을 표했다. 하지만 동시에 미일안전보장체제와 센카쿠(尖閣)=댜오위다오(釣魚島) 영토 문제에 대해 언급조차 하지 않은 공동성명에 불만을 나타냈다. 게다가 후술하는 바와 같이 중국공산당의 일본에 대한 "부당한 내정간섭"과 "압력"에 대해 사과가 없다는 불만을 숨기지 않았다.[10]

전후 중국과 일본의 친선교류에 힘을 쏟아 왔거나 혹은 중국에 호의적이었던 일본사회당, 일본공산당, 신좌익의 '소외'와 불만과는 달리, 중일 국교정상화에 대한 일본 사회의 반응은 일부 우익을 제외하면 대체로 호의적이었다. 새로운 수출시장을 모색하던 일본의 독점자본에게 중일국교정상화는 새로운 시장 개척의 가능성으로 다가왔다. 자민당도 친대만 보수파 의원을 제외하면 환영 분위기였다. 1960년대부터 중일국교정상화를 주장하였고 중일국교정상화 교섭에서 실질적으로 중요한 역할을 했던 공명당 역시 공동성명에 대해 환영하는 분위기였다.

냉전 논리에 입각해 중국에 대해 적대적인 입장을 취했던 보수 진영이 '적성국가' 중국과 손을 잡고 이에 대해 환영의 뜻을 표하고, 중국과의 관계 개선을 줄곧 주장했던 좌파 등이 정상화 과정에서 '소외'되고 이를 복잡한 심경으로 바라보게 되는 중일 국교정상화라는 '사건'에서 냉전 구도의 '역전'을 읽어낼 수 있다. 물론 다케우치는 냉전의 질곡(전쟁위기)이라는 "최대의 불합리를 제거하기 위한 길이 열렸다"며 희망론을

---

10) 예를 들면, 「日中國交回復の實現に際して」(1972.9.29), 「尖閣列島問題に關する日本共産党の見解」(1972.3.31), 日本共産党中央委員會, 『日本共産党國際問題重要論文集』(9), 東京: 日本共産党中央委員會出版局, 1975 참조.

말했지만, 그후에 전개되는 중일 관계가 그가 말한 냉전의 질곡에서 벗어 나갔다고는 말할 수 없다.

중일국교정상화의 영향은 매우 컸다. 지지(時事)통신사의 조사에 따르면, 1960년대에 중국을 "좋아한다"고 답한 비율은 2~3%에 불과했고 "싫어한다"고 답한 비율은 30~40%에 달했다.[11] 그런데 일본 내각부의 조사에 따르면, 중국에 대해 친밀감을 느끼는 사람의 비율은 1978~1988년에 평균 71%로 급증했다.[12] 이 같은 대중여론의 급격한 호전은 1972년 중일공동성명, 1978년 중일평화조약의 영향일 것이다. 이렇게 보면 냉전 시대의 민간교류가 국교정상화로 귀결되고 국교정상화가 대중 이미지의 개선으로 이어지는 일종의 선순환을 읽어낼 수 있다. 하지만 2000년대에 들어서서 일본의 대중 이미지는 악화일로로 돌아선다. 중국에 대해 호감을 느끼는 일본인은 10% 전후에 불과하고 60~70%가 혐오감을 느낀다. 중국의 일본 연구자 김희덕(金熙德)은 대만문제와 역사문제가 전후 중일 관계의 "가장 중요하고 민감한 문제"라고 말하면서, 1972년의 중일 국교정상화 이후의 중일 관계를 '72년 체제'라 명명하고 있다. 그리고 72년 체제에서 확인된 것은 "대만 문제, 역사인식, 안전보장, 영토 등의 처리원칙에서", 도달한 "결합점"이었다고 말하고 있다.[13] 여기서 말하는 역사인식이란 물론 일본 측에 배상을 요구하지 않되, 최소한 도쿄재판에서 확인된 전범에 대한 일본 측의 확고한 태도 위에 72년 체제가 작동되고 있다는 의미이다. 하지만 2000년대 들어서 교

---

11) NHK放送世論調査所, 『図説戦後世論史』, 東京: 日本放送出版協會, 1982 참조.
12) 日本内閣府, 「外交に關する世論調査」(http://www8.cao.go.jp/survey/index-gai.html).
13) 毛理和子, 『日中關係: 戦後から新時代へ』, 東京: 岩波書店, 2006, 90쪽.

과서 문제, 야스쿠니 문제, 센카쿠=댜오위댜오 등의 역사인식문제와 이른바 '중국위협론'의 부상 등은 72년 체제의 위기를 가져다주었다. 이 과정에서 위에서 말한, 이른바 국민국가의 논리와 이와 연동되는 식민주의 문제가 다시 부상하는 것이다. 따라서 정부 간 교섭에서 배상 없는 사죄로 '봉합'된 전쟁책임의 문제가 2000년대의 중일관계의 악화를 가져다주었다고 할 수 있다. 그렇다면 배상 없는 사죄로 '봉합'된 대표적인 사례인 선린학생회관 문제를 살펴보자.

3. 선린학생회관과 일중우호운동

1) 선린학생회관과 '공공'(共共) 갈등

1967년 2월 28일부터 3월 2일 간에 도쿄의 중심가에 자리한 '선린(善隣) 학생회관'에서 사건이 발생한다. 5층 건물의 아래층에 자리한 일중우호 협회(日中友好協會)와 4, 5층에 자리한 재일 화교(華僑)학생 간에 물리적 충돌이 발생해 적지 않은 부상자가 발생한 것이다. 물리적 충돌의 원인을 둘러싸고 일중우호협회 측은 화교학생 측의 폭력 도발에 대한 '정당방위'임을, 화교학생 측은 일중우호협회 측의 '선제 폭력'에 의한 일방적인 피해임을 각각 주장하는 등, 지금까지 그 진상은 객관적으로 밝혀져 있지 않다. 일본에서 전개된 일중우호운동의 양대 축이었던 화교학생과 일중우호협회 사이에 어떤 일이 발생한 것일까? 이 사건에 대해 일본 공산당 측은 기관지 『아카하타』(赤旗)를 통해 다음과 같이 말하고 있다.

> 2월 28일부터 3일 동안 중국 재일학생 고라쿠료(後樂寮) 자치회의 재일화교학생, 일중우호협회의 탈주분자, 반당 대외맹종분자, 일부의 재

일화교 등이 도당(徒黨)을 짜서 연일 일본중국우호협회를 습격했다. 그리고 이 비열한 공격으로부터 일중우호협회를 지키고자 사무소 입구에서 스크럼을 짜고 있던 사무국원을 때리고 차는 등의 폭행을 가해, 지원을 위해 뛰어온 도쿄 각 지역의 일중우후협회 회원, 노조조합원, 민주단체회원을 포함해 확인된 것만 수십 명이 병원 치료를 받아야 할 만큼의 부상을 당했다. 일본의 수도 도쿄에서 일부 외국인에 의한 백주대낮의 이 같은 상해행위는 상식적으로 있을 수 없는 일이다.[14]

이에 대해 화교학생 측은 다음과 같이 말한다.

일공 수정주의 그룹은 선린학생회관의 일각을 가로채어 가짜 '일중우호협회'를 반중국의 거점으로 삼아, 2월 28일부터 3월 2일에 걸쳐 연일 폭도를 지휘해 화교청년학생에게, 또 폭압에 대항에 싸우고 있던 화교청년 학생을 지원하기 위해 달려온 일본의 우인들에게, 광기의 박해를 가해 부상자 7명을 포함한 이십여 명의 부상자가 발생하는 등, 경악할 만한 유혈사건을 일으켰다. 일공수정주의 그룹의 광기에 가득 찬 반중국 폭행은 일본의 경찰당국의 면전에서 공연히 일어났다. 하수인은 지금도 법망을 벗어나 있고, 선린학생회관에 사는 화교학생들의 신변 안전이 위협받고 있다. 사태는 매우 중대하다. 일공 수정주의가 일으킨 이번 반중국 유혈사건은 우연한 것이 아니다. 이는 제국주의, 수정주의 및 반동파에 의한 반중국 대합창의 일부이며, 일공수정주의 그룹이 작년

---

14) 「暴力による攻撃にたいしては, 毅然として正当防衛權を行使し, 日本の民主運動を徹底的にまもろう」, 『赤旗』, 1967.3.4(『中國研究』, No.80, 日中出版, 1977.3/4에서 재인용).

이래 계획적, 조직적, 공개적으로 진행시켜 온 반중국 활동의 일환이다.
중국인 유학생을 구타했던 소련 수정주의의 피 냄새 나는 폭행과 그 궤
를 같이하는 것이다.[15)]

　　일본공산당 측은 화교 학생 측을 "일중우호협회의 탈주분자, 반당
대외맹종분자, 일부의 재일화교"로, 화교학생 측은 일본공산당 측을 "일
공 수정주의 그룹", "반중 활동", "제국주의", "수정주의", "반동파"라 지
목한다. 일본공산당이 말하는 탈주분자란 "중국의 문화대혁명과 홍위병
운동을 일본에 강요해", 화교학생 측의 입장을 두둔하는 "도당적 정치집
단"을 말한다.[16)] 이 서로 어긋나는 지목에서 물리적 충돌의 배경에 중국
공산당과 일본공산당 간의 노선 대립이 깔려 있음을 알 수 있다.

　　따라서 선린학생회관 사건은 일중우호운동에 나타난 이른바 냉전
진영 내 갈등, 즉 공공(共共)갈등의 대표적인 사례이다. 여기서 말하는
공공갈등은 1차적으로는 일본공산당과 중국공산당의 갈등이지만 그 배
경에는 중국공산당과 소련공산당의 갈등이 깔려 있다. 일본공산당과 중
국공산당은 발족 당시부터 우호적인 관계를 맺어 왔고, 일본공산당은
일중우호운동에서 핵심적 역할을 수행하고 있었다. 특히 일본공산당은
1963년 부분적 핵실험 조약(PTBT) 문제에서도 조약에 반대하는 중국
공산당을 지지하면서 당내의 소련파를 일괄 제명하는 등, 친중 자세를
무너뜨리지 않았다. 중국공산당과 일본공산당의 '불화'는 물론 중국의

---

15) 後樂寮自治會發行, 「日共修正主義グループの華僑青年學生に對する襲撃事件の眞相」,
　　1966. 3 (http://home.a00.itscom.net/konansft/zenrin/sinsou/zenrinsinsou.htm).
16) 「日中友好協會襲撃に關する文化人三十五氏の虚構の'聲明'に反論する」, 『日中友好新
　　聞』, 1967. 3. 20 (『中國研究』, No. 80, 日中出版, 1977. 3/4에서 재인용).

48　이동하는 아시아: 탈/냉전과 수교의 문화정치

문화대혁명을 둘러싼 문제에서 비롯되지만, 그것이 구체적인 형태로 표면화한 것은 중소분쟁을 계기로 일어난 베트남전쟁을 둘러싼 문제였다. 1966년 3월 중국에서 개최된 마오쩌둥(毛澤東)과 미야모토 겐지(宮本顯治) 회담에서 베트남전쟁에 대한 세계적 통일전선 구축을 둘러싸고 쌍방 간의 입장 차이가 선명하게 드러났다. 베트남전쟁에 대한 사회주의권의 통일전선구축을 둘러싸고 '반미반소'를 주장하는 중국에 대해, '반소'에 소극적인 일공의 입장 차이가 선명하게 드러난 것이다. 이후 중국공산당은 일본공산당을 '수정주의'로, 일본공산당은 중국공산당을 '패권주의'로 각각 공격하게 된다. 소련 사회주의에 대한 입장 차이가 베트남전쟁에 대한 세계적 통일전선 구축을 둘러싸고 양당 간에 균열을 가져다준 것이다. 양당은 1998년 관계를 정상화할 때까지 대립을 계속한다. 이에 따라 일중우호운동의 일각을 맡아왔던 일본공산당은 1966년부터 중국공산당에 대한 공격을 강화하고 기존의 일중우호운동에 대한 '방해활동'에 적극적으로 착수하게 된다.[17]

예를 들면, 1965년의 성공적 개최에 이어 1966년에 제2회 '중일청년우호대교류'가 일본 측 참가자 800명을 포함해 중국에서 개최될 예정이었다. 하지만 대회 준비 과정에서 일본 측 주관단체인 일중우호협회와 일본청년단체협의회 내의 일본공산당 측의 반대로 대혼란에 빠지게 되었고 대규모 중국 방문을 탐탁지 않게 여기고 있었던 사토 에이사쿠(佐藤榮作) 정부는 이를 빌미로 여권 발급을 거부해 결국 이 교류회는 무산된다.[18]

---

17) 중국공산당과 일본공산당 간의 노선 대립에 대해서는 일본공산당 측을 대변하는 자료로 小島優 編, 『日中兩党會談始末記』, 東京: 新日本出版社, 1980 참조.

또 1966년 11월~12월 기타규슈(北九州)와 나고야(名古屋)에서 개최된 중국경제무역전람회에서 전시 예정이었던 『마오쩌둥 선집』을 비롯한 중국 서적의 판매 및 전시를 일본공산당 측이 방해하는 소동도 발생한다. 또 같은 해에 개최된 원수폭 금지 세계 대회에 일본공산당 산하의 청년 단체인 일본민주청년동맹(민청)이 참가를 거부하는 일도 일어난다. 1966년 11월에는 아세아 통신사의 노조로 하여금 파업을 결행케 해 아세아 통신사[19]의 경영권을 일본공산당 산하에 두려는 방해공작도 일어난다. 이 밖에도 일중(日中) 여행사 관서영업소 폐쇄(1968년), 교육사정연구회 방중 방해 사건(1967년), 제1회 일중청년대교류 기록영화 「단결이야말로 힘」의 상영 저지 사건, 중국혁명사극 「동방홍」(東方紅)의 상영 저지 사건 등도 일본공산당 주도하에 일어난 사건이다. 중국 도서 전문 서점인 극동서점, 다이안(大安) 서점, 우치야마(內山) 서점, 나우카 서점, 사이카(采華) 서점 등에 대해 『마오쩌둥 선집』 등의 진열 판매를 하지 못하도록 압력을 가하는 사건이 발생한 것도 이 무렵이다.[20]

이 같은 대립은 결국은 일중우호협회의 분열로 이어진다. 1966년

---

18) 1965년에도 "일본의 안정과 공안을 해친다"는 이유로 중국 방문 일본인에 대한 여권발급을 일본 정부가 거부하여 우여곡절 끝에 여권을 발급받은 적이 있다. 이상에 대해서는 日本中國友好協會宮城縣連合會結成五〇周年記念實行委員會 編, 『日中友好協會宮城縣連結成50周年記念誌』, 仙台: 日本中國友好協會宮城縣連合會結成五 周年記念實行委員會, 2002 참조.

19) 1947년에 '중국 통신(通訊)사'로 설립되었다가 '아세아(亞細亞) 통신사'를 거쳐, 1967년에 중국통신사로 개칭되었다. 신화사, 통신사, 인민일보, 중국중앙텔레비전(CCTV) 등의 기사를 일본의 각 미디어에 배포하는 일을 하였다.

20) 이에 따라 나우카 서점 및 사이카 서점은 일공에 굴복하여 『마오쩌둥 선집』 판매를 중지하였고, 극동서점은 도호(東方) 서점을 새로 개설해 이에 대항하였다. 일본공산당의 방해 활동에 대해서는 日本中國友好協會(正統)中央本部 編, 『日中友好運動史』, 東京: 靑年出版社, 1975 ; 日中友好協會 編, 『日中友好運動五十年』, 東京: 東方書店, 2000을 참조.

10월 25일 일중우호협회는 제13회 상임이사회를 열었지만 중국지지파와 일공지지파가 격렬하게 대립하였다. 쟁점은 제17회 중국 국경절에 참가한 일중우호협회가 중국의 중일우호협회와 맺은 공동성명(1966년 10월 12일) 채택 여부였다. 이 공동성명에서 문제가 된 것은 "문화대혁명과 홍위병의 혁명적 행동"이 "미 제국주의와 반동파에 대한 가장 뼈아픈 타격이며, 중국이 소련의 지도그룹을 중심으로 하는 현대수정주의와 같이 타락하는 것은 절대로 있을 수 없"다는, 중국의 문혁과 소련에 대한 평가 문제였다. 문혁지지파는 일공지지파의 반대에도 불구하고 공동성명을 43대 13으로 채택하였다. 이에 따라 문혁지지 세력은 일중우호협회(정통)라는 새로운 단체를 결성한다.[21]

결국 선린학생회관에는 중국공산당과 적대적인 일공계 일중 우호협회가 화교학생들과 '동거'하는 기묘한 구도가 만들어졌고 이것이 물리적 충돌로 발전한 것이 위에서 말한 선린학생회관 사건이다. 따라서 선린학생회관에서 벌어진 화교학생들과 일공지지 세력 간의 물리적 충돌은 우발적인 사태라기보다는 일본공산당과 중국공산당 간의 노선대립에서 발생한 공공갈등이 일본 사회운동권의 헤게모니 쟁탈과 맞물려서 일어난 사건이다. 이런 점에서 보면 이 사건의 배후에는 일본의 전후사회를 지탱해 왔던 진영의 논리가 진영 내에서 또 다른 파열음을 준비하고 있는 현상으로 읽을 수 있다.

그러나 이 점과 관련해서 놓쳐서는 안 되는 매우 중요한 문제가 도사려 있다. 즉 일공 측이 중국 지지파를 선린학생회관에서 배제하는 근

---

21) 「日本中國友好代表団と中國日本友好協會代表団との共同聲明」(1966.10.13), 日本中國友好協會(正統)中央本部 編, 앞의 책, 272쪽.

거로 들고 있는 "일본의 수도 도쿄에서 일부 외국인에 의한 백주대낮의 이 같은 상해행위"라는 표현이다. 상해행위의 책임소재 여부를 떠나서 "일본의 수도 도쿄에서 일부 외국인"이라는 표현을 동원함으로써 이른바 주권론과 일본인론을 일본공산당이 가동시키고 있음을 알 수 있다(재일 화교를 "외국인" 일반과 동일시할 수 있는가의 문제는 여기서는 일단 생략하자). 여기서 물리적 충돌에 도사려 있는 두번째 문제를 읽어낼 수 있다. 즉 진영 내 갈등-공공갈등의 배후에는 일본인 대 외국인이라는 대립 구도가 있고 이 대립구도는 건물 소유권을 둘러싼 쌍방 간의 인식차이에 그 뿌리를 두고 있기 때문이다.

일본공산당 측(일공지지 일중우호협회)은 이 건물에 대한 입주권을 임차계약에 근거해 주장한다. 즉 "우리들은 스스로 월세를 지불해 임대한 2층 회의실과 지하창고에 자유롭게 드나들 수 없다. …… 우리 협회(일중우호협회)는 재단법인 선린학생회관과의 계약에 근거해 소정의 임차료를 지불한 세입자이며 이는 민법상 누구로부터도 간섭받을 수 없다"[22]고 말한다. 이어서 "재일 화교학생들은 선린회관이 자신들의 '소유물'인 것처럼 말하면서 일중우호협회에 '나가라!'고 부르짖지만, 이는 완전히 엉터리이다. …… [이 건물은—인용자] 전후에는 '재단법인 선린학생회관'이 소유, 관리, 운영[23]하는 곳이며, 따라서 "화교학생은 이 회관의 소유자가 아니며 재단법인 선린학생회관이 주인"[24]이라는 것이다. 당시 일본공산당 당원이었고 1968년에 일본공산당 당원에서 제명되어 일

<hr/>

22) 앞의 글.
23) 「在日華僑學生と對外盲從分子らの日中友好協會襲擊の眞相」, 『赤旗』, 1967.3.7.
24) 日本中國友好協會, 『外國勢力による干涉と暴力は許せない』, 1967.3.30(http://www.konansoft.com/zenrin/html/nichupanph.htm).

본공산당(좌파)을 결성한 데라오 고로(寺尾五郎)의 기록에 따르면, 일본공산당 측은 화교학생들에게 "교조주의", "외국의 간섭반대", "홍위병 폭력 반대"라는 말과 아울러, "여기는 일본 땅이다! 중국인은 중국으로 돌아가라!", "창꼴로(짱꼴라)는 돌아가라!"[25]라는 차별적인 발언을 거듭했다고 한다.

이에 대해 화교학생 측은 "원래 선린학생회관은 중화인민공화국의 재산이며 중일 양국의 국교가 아직 회복되지 않고 있기 때문에 잠정적으로 이사회에 의한 일시적 관리가 행해지고 있는 것이다. 선린학생회관은 화교학생의 기숙사임과 동시에 중일 우호와 문화교류를 목적으로 한 회관"[26]이라고 주장한다.

즉 화교학생 측은 이 회관의 소유자는 중국이지만, 중국과의 정식 국교가 없으니 일시적으로 재단법인 선린학생회관이 중국을 대신해 회관을 관리하고 있는 것에 불과하다고 보는 것이다. 게다가 이 건물은 중일 우호를 위한 시설이니 반중 활동을 진개하는 일본공산당계의 일중우호협회에 입주자격이 없다고 보는 것이다. 이에 대해 일공 측은 이 건물은 재단법인 선린학생회관의 소유이니 재일 화교나 중국 정부가 이에 대한 소유권을 주장할 수는 없다고 본다. 두 집단 간 갈등의 핵심은 공공갈등이지만, 공공갈등이 건물의 소유권을 둘러싼 언설을 통해 표현되고 있다는 점은 매우 주목할 만하다. 왜냐하면 이 건물의 소유권 갈등이 일본의 침략 전쟁과 이와 관련된 일본의 전후책임에 관련되기 때문이다.

---

25) 寺尾五郎, 『日中不戰の思想』, 東京: 亞東社, 1967의 제1장 참조.
26) 後樂寮自治會發行, 앞의 글.

2) 선린학생회관 문제의 기원과 일중우호운동

선린학생회관[27]의 기원은 전전으로 거슬러 올라간다. 선린학생회관은 원래 '만주국 유일(留日) 학생 보도(補導) 협회'가 1938년에 '만주국 유일 학생회관'으로 설립한 시설이다. 일본의 군부 주도(대동아성 관리)하에 친일 인재 육성을 목적으로 설립된 시설이다. 설립비용과 운영비는 '만주국'이 부담했지만 일본의 법인으로 등록되어 그 운영은 '만주계 일본인'에 일임되었다. 육군소장이 관장을 맡는 등, 철저한 통제가 이루어졌던 곳이다.[28]

그런데 일본 패전과 함께 만주국이 붕괴되자, '만주국 유일학생 보도협회'는 1945년 11월 10일 해산되었고 귀국하지 못한 중국인 유학생들이 회관 이름을 '중화(中華)학우회관'으로, 회관안의 기숙사는 '고라쿠료(後樂寮)'로 개칭해 자주관리하는 상태가 지속되었다. 당시 중국인 유학생들 중, 주로 대륙 출신 유학생은 중화청년회관과 간다료(神田寮)에, 그리고 구 만주 출신 중국인은 고라쿠료와 헤이와료(平和寮)에, 그리고 대만 출신은 청화료(淸和寮)에, 그리고 고자(高座) 해군 공창 출신의 대만 학생들은 청풍료(淸風寮) 등에 각각 기숙하고 있었다. 이들 기숙시설은 전전에는 일본의 중국 침략정책에 협조한 일화학회(日華學會), 만주국 유일학생보도 협회, 대만의 학조(學祖)재단 등이 각각 관리 운영을 맡고 있었지만, 일본의 패전 후, 이들 단체가 해산되자 학생들이 자치적

---

27) 이 회관의 명칭 변화는 그대로 중일 관계의 변화 그 자체를 보여 준다. 만주국 유일(留日) 학생회관(1935.6~1944.2), 만주국 유일 학생 보도(補導)협회(1944.3~1945), 중화학우회관 고라쿠료(後樂寮)(1946.1~), 선린학생회관(1953.3~1987), 일중우호회관(1987~ 현재).

28) 중국 및 만주 유학생에 대한 일본 측의 관리 체제에 대해서는 河路由佳, 「戰時体制下の在日留學性教育」, 『インターカルチュラル』, 1, 2003 참조.

으로 운영하고 있었다.[29]

그런데 일본 정부는 이들 시설의 소유권이 일본에 있다고 보고 선린회관을 포함한 이들 시설들에 대한 청산절차에 착수한다. 이런 움직임에 대해, 1946년 2월 연합국최고사령부(GHQ) 민간재산관리국(CPC)은 만주국유일학생보도협회가 소유하는 만주국 유일학생회관을 '적성(敵性)재산'으로 인정하고 청산정지처분을 내려 일본 정부의 청산 시도에 제동을 걸었고 이 건물의 관리를 일본 외무성에 위임했다. 미국 측의 청산정지 명령은 이 건물의 소유권이 중국에 있음을 잠정적으로 인정한 것이었다. 그런데 중화인민공화국 수립과 이에 연동된 미국의 대중 봉쇄 정책이 본격화되고 미군정의 이른바 '역(逆)코스' 정책이 실시되면서, 회관 거주자인 화교 학생에 대한 탄압이 본격화된다. 1951년 가을에 경찰은 병력 200명을 동원해, 관세법 위반과 외국인 등록법 위반의 혐의로 이 회관에 대한 대대적인 압수수색을 단행한다. 이런 경찰의 움직임에 발맞추어, 신문 등도 화교학생들에게 대대적인 공격을 퍼붓는다. 예를 들면, "밀무역으로 공산당 자금 벌기, 암약하는 적색 스파이, 본거지인 중화민국학우회관을 경찰이 수색"(『요미우리신문』), "중공 밀수 아지트를 치다. 중국학우회관 수색, 주모자는 중공군 장교인가"(『마이니치신문』), "중공 밀무역의 자금?"(『아사히신문』), "중공 밀무역의 본거지를 급습, 마약으로 일공 자금?"(『마이니치신문』), "밀수로 국제공산당의 자금"(『도쿄신문』) 등, 매우 자극적인 제목과 내용으로 화교학생들에 대한 비난을 퍼붓는다. 즉 중국=적색=불법=공작=마약으로 이어지는 이미지 조작과 이를 일본공산당으로 연결시켜 화교학생들을 고립시키려 한 것이

29) 日本華僑華人研究會, 『日本華僑·留學生運動史』, 川口: 日本華僑報, 2004, 68~69쪽.

다.[30] 이 과정에서 화교학생들의 회관 거주권이 사실은 일본이 만든 괴뢰국가 '만주국'과 관련되어 있다는 사실은 후경화되고 재일 화교학생들의 거주권과 소유권은 철저히 배제된다.

샌프란시스코 조약이 발효되어 일본이 미국의 지배에서 벗어나자, 일본 정부는 미군의 청산정지명령을 무시하고 회관의 소유권을 일본 정부에 이관하려는 움직임을 본격화한다. 일본외무성이 구 만주국의 '유일학생회관'의 자산을 '재단법인 선린학생회관'을 신설해 이곳에 이양하고 거주 화교 학생들에게 임대차 계약에 응하도록 요구한 것이다. 이에 대해 화교학생들은 회관 소유권을 부정하는 '법인설립무효확인소송'을 제기하였지만 소송 주체인 화교에게 소송 자격이 없다는 이유로 소송이 기각되었다. 이에 따라 일본 외무성이 신설한 재단법인 선린학생회관 측은 화교 학생들의 거주가 임대차 계약이 없는 "불법 거주"라는 이유를 들어 퇴거를 요구하였고 법원은 이를 받아들여 강제집행의 결정이 내려졌다. 이에 반발한 화교학생들은 재일화교와 일중우호운동 단체와의 협력하에 '고라쿠료를 지키는 모임'을 만들어 이에 대항한다. 화교학생들이 회관을 중국의 재산이라고 보는 근거는 회관의 전신인 '만주국' 유일학생회관이 '만주국' 황제 부의(溥儀)의 거출금으로 만들어졌으니 '만주국'의 재산인데, 그 '만주국'이 소멸했으니 중국의 재산이 되는 것은 당연한 것이며, 이 때문에 미군정도 청산정지명령을 내렸다는 점에 근거하고 있다. 또한 일본 외무성은 미군정의 청산정지명령은 샌프란시스코 조약 발효로 무효라고 하고 있으나, 화교학생들은 샌프란시스코 조약에 중국은 참가도 조인도 하지 않았으니 조약발효를 근거로 삼는 외무성

---

30) 이상에 대해서는 日本華僑華人硏究會, 앞의 책 참조.

의 견해는 설득력이 없다는 점을 들었다.[31] 즉 회관을 둘러싼 소유권 분쟁은 만주국의 성격을 포함한 일본의 전쟁책임 문제와 결부되어 있었던 것이다. 이후 기숙 화교학생들은 "회관은 중국의 재산이기 때문에 일본의 재산이라 주장하는 일본정부에 일관되게 반대해 왔지만, 기숙학생은 민간인이니 재산권 행사를 유보하고 장래 중일양국의 국교회복 후 양국 정부 간에 결정할"[32] 때까지 소유권 여부를 미루자는 타협안을 제시한다. 화교학생들의 타협안을 둘러싸고 일중우호 관련 18단체가 조정에 착수, 결국 1962년 2월 화교 측, 일본정부, 일중우호단체의 3자 회담을 통해 화해가 성립된다.[33] 5개로 이루어진 화해는 다음과 같다.

① 회관 소유권은 일중국교회복까지 미정으로 한다. ② 회관의 관리권은 재단법인 선린학생회관 이사회에 있음을 인정한다. ③ 회관의 3, 4층은 중국인 학생의 숙소로 사용한다. ④ 회관의 1, 2층은 일중우호 사업을 위해 사용한다. ⑤ 일중우호에 관계없는 단체, 기업은 회관에서 퇴거시킨다.

이 결정에 따라, 이사회에 화교 측 추천 인사가 합류하였고, 회관에 구라이시(倉石) 어학강습회(1961년), 일중문화센터(1964년), 일중우호협회(1965년), 일중학원(1964년) 등 일중우호관련단체가 차례로 입주해 명실상부한 일중우호운동의 거점이 된 것이다.[34]

---

31) 같은 책, 192쪽.
32) 같은 책, 191쪽.
33) 같은 책, 186~200쪽.
34) 光岡玄, 「善隣學生會館流血事件の意味するもの」, 『中國研究月報』, 中國研究所, 1967.3.

사실 이 같은 타협안은 물론 화교학생과 일중우호단체의 노력에 따른 것이기는 하지만, 당시의 정치적 변화에 따른 일본 외무성의 입장 선회도 한몫을 했다. 1949년 중화인민공화국 수립부터 1972년까지의 중일관계는 양국의 적대정책으로 인해 그 교류가 철저히 통제 관리되었지만, 제한적인 형태의 비정치적 교류는 매우 활발하게 진행되었다. 특히 중국에 대해 적대적이었던 요시다(吉田) 정권과는 달리, 하토야마 이치로(鳩山一郎) 정권과 이시바시 단잔(石橋湛山) 정권은 대중정책에서 유연한 자세를 보였다. 물론 이 같은 유연한 대중자세는 중국이 펼치는 일본에 대한 평화공세와 맞물려 일어난 것이었다.[35] 1952년 중국공산당 중앙은 "민간외교에 의해 대일 활동을 펼친다"는 방침하에 랴오청즈(廖承志)를 중심으로 대일활동사무실을 설치하였고 1954년에는 저우언라이가 "중국 인민은 군국주의자와 인민을 구별"하며, "중일 양국의 인민이 우호적으로 왕래를 계속하면 [군국주의의 부활의—인용자] 위험은 저지할 수 있다"[36]는 의견을 피력했다. 즉 중국 측의 민간 교류에 대한 의

---

35) 일본의 민간인이 중국 수립 이후 직접 중국을 '합법' 방문한 것은 1953년 1월의 우치야마 간조(內山完造)가 처음이다. 같은 해 6월에는 『인민중국』의 일본어판이 발행되고, 7월에는 중국에서 처음으로 일본 영화가 상영되었다. 이후 양국 간의 교류는 제한적이나마 매우 활발하게 진행되는데, 주된 교류를 보면 다음과 같다. 1954년 10월, 아베 요시시게(安倍能成)를 단장으로 하는 학술문화시찰단의 방중, 중국홍십자 대표 리더취안(李德全) 및 랴오청즈(廖承志) 방일, 1955년 6월 일본 학술계 대표단의 소련 경유 방중, 1955년 6월의 일본 신문협회 대표단의 방중, 1955년 10월 가부키 배우 이치가와 엔노스케(市川猿之助)의 중국 공연, 1955년 10월 정치가 구하라 후사노스케(久原房之助)의 방중과 마오쩌둥 회견(일본인으로서는 첫 사례), 1955년 12월의 귀모러(郭沫若)를 단장으로 하는 중국과학원 대표단의 방일, 1956년 4월 세계탁구선수권 도쿄대회 중국 참가, 1956년 5월 메이란팡(梅蘭芳)을 단장으로 하는 경극단의 일본 방문, 1956년 5월 일본영화주간의 중국 개최, 1956년 11월 일본의 중국문학대표단의 방중, 일중합작영화 「새로운 베이징」 제작과 일본 공개 상영. 이상은 白土吾夫, 「日中文化交流の成果と問題点」, 『アジア經濟旬報』, No. 580, 1964. 7 참조.

36) 小管信子, 『戰後和解』(東京: 中公親書, 2005), 185쪽.

지 표명과 일본 정부의 유화 정책으로 인해 다양한 영역에서 민간 교류가 진행된 것이다. 예를 들면, '일중 양국의 체육에 관한 각서' 교환(1957년), '일중 인민 간의 문화교류에 관한 공동성명'(1957년) 등이 바로 그것이다. 또 경제 분야에서도 정부 간 공식협정은 아니지만 민간협정인 LT무역(1962년)[37]이나 MT무역(1968년)[38]을 통해 무역 관계가 이어지고 있었다.

이 같은 중국과의 민간교류를 주도한 것은 주로 혁신진영이었다. 현재 일중우호운동 7단체라 불리는 단체 중에서 국회의원들의 모임인 일중우호의원연맹, 외무성 중국과 소관의 특수사단법인 일중협회(1975년), 그리고 재단법인 일중경제협회(1972년)는 국교정상화 이후에 설립되었지만, 재계단체인 일본국제무역촉진협회(1954년), 일중문화교류협회(1956년), 일중우호회관(선린학생회관을 1970년에 개칭), 일중우호협회(1950년)는 모두 일본정부가 중국에 대해 적대적인 태도를 취하던 이른바 냉전 시대에 설립된 민간기구이다. 이 중에서 특히 일중우호협회와 일중우호회관은 냉전 시대에 중국의 요구에 부응해, '하나의 중국', '미일안보조약 폐기', '중국에 대한 배상'을 일중국교회복의 전제조건으로 삼고 일중우호운동을 전개한 대표적인 단체이다. 주로 공산당, 사회당 및 자민당의 중국파, 신좌익 일부가 일종의 통일전선 형식으로 연합체를 꾸린 것이다.

---

37) LT무역은 1962년 일본과 중국 사이에 맺어진 '일중 장기종합 무역에 관한 각서'를 말한다. 연락사무소를 설치하고, 정부 보증 융자를 이용한 반관반민적 무역형태이다. 전성기에는 중일무역의 50% 이상을 차지했다.
38) 1968년에 맺어진 '일중각서무역'을 말한다. LT무역을 대체하는 것으로 1년마다 갱신하는 것을 원칙으로 하였고 1973년까지 지속되었다.

따라서 선린학생회관 사건은 통일전선적인 운동체인 일중우호운동에서 핵심적인 역할을 맡았던 일본공산당이 탈락하는 것을 의미했을 뿐만 아니라, 1949년 이후 약 20년 동안 축적되었던 일중우호운동의 성과가 부정되는 사태였다.

물론 이 같은 충돌의 배경에는 또 다른 정치적 흐름이 자리하고 있었다. 일본 정부의 태도 변화가 바로 그것이다. 특히 1964년 11월에 등장한 사토 에이사쿠 정권은 자신의 형인 기시 노부스케가 그러했던 것처럼 중국 봉쇄와 대만 중시를 선명하게 내걸고 대만과의 경제협력 강화, 국제연합 중국 가맹 저지 등을 추진했다.[39] 이에 따라 여러 영역에서 민간 교류가 차질을 빚는 사태가 발생했다.

따라서 선린학생회관을 둘러싸고 일본공산당과 화교학생 사이에서 벌어진 물리적 충돌은 '제2의 냉전'이라 불리는 중소분쟁이 중국공산당과 일본공산당의 대립, 즉 공공갈등으로 발전한 것이지만, 동시에 다른 한편에서는 일본의 전쟁책임 문제가 건물 소유권 문제로 비화되면서 잠재되어 있던 1962년의 '타협책'의 모순이 폭발한 것이라 볼 수 있다. 그리고 선린회관을 둘러싼 대립 구도가 일본 정부 대 화교 및 일중우호단체(일본공산당 포함)에서 일본 정부 및 일본공산당 대 화교 및 일중우호단체라는 형태로 바뀌었다. 따라서 초기의 대립 구도가 국민국가의 논리(식민주의)와 냉전 진영 논리의 반영이었다면, 새로운 대립 구도는 냉전 진영 내의 새로운 대립의 논리가 국민국가의 논리(식민주의)와 결합되면서 증폭된 것이라 볼 수 있다.

이 건물의 소유권을 둘러싸고 벌어진 이런 대립의 구도는 중일국교

---

39) 日中友好協會編, 『日中友好運動五十年』, 東京: 東方書店, 2000, 183~186쪽.

정상화 이후에 가라앉았지만, 그 해결책은 건물 소유자를 명확하게 명기하는 형태가 아니었다. '소유권 보류'라는 1962년의 타협책을 계승하는 방식이었다. 1980년 오히라 마사요시(大平正芳) 일본 수상은 화귀평(華國鋒) 주석과의 회담에서 일중 국교 회복 10주년 기념사업의 일환으로 선린회관에 '일중우호회관'을 새롭게 건설하는 데 합의한다. 그리고 1982년에 중국과 일본은 선린회관 소유권에 대해서는 중국 측은 "보류"를, 일본 측은 "언급하지 않는다"는 입장을 밝혔다. 그리고 1983년에 시작된 신 회관 건설은 1985년에 완공되어 지금에 이른다.[40] 회관의 소유권은 지금도 확정되지 않은 상태이다.

4. 국민국가로 '피신'한 국제주의

'교류'는 기본적으로 하나의 단위 혹은 권역(圈域)과 다른 단위 혹은 권역 사이의 문제이다. 따라서 교류를 문제 삼는 것은 권역/단위 간의 이동을 제한하는 벽을 문제 삼는 것이다. 그렇다면 권역/단위가 권역/단위이기 위해서는 권역/단위를 둘러싼 벽이 있어야 하고 이 벽을 경계로 안과 밖 사이에 차별성이 존재하여야 한다. 이 벽이 아무리 낮아져 안과 밖 사이에 차별성이 약화된다 해도 교류가 국민국가를 전제로 하는 것인 이

---

40) 1982년 10월에 중국 측이 제시한 '7항목'은 다음과 같다. ① 새로운 회관의 목적이 일중우호의 목적에 합치하는 것이라면, '선린'에 대한 재산권은 보류한다. ② 종래의 사용자 권익은 지킨다. ③ 새로운 이사회에 일정 비율의 화교대표를 넣는다. ④ 새로운 이사회에 중국 대표도 넣는다. ⑤ 신관 건설안의 작성 및 신 이사 임명은 선린이사회를 중심으로 행하되 적당한 시기에 중일 양국 정부의 합의를 얻는다. ⑥ 토지 및 건물은 매각하지 않는다. ⑦ 중국이 5억 엔의 자금을 부담한다(河本俊雄,「中國侵略·敵視·蔑視の象徵「善隣學生會館」」,『アジア經濟旬報』(1268), 1983.8, 14~16쪽).

상, 국민국가 그 자체를 해소하는 동력을 자동적으로 내포하는 것은 아니다. 따라서 교류/반(反)교류란 이른바 국민국가의 '주권'의 다른 이름이다. 하지만 이 국민국가의 논리에 냉전의 논리가 덧씌워지게 되면 문제는 한층 더 복잡해진다. 즉 교류를 가로막는 벽이 국민국가의 논리뿐만 아니라 냉전의 논리와 결합되어 작동되는 경우이다. 특히 2차 세계대전 후에 새롭게 만들어진 냉전적 세계 질서는 국가 간 관계를 주권의 논리로만 설명할 수 없는 조건을 만들었다. 따라서 교류/반교류란 주권의 논리이면서 동시에 냉전의 논리이기도 하다. 물론 이 두 가지는 분리 가능한 것도 아니고 또 반드시 상충되거나 상호 융합되는 것도 아니다. 벽의 중층성이다. 예를 들어, 교류를 사람, 상품, 자금, 정보의 네 가지 영역에서 다룬다면, 이들 요소의 교류(이동)를 가로막는 벽은 국민국가 간의 국경이라는 형태로 나타난다. 따라서 벽을 낮추고 높이는 데 동원되는 논리가 냉전의 진영 논리라 해도 그 논리는 국민국가라는 단위를 통해 표현되고 작동될 수밖에 없다. 이런 의미에서 교류란 기본적으로 국민국가의 문제이다. 하지만 동시에 교류/반교류의 이념은 반드시 국민국가의 논리로만 설명할 수 없다. 왜냐하면 복수의 국가군이 모여 동맹(연합)체제를 만들어 다른 복수의 동맹체제와 대립하는 경우에는 동맹 내에 속해 있는 국가군을 관통하고 횡단하는 공통의 자기논리를 가지고 있어야 하기 때문이다. 즉 국가횡단적 이념이다. 이를 진영 논리라 한다면, 국가 간 관계에서 교류/반교류를 규정하는 것은 국민국가의 논리이면서 국가횡단적인 진영의 논리이다. 따라서 국가 간의 적대적 대치상태를 국민국가와 진영이라는 중층적 관점에서 보아야 하는 이유가 여기에 있다.

　이 같은 문제의식을 선린학생회관을 중심으로 중일 관계에 적용한다면, 국가 횡단적 논리, 즉 냉전의 논리가 중일 양국의 공적 교류의 '부재'를 만들어 낸 주범임에는 틀림없다. 따라서 공적 교류의 부재 속에 선린학생회관 문제는 공적인 해결의 방식을 찾지 못하고 철저하게 일본이라는 국민국가 체제 안의 문제에 갇혀 있을 수밖에 없었다. 하지만 동시에 선린회관을 둘러싼 분쟁이 온전히 냉전의 논리 때문이었다고 말할 수는 없다. 왜냐하면 선린회관의 소유권에 대한 일본 정부의 태도는 일본 정부가 침략 전쟁을 어떻게 바라보고 있는가의 문제와 결부되는 것이기 때문이다. 미군정이 선린회관에 대해 청산정지 결정을 내린 것도 이 회관에 대한 소유권 여부가 자신들이 구축하려는 냉전 질서와 분리할 수 있다고 보았기 때문일 것이다. 따라서 일본 정부가 선린회관에 대한 소유권을 주장하는 것은 온전히 침략전쟁을 부정하고 그 전쟁에서 취득한 재산의 '부당성'을 인정하지 않으려는 태도와 맞물려 있다고 볼 수 있다. 이런 의미에서 일본 정부의 태도는 식민주의와 결합된 국민국가의 논리이다.

두번째는 교류의 주체와 관련되는 문제이다. 정부 간의 공적 교류가 '부재'한 상태에서 교류는 일단 이론적으로는 국가로부터 자율적인 시민들에 의한 교류 욕구로 나타날 수밖에 없다. 이 경우, 시민사회와 정부는 때로는 서로 대립하고 때로는 서로 보완한다. 하지만 민간이 자국 정부의 전복을 꾀하는 정치이념으로 무장된 정치집단이 아닌 이상, 민간 교류란 궁극적으로 공적인 국가 교류를 이끌어 내기 위한 '척후병'의 역할을 가질 수밖에 없다. 따라서 정부 간 교류 부재의 상태에서는 교류의 주체는 필연적으로 민간일 수밖에 없지만, 정부 간 교류가 공적으로 작동하게 되면, 민간 교류가 정부 간 교류를 이끌어 내는 데 중요한 역할을 했다고 해도, 민간교류의 역할은 뒷전으로 밀려나거나 그 성격이 결정적으로 바뀌게 된다. 1949년의 중화인민공화국 수립부터 1972년 중일 국교정상화 조치까지 중국과 일본은 기본적으로 상대방을 '잠재적 적(敵)'으로 규정하는 상호 적대적 상태에 놓여 있었다. 이른바 정부 간 공적 교류 부재의 시대이다. 이 상호 적대적인 관계를 일본의 중국 연구자 모리 가즈코(毛理和子)는 "냉전의 한가운데"라 표현하면서, 중일관계가 동서 냉전, 대미관계, 대만관계에 제약되고 있었음을 말하고 있다.[41] 언론인 출신으로 일중우호협회 설립에 중요한 역할을 했던 이와무라 미치오(岩村三千夫)는 중일국교정상화가 중국에 신시장을 개척하려는 정부와 재계가 주도한 성과였다는 항간의 평가를 부정하고, 국교정상화를 이끈 것은 "시세의 변화"와 중일 인민의 노력의 결과였다고 말하고 있지만,[42] 중일 국교정상화가 그때까지 축적되어 있었던 일중 민간 교류의 성과를 계승하고 있다고 볼 수 없다는 것은 앞에서 말한 대로이다. 따라서 민간의 역할은 매우 제한적일 수밖에 없다.

여기에서 세번째 문제가 발생한다. 민간이라는 단어로 포괄하는, 정부와 독립된 교류 주체는 당연하게도 한 가지 색깔이 아니다. 일중우호 운동에는 다양한 정치적 색깔을 지닌 교류 주체가 참가하고 있었다. 그 중에서 핵심적인 역할을 했던 것은 말할 것도 없이 일본공산당이다. 공산당이 프롤레타리아 국제주의를 표방하고 있는 이상, 중국공산당과의 연계는 당연한 일이었다. 하지만 앞에서 말한 것처럼 중소 이념 분쟁이라는 세계적 차원에서 진행된 공공갈등은 이 연계에 치명적인 균열을 불러일으켰다. 더구나 1955년 노선 전환 이후 의회제 민주주의 노선을

---

41) 毛理和子, 앞의 책, 제1장 참조.
42) 岩村三千夫, 「日中友好の新段階: 復交後の日中友好を考える」, 『中國硏究月報』(300/301), 中國硏究所, 1973.2.

채택하고 이른바 국민국가의 틀 속에 안주한 일본공산당에게 국경을 뛰어넘는 프롤레타리아 국제주의는 더 이상 유지 불가능한 것이었다. 따라서 이미 적어도 1955년 이후 국민국가의 논리로 무장하고 있었던 일본공산당은 냉전 중소 간의 진영 내 갈등이라는 새로운 사태에 직면하면서 '자주성'이라는 이름으로 일본이라는 국경 안으로 '피신'하게 된다. 이 '피신'의 결과가 선린학생회관 사건이었고 전쟁책임 문제에서 일본정부와 보조를 맞추는 방식이었던 것이다.

2장

중일 인민연대와 탈/냉전 문화이동:
「망향」과 「추포」의 중국 수용과정을 중심으로

2장 _ 중일 인민연대와 탈/냉전 문화이동[1]
: 「망향」과 「추포」의 중국 수용과정을 중심으로

임우경

1. 1980년대 중국의 일본대중문화열

1990년대 후반 이래 아시아에 불어닥친 '한류' 열풍은 탈냉전과 전 지구화라는 거대한 맥락 속에서 출현할 수 있었다. '한류'는 아시아 각 지역 대중의 한국에 대한 관심을 높였지만, 한편으로 한국의 대중에게도 아시아 상상을 촉발시킨 중요한 계기가 되었다.[2] 냉전시대 한국에서 이데올로기적 적대국이었던 중국, 몽골, 베트남에 대해 이처럼 친밀한 느낌을 갖는다는 건 거의 불가능했다. 한국의 대중들에게 탈냉전의 실감은 '한류' 및 그것이 대동한 새로운 아시아 상상과 더불어 확산되었다. 그런가 하면 '한류'보다 한발 앞섰던 1990년대 아시아의 '일류' 역시 일본에서 '아시아로의 회귀' 담론이 다시 성행하게 된 중요한 계기가 되었다.[3] 1990년대 이래 '일류'와 '한류'처럼 아시아에서 대중문화의 활발한 이동

---

1) 이 논문은 『중국현대문학』 제60호(2012.3)에 실린 필자의 논문을 수정보완한 것이다.
2) 임우경, 「비판적 지역주의로서 한국 동아시아론의 전개」, 『중국현대문학』 제40호, 2007년.
3) 1990년대 '일류'에 대해서는 이와부치 고이치, 『아시아를 잇는 대중문화』(또하나의문화, 2004) 참고.

은 세계적 탈냉전 및 전 지구화와 맞물리고 그것은 다시 새로운 지역상상의 창출과 긴밀하게 관련된다. 그렇다면 아직 세계적 냉전이 종식되기 전, 심지어 신냉전시대라고도 일컫는 1980년대 초 중국대륙에 분 일본 대중문화 열풍은 어떻게 이해해야 할까?

1970년대 말부터 시작되어 1980년대에 영화와 드라마를 중심으로 중국에 일었던 일본대중문화열은 사실 1990년대 후반에 시작된 '한류'보다 훨씬 더 광범위하고 뿌리 깊게 중국 사회에 영향을 미쳤다. 1978년 첫 일본영화주간이 개최된 이래 1980년대만 해도 8차례에 걸쳐 다양한 규모와 형식의 일본 영화제가 개최되었고 이를 통해 약 120여 편의 일본 영화가 소개되었다.[4] 그 중 1978년 첫 일본영화주간에서 상영되었던 「망향」, 「추포」를 비롯하여 「사랑과 죽음」, 「금환식」, 「먼 산의 부름 소리」, 「행복의 노란 손수건」, 「인간의 증명」과 같은 영화는 많은 사랑을 받으며 지금까지도 회자되고 있다. 영화 외에 드라마 「붉은 의혹」, 「오싱」, 「불타라 어택」, 「스가타 신시로」, 애니메이션 「잇큐우」, 「용의 아들 타로」, 「무쇠팔 아톰」 역시 높은 시청률을 자랑하며 깊은 인상을 남겼다.[5]

---

4) 1978년 이래 중일 영화교류 현황에 대해 더 자세한 것은 黃大慧·周穎昕, 『中日友好交流三十年(1978~2008): 文化教育與民間交流卷』, 北京: 社會科學文獻出版社, 2008, 50~68쪽 참고.

5) 이 일본 작품들의 원제는 다음과 같다.
「망향」(望郷, 원제: 望郷, サンダカン八番娼館, 1975) | 「추포」(追捕, 원제: 君よ憤怒の河を渉れ, 1976) | 「사랑과 죽음」(生死戀, 원제: 愛と死, 1971) | 「금환식」(金環蝕, 원제: 金環蝕, 1975) | 「먼 산의 부름 소리」(遠山的呼喚, 원제: 遙かなる山の呼び声, 1980) | 「행복의 노란 손수건」(幸福的黄手絹, 원제: 幸福の黄色いハンカチ, 1977) | 「인간의 증명」(人證, 원제: 人間の証明, 1977) | 「붉은 의혹」(血疑, 원제: 赤い疑惑, 1975) | 「오싱」(阿信, 원제: おしん, 1983) | 「불타라 어택」(排球女將, 원제: 燃えろアタック, 1979) | 「스가타 신시로」(姿三四郎, 원제: 姿三四郎, 1977) | 「잇큐우」(聰明的一休, 원제: 一休さん, 1975) | 「용의 아들 타로」(龍子太郎, 원제: 龍の子太郎, 1979) | 「무쇠팔 아톰」(鐵臂阿童木, 원제: 鉄腕アトム, 만화잡지 소년에서 1952~1968 연재, 애니메이션 시리즈는 1963~1966, 1980~1981, 2003~2004)

1999년 NHK방송문화연구소 설문조사에 의하면 영화 「추포」는 응답자의 80.2%, 드라마 「혈의」는 75%, 「오싱」은 72.6%, 「망향」은 59.7%가 보았다고 대답했다.[6] 이 수치는 이들 일본 영화나 드라마가 그동안 얼마나 중국인들의 사랑을 받았으며 깊은 인상을 남겼는지 보여 주기에 충분하다.

특히 근래 1980년대에 대한 회고 열풍 속에서 당시 유행했던 일본 대중문화가 다시 한번 각광받고 있음도 흥미롭다. CCTV 다큐 프로그램 「영화전기」(電影傳奇)는 2004년부터 2009년까지 매주 토요일마다 중국 영화 100년 사상 중국인에게 가장 깊은 인상을 남겼던 작품을 한 편씩 소개했는데, 그 중에는 1978년에 처음 상영되었던 「망향」과 「추포」가 포함되어 있다. 또 영화 「공작」(孔雀, 2005)의 주인공 가족이 함께 「추포」를 보는 장면처럼 각종 영화나 드라마, 서적에서도 일본대중문화는 1980년대를 상기하는 대표적 아이콘으로서 미장센의 중요한 일부를 이룬다. 한편 일본대중문화가 중국 당대 문화계 엘리트들에게 미친 영향도 작지 않다. 일찍이 문혁에 대한 성찰로 세계적 주목을 받았던 빠진(巴金)의 『수상록』(隨想錄)은 일본 영화 「망향」을 논하는 두 편의 글로 시작되고 있으며, 「추포」의 남자주인공 다카쿠라 겐(高倉建)에게 강렬한 인상을 받았던 영화감독 장예모(張藝謀)는 25년 후 자신의 영화 「천리주단기」(千里走單騎)에 노년의 다카쿠라 겐을 주인공으로 내세워 또 하나의 중국서사를 시도했다. 이렇듯 1980년대 중국에서 유행했던 일본 영화,

---

6) 原由美子·塩田雄大, 「相手國イメジとメデイア: 日本·韓國·中國世論調査から」, 『放送研究と調査』(2000년 3기) 8쪽. 참고로 설문은 중국인 2,800명을 대상으로 했고 그 중 20, 30대가 55%를 차지했다. 젊은 세대까지 「망향」이나 「추포」를 봤다는 응답이 높은 것은 그만큼 그 텍스트들이 중국사회에서 부단히 반복해서 유포되었음을 보여 준다.

드라마, 인물, 배우들은 어느덧 중국의 개혁개방 초기 사회사를 기록하는 데 빠지지 않고 등장하는 문화적 풍경이자 원초적 체험으로 자리 잡았다고 해도 과언이 아니다.

그런데 한국의 경우와 비교하면 당시 중국의 일본대중문화 열풍은 두 가지 점을 고려할 때 선뜻 이해하기 어렵다. 하나는 중일 간 식민/제국의 기억이고 또 하나는 냉전시대 진영적 적대관계이다. 한국과 중국이 냉전적 적대진영이었지만 식민적 적대감으로부터는 자유로운 반면 한국과 일본은 진영적 적대감으로부터는 자유롭지만 대신 식민시대로부터 시작된 앙금이 깊다. 한국은 1965년 일본과 국교정상화를 이룬 후에도 일본대중문화의 수입이 엄격히 금지되었으며, 1998년 김대중 정부에 의해 본격적 개방이 이루어진 후에도 여론의 걱정만큼 대중적으로 그 영향이 크지는 않았다. 이미 한국대중문화가 경쟁력을 갖추기 시작한 후이기도 하지만 식민의 기억과 일본에 대한 거부감이 여전히 만만치 않았기 때문이다. 그렇게 보면 중국 역시 일본 제국주의 침략의 최대 피해국으로서 동북지역의 식민통치는 제외하더라도 15년이나 전쟁의 참상을 겪어야 했던 국가인데, 어떻게 그리 쉽게 일본문화에 환호할 수 있었던 것일까? 더구나 일본이 미국의 아시아 제1동맹국이라는 점에서 냉전시대 중국과 일본은 서로 적대진영에 속해 있었고, 중국과 사회주의 형제국임을 과시하는 북한은 이른바 탈냉전 시대인 지금도 여전히 일본과의 수교를 거부하고 있지 않은가?

그런 점에서 본고는 일본대중문화 열풍의 첫 단추를 끼웠다고 할 수 있는 1978년 일본영화주간 및 거기서 상영된 영화 「망향」[7]과 「추포」[8]가 중국에서 수용되는 과정을 검토함으로써 1980년대 중국 일본대중문화 열풍의 역사적·사회적 맥락을 알아보고 그 속에서 식민/제국의 기억과 냉전적 적대감이 어떻게 절합되며 재구성되는지 살펴보고자 한다. 「망향」과 「추포」에 대한 텍스트 분석은 본고의 목적에 포함되지 않는다. 우선 2절에서는 냉전시대 중일 간 문화이동이 이루어질 수 있었던 배경으로 전후 중국공산당이 표방해 온 인민외교 전략에 대해 살펴보고, 그것이 어떻게 1978년 일본영화주간의 개최로 이어졌는지 살펴볼 것이다. 2절에서 일본대중문화가 중국으로 이동할 수 있었던 역사적 맥락을 살폈다면, 3절에서는 영화의 수용과정을 중심으로 일본대중문화가 중국이라는 장소와 관계를 맺는 방식을 분석할 것이다. 우선 당시 영화의 대중적 인기와 위상을 간단히 스케치한 뒤, 「망향」을 둘러싼 논쟁을 중심으로 사상해방과 개인 섹슈얼리티에 대한 관심이 어떻게 영화를 둘러싸고 모여들어 국가이데올로기와 절합 또는 충돌하는지 살펴볼 것이다. 또 「추포」를 통해서는 개인의 욕망과 국가이데올로기 간 대결이 젠더를 재구축하고 그것이 다시 유행을 통해 일상화되는 지점을 분석할 것이다. 마지막 결론에서는 냉전시대부터 이어진 인민연대의 결과로 일본대중문화열이 중국 내부적으로는 체제비판적이고 탈냉전적 계기들을 창출하는 데 기여했지만 한편으로 그동안 인민외교를 통해 쌓아온 우호적 대일관이 후퇴하는 시대의 서막이 되었음을 살펴보고 아시아 탈/냉전 문화이동의 역사적 복류성(複流性)과 그 패러독스에 대해 논하고자 한다.

---

7) 원제: 「望郷, サンダカン八番娼館」, 감독: 熊井啓, 제작:1975년 東寶영화주식회사, 원작자: 山崎朋子, 주인공: 粟原小卷, 田中絹代, 高橋洋子. 한 늙은 '남양녀'(南洋女)의 일대기를 큰 줄기로 하면서 그녀를 연구대상으로 삼은 젊은 연구자와 그녀가 점차 정서적으로 교감해 가는 과정을 그린 이야기이다.

8) 원제: 「君よ憤怒の河を渉れ」, 감독: 佐藤純弥, 제작: 1976년 德間康快, 원작: 西村壽行, 주인공: 高倉健, 中野良子. 함정에 빠진 한 검사가 추적을 피하며 사건을 해결하여 누명을 벗고 사랑도 쟁취하는 이야기이다.

중일공동성명을 교환하는 저우언라이와 다나카(1972년 9월 29일)

2. 인민연대와 냉전시대 문화이동

한국의 경우 1989년부터 세계적 냉전의 종식과 함께 비로소 공산국가에
대해 국경을 개방하고 민간교류를 허락하게 됐지만 중국과 일본의 관
계는 좀 특별하다. 1972년 세계냉전이 한창일 때 닉슨의 급작스런 중국
방문에 충격을 받은 일본은 서둘러 중국과 관계 정상화를 추진했다.[9] 그
결과 중일은 1972년 정식으로 국교정상화 성명을 발표한 데 이어, 1974
년에는 무역협정, 항공협정, 해운협정을, 1975년에 어업협정, 1978년에
장기무역협정을 차례로 맺으며 꾸준히 교류를 확대해 갔다. 특히 문혁

---

9) 김진환, 「'경제밖에 모르는 하등동물' 일본 '닉슨 쇼크'로 외교에 눈 뜨다」, 『민족21』 2010년
6월. 중일정상화의 구체적인 과정에 대해서는 모리 가즈코 지음, 『중일관계: 전후에서 신시
대로』, 조진구 옮김, 리북, 2006의 제2장 참고.

의 종결과 함께 1978년 중일평화우호조약을 맺음에 따라 1980년대 양국 간 인적, 물적, 문화적 교류는 급물살을 타게 되었다.[10] 세계적으로는 아직 냉전이 종식되기 전이었음에도 중일 양국은 이미 이른바 '밀월시대'[11]로 접어든 것이다. 이같이 조숙한 양국의 탈냉전적 관계정상화가 가능했던 것은 여러 가지 각도에서 분석이 가능하겠지만 분명한 것은 전후 양국 간 지속된 이른바 '인민연대'가 이 급작스런 정치적 변화와 밀접한 관계를 맺고 있다는 점이다.[12]

중공과 일공은 항일전쟁 중이던 1930년대부터 이미 중일 인민이 연대하여 일본제국주의를 타도하자고 호소해 왔으며, 1950년대 초 아시아 냉전체제가 고착되는 과정에서 중국은 이른바 대일 '인민외교' 정책을 채택하였다. 중국정부의 인민외교 정책이란 기본적으로 '군국주의 정부'와 '인민'을 구분하고 중일 간 인민의 광범위한 우호적 교류를 통해 중일관계를 정상화시킨다는 것이다. 1950년대 초 한국전쟁 참전으로 국제사회로부터 '침략국'이라는 비판을 받고, 샌프란시스코 강화조약에서 제외되었으며 UN 상임이사국 자리를 타이완에 내주는 등 국제정치상 상당히 고립되어 있던 중국으로서는 외교적 고립을 탈피하기 위해 일본과의 관계정상화가 중요한 의미를 지녔다. 이른바 '소련일변도' 방침 역시 그와 같은 상황 속에서 더 견고해졌는데, 대일인민외교는 '일본 쟁취'

---

10) 1978년 중일평화우호조약 체결 이후 급증한 양국 간 교류 현황에 대해서는 黃大慧·周穎昕, 앞의 책 시리즈 참고.

11) 모리 가즈코, 앞의 책, 115쪽.

12) 중일국교정상화에 대한 연구는 중일 양국의 강조점이 다르다. 일본은 주로 냉전체제와 미일관계 속에서 중일관계정상화의 불가피성을 강조하는 반면, 중국은 주로 인민외교-중일 우호관계의 역사와 전통을 강조한다. 중일관계 연구사에 대해 더 자세한 것은 劉建平, 『戰後中日關係: '不正常' 歷史的過程與結構』, 北京: 社會科學文獻出版社, 2010의 제1장 참고.

를 반미투쟁으로 보고 '일본인민'과 단결할 필요가 있다는 당시 소련의 의견을 수용한 것이기도 했다. 이렇게 대일 '인민외교' 방침은 1950년대 초부터 1970년대 초 중일관계가 정상화될 때까지 20년간 중국의 기본적인 대일정책이었으며 심지어 오늘날까지도 중일관계에 영향을 미치고 있는 대일외교의 원형이라 할 수 있다.[13]

이런 방침 아래 중국정부는 한편으로 전후 '탈아시아'적 대중정책을 견지했던 일본정부에 대해 "미제를 방패로 삼고 미제와 공모하여 '대동아공영권'의 옛 꿈을 다시 꾸고 있으며, 아시아 인민을 침략하는 길을 공공연하게 가고 있다"[14]고 비판하면서도 또 한편으로는 일본, 특히 일본인민에 대해서는 일관적으로 상당히 관대한 태도를 견지했다. 이는 잔류 일본인 송환과 전범 처리 과정에서 구체적으로 실현되었다. 1953년 3월 중국은 1차로 잔류 일본인 3,000명을 송환한 것을 비롯해 1958년까지 모두 21차에 걸쳐 3만 5천여 명의 일본인이 무사히 귀국[15]할 수 있도록 편의를 제공했다. 당시 중일적십자사 회담에서 중국 쪽 대표로 참가한 랴오청즈(廖承志)는 "일본인들이 귀국 후 중국에서 생활하고 부역했다는 이유로 일본정부로부터 차별받거나 박해받지 않기를 바란다"[16]고 밝히기도 했다. 또 중국은 일본전범에 대해서도 매우 관대한 정책을 취

---

13) 일본인민과 정부를 구분하는 중공 대일관의 성립과정과 그 국내외적 배경에 대해 자세한 것은 劉建平, 앞의 책, 제2장 참고. 중국정부는 1955년 12월 궈모뤄(郭沫若)와 랴오청즈(廖承志)를 주임, 부주임으로 하는 '대일공작위원회'를 정식 설립하고 향후 중일 간 인민교류 추진을 책임지게 했다. 王仲全 外, 『當代中日民間友好交流』, 北京: 世界知識出版社, 2008.
14) 1970년 평양에서 발표된 저우언라이와 김일성의 공동성명의 일부. 모리 가즈코, 앞의 책, 85쪽.
15) 王仲全, 앞의 책 25쪽.
16) 長井曉, 「中國人の對日イメージの原點を探る: 中國記錄映畵(1949~72년)が傳えた日本」, 『放送硏究と調査』(2007년 9월호), 35쪽.

1965년 제1회 중일청년우호대축제 기념우표. 왼쪽부터 '환영', '반제 단결', '우정', '축제'를 의미하고, 마지막은 '기념 도안'이다.

했다. 1956년 중국최고검찰원은 1,062명의 일본전범 중 45명만 기소하고 나머지는 기소유예하기로 결정했다. 45명은 모두 유죄판결과 함께 8년에서 20년형을 선고받았지만 그마저 중도에 모두 감형되어 1964년까지 한 명도 남김없이 일본으로 귀국할 수 있었다.[17]

한편 중국은 일본에 대한 이와 같은 정부 입장을 국민들에게 이해시키고 과거의 전쟁이 야기한 원한과 적개심을 누그러뜨리기 위해 노력했다. 예컨대 1950년 1월 17일자『인민일보』사설에는 "일본제국주의는 지금도 중국인민의 적이지만 일본인민은 중국인민의 벗"이며 "일본제국주의와 일본인민은 구별되지 않으면 안 된다"고 호소하고 있다. 또 신화사 기자였던 우쉐원(吳學文)도 1953년 일본군국주의와 일본인민을 구별하고 심지어 일본정부 내에도 정책을 결정하는 '원흉'과 일반공무원을 구별하여 커다란 죄악과 일반적인 잘못을 구별하라는 방침이 전달되었다고 회고하기도 하였다.[18] 특히 이미 40년대부터 정부선전 사업의 중요한 매체로서 중시되고 전국적인 시스템을 갖춰 왔던 기록영화는 중

---

17) 長井曉, 앞의 글, 38~40쪽.
18) 모리 가즈코, 앞의 책, 43쪽.

일 인민 간 우호와 연대를 효과적으로 선전해 왔다는 점에서 주목할 만하다.

기록영화 속 일본이미지에 관한 나가이 사토루(長井曉)의 연구에 따르면, 1950년대 기록영화들은 '일본인민과 중국인민은 벗'이라는 이미지를 만들어 내는 데 중점을 두었다고 한다. 특히 잔류일본인 송환이나 전범처리 과정에서 중국의 우호적이고 관대한 처분에 감화받은 일본인들의 경험담은 양국 간 인민연대를 설파하는 데 효과적인 소재로 활용되었다. 그런가 하면 1960년대 기록영화들은 일본의 안보투쟁을 계기로 "반미제국주의 투쟁의 최전선에 서 있는 일본인민"이라는 이미지를 만들어 냈다고 한다. 당시 중국에서는 미일안보조약개정에 반대하는 일본인민을 지지하는 집회가 각지에서 빈번히 개최되었으며 그 결과 "미제와 투쟁하는 일본인민"의 이미지는 1960년대 내내 유지되었던 것으로 보인다. 예컨대 1965년에는 중일청년우호대교류가 한 달 동안 대규모로 기행되었는데, 당시 제작된 기록영화는 일본청년방문단을 환영하기 위해 베이징역에 모인 수천 명의 인파를 담은 화면과 함께 다음과 같은 내레이션을 내보냈다고 한다.

위대한 민족의 아들딸들을 환영합니다! 공동의 적 미제국주의에 반대하는 전우들의 방문을 전 중국 1억 3천만 청년들이 기다리고 있었습니다![19]

냉전시대 중국의 기록영화에 대한 나가이 사토루의 위와 같은 연구

---

19) 長井曉, 앞의 글, 49쪽.

는 중국정부가 대중적인 기록영화를 통해 당시 일반인들에게 널리 퍼져 있던 일본에 대한 적개심의 방향과 수위를 조절하고자 애썼음을 확실히 보여 준다. 1965년 항전승리 20주년 기념 기록영화가 일본의 중국침략이나 잔학행위를 비판하기보다는 마오쩌둥의 '인민전쟁론'을 찬미하는 데 중점을 둔 것이나, 1972년 중일수교에 관한 기록영화에서 양국정상회담 중 중국인들의 공분을 살 만한 다나카 수상의 부적절한 발언[20]에 대해 전혀 언급하지 않은 것 등은 그 단적인 예이다.

결과적으로 보아 중국의 이른바 '이민촉관'(以民促官) 전략은 나름대로 성공적이었다고 할 만하다. 특히 그것은 중국 내부보다는 일본에서 더 큰 힘을 발휘하도록 기대되었고 실제로 그 효과를 보았다. 중일 간 많은 제약에도 불구하고 끊임없이 민간관계가 유지되고 중일 관계 정상화까지 추진할 수 있었던 것은 다름 아니라 일본의 정계, 재계, 문화계에 포진한 친중인사들이 절대적으로 그 영향력을 발휘했기 때문이다. 모리 가즈코는 중일수교 당시 일본 내에서도 '두 개의 중국'론이 주류였고 타이완과 단교하면서까지 중국과 관계를 정상화하는 것에 대해 반대 의견이 많았지만, 다나카 총리가 정치적 결단을 하도록 만든 것은 자민당 내의 친중국파를 포함한 폭넓은 친중여론과 재계에서 주류를 이루었던 '중국 붐'이었다고 말한다.[21] 1972년의 중일수교가 중국에 신시장을 개척하려는 일본 정부와 재계가 주도한 성과라는 평가에도 불구하고 중일 인민

---

20) 회담 중 다나카 총리가 과거 일본의 침략에 대해 단지 "중국인에게 큰 폐를 끼쳤다"(중문: 添了很大的麻煩, 일문: 多大の迷惑をかけた). 정도로 표현한 것에 대해 저우언라이가 몹시 불쾌해 하며 비판했으며, 다나카 측은 그 때문에 관계정상화가 실현되지 못할까 심히 염려했다고 한다. 長井曉, 앞의 글, 51쪽.

21) 모리 가즈코, 앞의 책, 102쪽.

간 나름대로 지속되었던 교류의 중요한 역할 자체를 부정할 수는 없을 것이다.[22]

일본에는 정계, 재계, 문화계를 막론하고 중일우호를 지향하는 숱한 민간단체가[23] 존재하는데 그 중 가장 유서 깊은 것이 일중우호협회였다. 일중우호협회는 루쉰의 친구였던 우치야마 간조(內山完造) 등이 1949년 중화인민공화국 성립을 지지하며 발족한 뒤 1950년 10월 1일 공식 창립되었다.[24] 그 외에도 중일수교 전까지 상당한 세를 가지고 활발한 활동을 했던 대표적 단체로는 일본국제무역촉진협회, 일중문화교류협회, 일중우호의원연맹이 있다. 이들 단체 회원 및 친중 인사들 중에는, 중국정부가 예기한 대로, 전후 중국에 잔류했거나 전범으로 남았다가 중국의 관대한 처분에 감동받아 친중인사가 된 귀환자도 많았고 이데올로기적인 이유로 혹은 경제적 이유로 신중국에 관심을 가진 사람도 많았다. 어찌됐든 이들 이른바 '일중우호인사'들은 과거중국침략에 대한 속죄의식과 신중국에 대한 우호적 태도를 지니고 있었다는 점에서 공통석이다.[25] 그리고 중국의 인민연대정책은 이 같은 일본 내 친중 인사 및 단체들과의 긴밀한 관계 속에서 현실적 동력을 얻었다.[26]

---

22) 권혁태는 "중일국교정상화가 그때까지 축적되어 있었던 일중 민간 교류의 성과를 계승하고 있다고 볼 수 없다"고 주장한다. 그 주장은 아시아 탈/냉전을 사고하는 데 매우 의미심장한 지적이지만, 그것 때문에 중일 관계에서 민간교류가 지니는 독특하고 중요한 위상 자체를 부인할 수는 없다. 권혁태, 「선린학생회관과 중일관계: 국민국가의 논리와 진영의 논리」, 『중국현대문학』 제60집, 2012 참고(이 글은 본서의 1장에 실려 있기도 하다).

23) 1978년 중일평화우호조약 전까지 일본에 설립된 중국관계 민간단체는 약 60여 개, 그 후 2001년까지 설립된 단체까지 합치면 모두 200여 개에 달한다. 黃大慧·周穎昕의, 앞의 책 224~228쪽 참고.

24) 일중우호협회에 관한 더 자세한 내용은 王仲全, 앞의 책, 122~123쪽 참고.

25) 모리 가즈코, 앞의 책, 67쪽.

1978년 10월 중국에서 개최된 일본영화주간은 바로 중국정부의 인민외교 정책과 일본 친중인사들의 기획이 만나 탄생한 합작품의 하나였다. 당시 일본영화주간의 일본 쪽 추진대표를 맡았던 사람은 도쿠마쇼텐(德間書店)의 사장 도쿠마 야스요시(德間康快)로서 이른바 일중우호인사 중 하나였다. 한국에서 그는 「모노노케 히메」, 「바람계곡의 나우시카」, 「센과 치히로의 행방불명」과 같은 미야자키 하야오의 애니메이션을 만들어 흥행시킨 제작자로 널리 알려져 있지만, 뜻밖에 그는 젊은 시절 공산당원이었고 노동운동에 개입한 경력이 있으며 공산주의적 성향이 강한 『동경민보』(東京民報)의 편집장을 역임하기도 했던 인물이다.[27] 그런 경력과 관련하여 자연스럽게 신중국에 많은 관심을 가지고 있던 그는 도쿠마쇼텐에서 『손자』(孫子, 1962)의 번역본을 낸 데 이어 13권짜리 '중국의 사상' 시리즈를 출판함으로써 일본 내 중국학에 관한 새로운 관심을 북돋았다. 이 시리즈가 나올 수 있었던 것은 그가 전후 일본의 새로운 중국학을 선도했던 유명한 사상가 다케우치 요시미(竹內好), 그리고 도쿠마쇼텐의 중국서적 담당 무라야마 마코토(村山孚)와 함께 의기투합한 덕분이었다. 다케우치 요시미가 친중인사임은 잘 알려져 있는 사실이고, 무라야마 마코토 역시 만주국 관리로 근무하다 잔류일본인 자격으로 귀국한 후 열렬한 친중파가 된 사람이다. 이들 세 사람 모두 중국에

---

26) 참고로 王仲孚, 앞의 책은 총 300여 쪽 중에서 무려 200여 쪽에 걸쳐 일본 내 중국관련 연구 기관과 우호인사들을 소개하고 있다.

27) 본 논문에서 도쿠마 야스요시와 그 주변인물들에 대한 정보, 일본영화주간의 추진과정에 대해서는 전적으로 玉腰辰巳의 「「追捕」制片人德間康快的中國觀」(『中日兩國的相互認識』, 日本早稻田大學亞太研究科, 中國社會科學院日本研究所 공동주최 제4회 일본연구청년포럼 논문집, 2002.12.1)이라는 논문에 기대고 있으며 앞으로 각주는 생략한다. 도쿠마 야스요시는 2000년에 이미 작고했으며, 玉腰辰巳의 연구는 주로 도쿠마의 전기와 관련 인사들에 대한 인터뷰를 통해 이루어졌다.

대한 속죄의식과 신중국에 대한 유토피아적 상상과 우호의식을 공유하는 이른바 '일중우호인사'였던 것이다.

　도쿠마 야스요시가 중국과의 민간교류에 직접 발 담게 된 것은 1966년 일본출판계 방중단의 사무국장 자격으로 중국을 방문하면서부터였다. 그때 중일우호협회회장이었던 랴오청즈의 영화교류사업 제안을 받고 그는 먼저 일본에서 중국 영화를 상영해야겠다고 생각했으나 4인방의 방해로 진전을 보지 못했다고 한다. 그후로도 여러 차례 중국을 방문하면서 신중국에 대한 기대가 더 커진 도쿠마는 스스로 중일문화교류사업을 하기 위해 본격적인 준비작업에 착수했다. 우선 그는 1970년에 음악회사를 인수하고 1974년에는 다시 대영전영주식회사를 인수함으로써 출판, 음악, 영화라는 3대 미디어사업을 한 손에 쥐게 되었다. 또 1970년대 중반 일본경제계의 '중국붐'을 타고 본격적인 대중 영화수출을 위하여 중국 관련 무역회사도 인수하였다. 중국에서 일본영화주간이 열린 것은 중일평화우호조약이 맺어진 1978년이지만 이를 위한 준비는 이미 냉전이 한창이던 10여 년 전부터 차근차근 진행되고 있었던 것이다.

　그러던 중 1976년 4인방이 체포되자 중국전영공사는 즉시 도쿠마를 베이징으로 초청하여 영화교류를 재개할 것을 요청하였다. 이에 도쿠마는 1977년 동경에서 제1회 중국 영화제를 개최하고 1978년에는 중국에서 일본영화주간 행사를 거행하기로 하였다. 중국의 일본영화주간은 특히 중일평화우호조약 발효를 승인하기 위한 등소평의 방일을 기념하는 행사로 기획되었다. 그리하여 중국대외우호협회, 중일우호협회, 중국전영가협회 공동주최로 1978년 10월 26일부터 일주일간 일본영화주간이 거행되었으며 「망향」, 「추포」, 「여우 이야기」, 이렇게 세 편의 일본 영화가 중국 8대 도시에서 동시 상영되었다.[28]

이 세 편이 어떻게 상영작으로 선정되었는지 그 과정에 대해서는 더 많은 조사가 필요하지만, 그 중 「망향」은 1976년에 이미 인민문학출판 사에서 내부용으로 번역출간된 바 있는 것으로 보아 중국 측 요구에 따라 선정된 것이 아닌가 추측된다.[29] 한편 「추포」는 1975년 도쿠마쇼텐에 서 출판하여 베스트셀러가 된 니시무라 주코(西村壽行)의 소설 「추포」 를 같은 해 도쿠마쇼텐의 계열회사인 대영전영회사가 영화로 제작한 것 이었으니 그 선정 이유는 짐작하고도 남음이 있다. 「망향」이 중국 측 주 최자의 정치적 의도에 따라 선정되었다면 「추포」는 정치적 성격보다는 도쿠마 개인의 사업과 더 관련된 것으로 볼 수 있다. 어쨌든 1978년의 일 본영화주간은 도쿠마로서는 중국대륙시장 진출의 첫걸음이었으며[30], 중일 양국으로서도 일본의 대중문화가 중국의 대중과 처음 공식적으로 조우하게 된 중요한 문화적 사건이었을 뿐 아니라 닥쳐올 일본대중문화 열의 서장이기도 했다. 그리고 이 모든 것은 바로 냉전시대 꾸준히 명맥 을 유지했던 중일 간 인민연대의 토양 위에 맺은 결실이었다고 해도 과 언이 아닐 것이다.

---

28) 黃大慧·周穎昕, 앞의 책 25쪽.

29) 勇赴, 「"望鄕"熱" 透視, 中日電影關係史札記之一」, 『蒲峪學刊』, 1997년 2기, 40쪽.

30) 당시 일본의 다른 영화사들이 타이완과 얽혀 있는 이해관계 때문에 선뜻 대륙진출에 나서 지 못했던 것과 달리 도쿠마가 인수했던 대영영화공사는 이미 도산했던 기업이었기 때문 에 거리낌 없이 대륙진출에 매진할 수 있었다고 한다. 玉腰辰巳, 앞의 글 참고. 실제로 1980 년대 도쿠마는 중일 최초 합작영화인 「못다 둔 바둑」(一盤沒有下完的棋)을 비롯해 「돈황」 (敦煌), 「국두」(菊豆)와 같은 중일합작영화 제작을 추진하는 등 활발한 활동을 했다. 黃大 慧·周穎昕, 앞의 책 60~61쪽 참고.

3. 흔들리는 냉전논리와 문화적 파열

1) 개혁개방 초기 극장풍경

1978년 12월 중공 제11기 중앙위원회 제3차 전회는 계급투쟁에서 경제 건설로 중점을 전환하고 개혁개방을 추진하기로 결정짓는다. 이른바 개혁개방이 본격화된 것이다. 이에 따라 문화도 해금과 개방의 시대를 맞았다. 그즈음 사람들이 가장 많이 모이던 여가공간은 바로 극장이었다. 1970년대, 집집마다 작은 라디오를 끼고 모범극이나 장편 드라마를 청취하는 것 외에 사람들이 즐길 만한 대중오락은 거의 없었다. 아이들부터 어른까지 영화는 거의 유일한 소일거리였다. 대중선전과 동원에서 영화의 중요성을 잘 알고 있던 중공이 신중국 초기부터 전국적으로 영화를 상영할 수 있는 기본 시스템을 구축해 온 덕분에 영화는 도시에서나 농촌에서나 대표적인 대중오락으로서의 위상을 자랑했다.[31] 하지만 볼 수 있는 영화가 그리 많지는 않았다. 극장을 놀이터 삼아 놀던 아이들은 「지도전」(地道戰), 「지뢰전」(地雷戰), 「평원유격대」(平原遊擊隊), 「빛나는 붉은 별」(閃閃的紅星) 같은 영화를 얼마나 많이 봤던지 영화대사를 읊조리며 놀기 일쑤였다.[32]

　그러다가 1976년 사인방이 체포되고 문혁이 종결되면서 정치적 모범극의 독점 시대가 막을 내리자 그동안 창고에 방치되었던 필름들이 '해방'되어 다시 햇빛을 보게 되었다. 그 중 대부분은 정부의 뉴스나 기

---

31) 도시에는 전문극장은 물론이고 개별 직장이나 공공장소에서도 영화가 상영되었고, 농촌에는 전문 상영기사들이 전국을 돌며 야외 상영을 진행했다.
32) 曠晨 編著, 『我們的1970年代』, 北京: 中國友誼出版公司, 2006, 347쪽

록영화 아니면 소련, 베트남, 북한, 알바니아, 루마니아 같은 사회주의권의 영화였다. 그러다보니 "중국영화는 신문뉴스, 조선영화는 울다가 웃다가"(中國電影新聞簡報, 朝鮮電影哭哭笑笑)라는 말이 돌기도 했다. 가끔은 비판대상으로 내부관람만 가능했던 자본주의 국가 영화를 볼 수도 있었다. 그래도 사람들은 점점 더 기갈 들린 것처럼 극장으로 몰려들었고 영화도 한 번만 보는 게 아니라 대사를 외울 정도로 서너 번씩 보는 것이 예사였다. 극장 앞은 새벽부터 밤 늦게까지 표를 사려는 사람들로 장사진을 이뤘고, 서로 표 싸움을 하느라 매표창구가 성할 날이 없을 정도였다. 그러다 보니 덩달아 극장 매표원의 인기가 하늘을 찔렀다. 1980년대 초 더저우(德州)에서 극장직원으로 근무했던 치디(祁迪)는 다음과 같이 회고했다.

> 그때 우리가 이 직업을 얼마나 자랑스러워했다고요. 친구들까지 나 때문에 '영광'스러워할 정도였다니까요. 나는 늘 '인맥표'(關係票) 몇 장을 주머니에 넣고 다녔어요. 그것도 공짜는 아니었지만 그래도 '인맥표'를 미리 살 수 있다는 것만으로도 친구들은 자랑을 늘어놓았죠.[33]

당시 "金刀子, 紅刀子, 馬票子, 有路子"(외과의사, 정육점판매원, 극장매표원은 길이 있네)[34]라는 말이 유행했다는 걸 보면 치디의 회고가 과장된 것은 아니다. 매표원은 일상의 "스타"였고, 그만큼 영화가 사람들

---

33) 祁迪, 「1983: 電影市場進入顛峰時代」, 德州新聞網(http://www.dezhoudaily.com/folder149/folder151/2008/08/2008-08-2577955.html).
34) 曠晨, 앞의 책, 348쪽.

의 일상 속에 차지하는 위상은 컸
다. 개혁개방 초기는 영화사상 그
야말로 '광풍'의 시대였던 것이다.

일본영화주간이 열린 것이 바
로 그 즈음이다. 오래된 영화들이
해금되었다고 하나 대개는 사회주
의권의 영화인 데다 수량도 많지
않았기 때문에 일본영화주간에 상
영된 자본주의국가 일본의 최신 영
화들은 인기를 끌지 않을 수 없었

일본영화주간에 표를 사기 위해 극장 앞
에 줄을 선 관객들

다. 13개의 극장이 있었던 난징(南京)에서도 1978년에는 거의 모든 영
화가 매회 만원이었지만 가장 인기였던 것은 「망향」이었다고 한다. 통리
(童立)의 회고에 의하면, 「망향」 상영 당시 표를 사러 모인 사람들로 극
장은 마치 설날 귀향표를 사기 위해 사람들이 운집한 기차역 같았다고
한다.[35] 하루에 7~8회 상영했다고 하는데, 이는 어림잡아 계산해도 아침
7~8시부터 밤 11~12시까지는 상영해야 가능한 회수다. 그런데도 남경
에서 제일 큰 극장의 경우 1,000여 명을 수용할 수 있었는데 새벽표 밤표
가리지 않고 매 회마다 초만원을 이뤘다고 한다. 심지어 표를 못 구한 사
람들은 매표소 바깥에 몰려 서서 영화가 끝날 때까지 확성기에서 나오
는 소리를 들었다고 하니, 사람들이 이 영화에 얼마나 큰 관심을 가지고
있었는지 짐작할 만하다.

---

35) 童立, 「南京人排隊看望鄉」, 揚州晩報網(http://www.yangtse.com/zt/ggkf30/xwdt
/200812/t20081218_555256.htm).

2) 포르노와 사상해방 사이

그렇다면 「망향」은 왜 그리 인기가 있었을까? 다음의 회고는 그 이유를 짐작케 하고도 남음이 있다.

> 스크린에 일본 창녀가 옷 벗는 장면이 나왔을 때 영화관은 쥐죽은 듯 고요했다. 어찌나 조용한지 바늘 하나 떨어지는 소리까지 들릴 정도였다. 그전에는 그런 장면을 볼 수 없었던 터라 대개는 민망해서 고개를 떨구었다. 그 중에도 어떤 이는 이마를 만지는 척하면서 몰래 보았는가 하면 어떤 사람은 아예 스크린에 시선을 고정하고 입을 떡 벌린 채 쳐다보았다…….[36]

인용문에서 알 수 있듯이, 「망향」의 대중적 인기는 무엇보다 그 '선정성' 때문이었다. 주인공이 일제시대 동남아시아로 진출해 성매매를 했던 이른바 '남양녀'(南洋女)이다 보니 일부 성적 묘사는 불가피했는데, 그 부분이 중국관객들의 지대한 호기심을 자극한 것이다. 그 때문에 일련의 해프닝이 벌어졌다. 일부 군부대에서는 군인들이 「망향」을 볼 수 없도록 휴가일을 일요일에서 월요일로 조정하기도 하고, 한 부녀연합 간부는 「망향」의 중국어 제작감독에게 전화해 이 영화가 청소년유해물이라며 강력하게 항의하기도 했다. 이런 우려와 항의들 속에 「망향」은 5번이나 삭제 편집되었고 심지어는 한동안 상영 금지되기도 했다.[37] 오죽하면

---

36) 童立, 앞의 글 참고.
37) CCTV, 「電影傳奇: 望鄕-阿崎婆」(http://v.youku.com/v_show/id_XMjUzMTc1NTY0. html).

북경방송국에서 생방송으로 「망향」의 선정성을 둘러싼 시민대표 좌담회를 진행했을까.

하지만 오늘날 관점에서 보자면 「망향」은 그다지 선정적이지도 않을뿐더러 빈곤과 제국주의, 여성과 가부장적 공동체의 관계, 개인과 국민국가의 관계, 활동가와 연구대상 사이의 동일시 문제 등 상당히 무거운 주제를 진지하게 다루고 있다. 그럼에도 당시

영화 「망향」의 포스터

위와 같은 해프닝들이 벌어졌던 것은 영화 자체의 선정성 때문이라기보다는 「망향」의 성 묘사가 중국 수용자들에게 허용된 사회적 기준을 넘어섰기 때문이라고 할 수 있다. 문화대혁명까지 신중국은 '무성적'(無性的) 사회라고 할 만했다. '남자가 할 수 있는 일은 여자도 할 수 있다'는 구호 아래 여성들은 '무성화'(degendered)되거나 '남성화'되었으며, 남녀를 막론하고 탈성애화(desexualized)되도록 요구받았다. 특히 재현의 영역에서 개인 섹슈얼리티의 표현은 부르주아 개인주의와 동일시되었으며 심지어는 정신적 사랑조차 계급적 적대행위로 비판받았다. 그 결과 사회주의 포스터에서 흔히 볼 수 있는 것처럼, 영화 속 인물들은 서로 마주보는 욕망의 대상이 되지 못하고 늘 나란히 서서 혁명의 고지를 함께 바라보아야 했다. 오직 여간첩의 경우에만 적의 타락과 위험성에 대한 표현으로서 욕망의 묘사가 허락되었다.

이처럼 섹슈얼리티에 대한 묘사 자체가 금기였기에, 「망향」에서 욕망과 시선의 대상으로서 적나라하게 등장하는 여성의 몸과 대면하는 일은 중국인들에게 확실히 충격적인 문화적 사건이 되기에 충분했다. 설령 「망향」의 그것이 가부장적이고 군국적인 사회로부터 착취당하는 가련한 몸일지라도 말이다. 그 몸은 섹슈얼리티에 대한 지난 사회의 금기 혹은 이데올로기적 기준을 간단히 초월해 버렸고, 이를 둘러싸고 대중들의 성적 호기심이 폭발한 것은 자연스런 결과였다. 그런데 「망향」이 그처럼 화제가 될 수 있었던 것은, 영화가 섹슈얼리티 묘사의 기준을 초월한 데 대한 대중들의 성적 호기심뿐만 아니라 변화를 요구하는 지식인들의 비판적 관심도 함께 모여들었기 때문이다. 「망향」의 선정성을 비판하는 목소리에 많은 지식인들이 반대하며 「망향」을 옹호했다. 이들은 「망향」이 관중에게 자본주의에 대한 증오와, 모욕당하고 상처받는 노동부녀에 대한 심심한 동정을 불러일으킨다는 점에서 훌륭한 작품이라고 주장했다. 실제로 영화를 본 사람들의 관람평 중 다음과 같은 것은 이들의 주장을 증명하는 근거로 제시되곤 했다.

현재 외국선진기술을 배우게 되면서 기술이 앞선 자본주의 국가는 먹는 것, 입는 것, 사는 것, 쓰는 것이 모두 좋은 줄 알았다. 그런데 「망향」을 보고 나서 자본주의 제도가 어떤 것인지, 그 재부가 어떻게 축적된 것인지를 알게 됐다.
「망향」을 보고 일본인들의 삶의 또 다른 면을 알게 되었다. 비교해 보면 그래도 사회주의 제도가 더 좋다.[38]

---

38) 趙文英,「談日本影片望鄉」,『人民日報』, 1978.11.8.

이처럼 많은 지식인들은 사회주의 이데올로기에 근거해 「망향」의 주제의 정치적 올바름을 주장함으로써 「망향」의 '선정성'을 옹호했다. 그리하여 「망향」의 주제의 정치적 올바름을 전제로 지식인들 내부에서는 문예가 허용할 수 있는 성 묘사 범위에 대해 논쟁이 벌어졌다. 여주인공의 나체 장면 역시 피해여성에 대한 자본주의 사회의 억압성을 부각시키는 불가결한 디테일로서 용인될 수 있다는 것이다. 『독서』(讀書) 1979년 8기에 실린 글에서 린따중(林大仲)은 「망향」이 군국주의를 고발하고 소위 '남양녀'를 애도하기 위한 작품이기 때문에 그 성 묘사는 불가결한 것으로 인정해야 한다고 주장했다.[39] 그러나 짜오나이쩡(趙乃增)은 "혁명적 무산계급과 노동군중에게 필요한 것은 순수한 사랑이며 성애를 넘어설 수 있다. …… 걸핏하면 성애문예라고 비난하는 것도 문제지만 성애묘사의 부작용을 최대한 줄일 수 있도록 하는 것이 청소년의 이성관계를 바로 하는 데 도움이 된다"[40]며 반론을 폈다. 나아가 스청(史乘)도 "무산계급 문예는 도덕적 책임을 갖고 있다. 그것은 수천만 독자를 공산주의 사상과 도덕, 그리고 정서를 지닌 공민으로 만들어야 하는데, 성애묘사는 특히 청소년들의 정신에 유해하다. 비록 삶 속에서 남녀관계는 불가결하지만 그렇다고 그 세부적인 것들을 모두 글로 표현할 필요는 없다"[41]며 린따중의 견해를 비판했다. 이렇게 촉발된 문예계의 성 묘사에 대한 논쟁은 문화대혁명 직후에 광범위하게 이루어진 인성, 인도주의 그리고 주체성 논쟁으로 확산되면서 개혁개방 초기 사상해방

---

39) 林大仲, 「黃色, 色情, 愛情」, 『讀書』, 1978년 8기.
40) 趙乃增, 「"色情的升華"与愛情的 "牧歌"与林大中同志商討」, 『讀書』, 1978년 8기.
41) 史乘, 「談談文藝作品中的色情描寫」, 『讀書』, 1978년 8기.

운동의 중요한 일부가 되었다.

한편 좀더 급진적인 지식인들은 「망향」을 둘러싼 사람들의 관심을 문화대혁명과 그 극좌 이데올로기를 비판하는 정치적 영역으로 확대시켰다. 「망향」의 상영금지 조치에 대해 빠진(巴金)은 "우리의 청소년들은 여자를 본다고 나쁜 마음을 품는 사람들이 아니다. 그들에게는 숭고한 혁명의 이상이 있다. …… 왜 그들을 믿지 못하고 온실에서 나오면 바로 죄악의 구덩이에 빠지기라도 할 것처럼 걱정하는가?"[42]라면서 보수적 논객과 정치적 환경을 질타했다. 차오위(曹禺)도 어른들이 청소년을 온실 속에 가두려 한다면서 다음과 같이 과감한 사상해방의 필요성을 역설했다.

어떤 성인들은 '순' 혁명, '순' 무산계급의 붉은 무균지대가 존재한다고 믿는다. 우리가 가야할 길은 진보와 혁명이지, 현실 속에 있지도 않은 '정토'를 보호한답시고 전전긍긍하는 것이 아니다. 이 역시 사인방의 우민정책이다. …… 외국문예작품은 홍수나 맹수가 아니다. 두려워할 필요 없다. 실천은 진리를 검증하는 유일한 표준이다. 4개 현대화를 신속히 실현하기 위해 대담하게 눈을 크게 뜨자![43]

용푸(勇赴) 역시 개혁개방이 시작되었음에도 여전히 사방에 의구심과 주저함, 곤혹스러움이 팽배해 있다고 진단한 뒤 진실을 추구하는 「망향」의 리얼리즘적 창작정신을 높이 들고 사회주의 민주와 과학정신을

---

42) 巴金, 「談望鄕」, 『隨想錄』, 北京: 三聯書店, 1987, 5~6쪽.
43) 曹禺, 「大胆地睜開眼睛: 談 「望鄕」」, 『大衆電影』, 1979년 1기.

고양시키자고 주장했다.[44] 심지어 『인민일보』도 "앞으로 「망향」 같은 작품을 더 많이 보게 될 것이고 또 그래야 한다"고 하면서 "우리에게 유용한 외국 것을 제대로 배우려면 반드시 린뺘오(林彪)와 사인방이 남긴 정신적 족쇄를 철저히 깨부수어 사상을 더욱 해방하고 더욱 담대해져야 할 것"이라고 주장한 글을 실었다.[45] 변화에 대한 갈구는 대중은 물론이고 지식인과 관방에 이르기까지 상당히 광범위하고 보편적이었던 것이다. 「망향」을 둘러싼 논쟁은 바로 그와 같은 변화에 대한 중국사회의 욕망이 투사된 장이었다. 베이징전영학원 교수 니쩐(倪震)은 1978년 일본영화주간의 의미를 다음과 같이 평가했다.

모범극의 스크린 통치가 막을 내리고 아직 제4세대 영화가 시작되기 전의 빈틈에 「망향」과 같은 우수한 일본 영화가 들어왔다. 그것은 오랫동안 강권에 질곡되어 있던 관중들에게 정상적인 인성과 예술의 아름다움을 볼 수 있게 해주었다.[46]

니쩐의 말대로, 1978년 일본영화주간은 중국이 "정신적 식량의 결핍시대에서 다채로운 영화의 세계로 진입"하는 변화의 길목에 있었다. 일본영화주간을 통해 대중은 시대의 변화를 확연히 감지할 수 있었다. 「망향」은 무겁게 가라앉아 있던 공간에 거대한 폭탄을 터뜨린 것처럼 모든 사람에게 충격과 놀라움을 안겨줬다"[47]는 말대로, 일본영화주간을

---

44) 勇赴, 앞의 글, 41쪽.
45) 趙文英, 앞의 글 참고.
46) http://group.mtime.com/chinese/discussion/261151.
47) 퉁리, 앞의 글 참고.

통해 사람들은 급작스런 변화의 기미를 직감적으로 알아차렸다. 사람들은 「망향」과 같이 기존의 터부를 넘어선 영화가 그처럼 버젓이 상영되는 것을 보면서 중국이 확실히 개방을 향해 가고 있구나, 사상도 점차 해방되고 있구나 하는 실감을 갖게 되었던 것이다. 이처럼 「망향」은 중국에서 문화적 탈냉전을 알리는 파열의 징후로 소비되었다.

당시 사상해방과 변화의 욕구가 보편적이었음을 볼 때 영화주간을 조직했던 영화관계자 및 비판적 지식인들에게 「망향」이 초래한 충격은 다분히 의도된 것이라 볼 수 있다. 「망향」이 자본주의적 군국주의에 대한 비판이자 하층 노동부녀에 대한 심심한 동정을 그렸다는 해석은 보수적 논객이나 진보적 지식인이 모두 공유하는 이데올로기적 기반이었을 뿐만 아니라 인민연대라는 차원에서도 「망향」은 대일정책과 꼭 부합하는 영화였다. 하지만 그 충격의 여파는 정부는 물론이고 비판적 지식인들의 예상을 뛰어넘는 것이기도 했다. 일관적이고 탄탄해 보이는 논리의 정당성은 그것이 '선정성'이라는 논란에 휘말릴 때 이미 그 보잘것없는, 하지만 '폭탄'처럼 충격적인 이미지에 의해 치명적 위협을 받게 되었다. 실제로 대다수의 사람들을 영화관으로 이끈 것은 자본주의의 폐악을 확인하거나 사회주의 제도가 얼마나 좋은지를 확인하거나 아니면 일본인민과의 연대의지를 다지기 위해서가 아니라 훨씬 더 단순한 욕구, 즉 선정적 장면에 대한 호기심 때문이었다. 자본주의의 죄악과 중일인민연대라는 이데올로기적 논리는 바로 그 성적 호기심을 정당화하거나 혹은 못 본 척함으로써 스스로 균열을 허락하게 된다. 나아가 대중이 벌거벗은 육체를 목도하는 그 순간은 역설적으로 얼마나 오랫동안 자신들의 사회에서 섹슈얼리티가 금기였는지를 깨닫게 되는 위험한 순간이 될 수도 있다. 그 깨달음은 냉전적 이데올로기와의 거리두기로 이어지며 심지어 부지불식간에 체제이데올로기 자체를 흔들어 무화시킬 수 있기 때문이다. 일반인들이 영화로부터 받은 그 충격적 인상은, 정부는 물론 사상해방론자들이 의도했던 정치적 극좌에 대한 비판을 넘어 사회주의적 이데올로기 자체를 무력화시킨다는 점에서 치명적일 수 있다. 정부의 중일간 인민연대의 논리 역시 의도하지 않은 도전에 직면하게 되는 것이다. 「망향」에 대한 사람들의 열광은 바로 이 의도하지 않은 효과에서 비롯된 것인지 모른다.

3) 은유로서의 젠더

「망향」이 그 모범적인 주제에도 불구하고 '선전성' 논란을 빚으며 화제가 된 반면, 선정적 장면이 처음부터 삭제 편집되고 상영되었던 「추포」는 큰 논란 없이 수용되었다. 사실 「망향」이 새로운 시대를 상상하는 문화적 자원으로서 지식인 계층에게 더 많이 회자되었다면 「추포」는 유행을 만들며 일반 대중들의 일상에 파고든 덕에 영향 면에서는 더 광범위했다고 할 수 있다. 「추포」는 함정에 빠진 어느 검찰이 쫓기면서 누명을 벗어가는 과정과 로맨스를 그린 일종의 추리액션영화다. 주인공 두치우(杜丘)가 누명과 억울함을 벗고 결백을 증명하는 이야기는 반우파투쟁, 문혁 등에서 억울하게 비판받은 사람들의 '복권'(平反)에 대한 관심을 환기시켰다. 린타오(林濤)는 「추포」가 그렇게 많은 사람들한테 인기를 끌었던 이유 중의 하나가 '정의는 반드시 이긴다'는 주제의식과 흥미진진하게 전개되는 '누명 벗기'의 과정이 문혁으로 인한 일반인들의 트라우마를 조금이나마 씻어내는 사회적 치유 역할을 했기 때문이라고 지적한다. 거기서 두치우는 선과 악의 대결에서 정의를 대변하고 관중 대신 분을 풀어 주는 보통 사람들의 영웅이었던 것이다.[48]

영화 「추포」의 포스터

또 사랑을 위해 권력의 위협에도 굴하지 않고 목숨까지 거는 여주인공의 대담함도 관객에게 깊은 인상을 남겼다. 그것은 그동안 금기였던 '사랑'에 대한 욕구를 불러일으키기에 족했다. 앞 절에서도 잠깐 언급했듯 문혁 시기에는 성애 묘사는 물론이고 '사랑'이라는 감정조차 계급적 논리에 의해 억압되어야 했다. 대부분을 차지했던 사회주의적 영웅들의 이야기에서 일상적인 감정은 배제되기 일쑤였다. 문혁 말기 필사본으로 떠돌았던 지하소설 「두번째 악수」는 두 남녀의 영혼 교류와 순수한 사랑을 구가한 것에 불과하지만 당시에는 사랑을 다루었다는 이유로 금서 처분되었다. 「추포」가 상영되었던 70년대 말까지도 어떤 사람은 그 소설이 '독초'라며 출판금지를 주장하기도 했다.[49] 그러한 상황에서 두치우와 쩐여우메이의 쿨한 사랑이 얼마나 많은 사람들을 매료시켰을지는 짐작하고도 남음이 있다. 특히 여주인공 쩐여우메이(眞由美)의 "당신을 좋아해요!"(我喜歡你)라는 대담한 사랑고백은 뭇 청년들의 가슴을 설레게 했음이 분명하다. 30여 년이 지난 지금도 "당신을 좋아해요!"라던 쩐여우메이의 목소리가 귀에 울리는 듯하다는 한 여성의 회고[50]처럼 70~80년대 중국 관중에게 쩐여우메이는 사랑의

---

48) 「추포」의 인기에 힘입어 「405살인사건」(1979), 「검사」(1981), 「수갑 찬 여행객」(1981)과 같이 그와 유사한 스타일의 영화가 연이어 제작되기도 했다. 林濤, 「追捕與70年代末中國的接受視閾」, 『日語學習與研究』, 2010년 3기.
49) 林濤, 앞의 글, 34쪽 참고.

대사(大使)와 같았다.

하지만 「추포」가 가장 큰 인상을 남긴 것은 역시 두치우라는 캐릭터, 더 정확하게 말하자면 두치우로 분했던 배우 다카쿠라 겐이었다고 해도 과언이 아니다. 그의 과묵함, 곧은 성격, 위험 속에서도 타인을 구하고 배려하는 담대하면서도 세심한 마음은 중국 관중, 특히 중국 여성들에게 깊은 인상을 남겼다. 이 과묵한 남자주인공은 기존의 사회주의 영웅형상과 좋은 대조를 이뤘다. 기존 작품에서 영웅은 대부분 정치적 지도자나 사상적 선진분자였고 그들의 사명은 늘 설교를 통해 완성되다 보니 대개 대사가 많은 비중을 차지했기 때문이다.[51] 그런 점에서 다카쿠라 겐의 과묵함은 기존 문예에서 추구했던 '높고 크고 완벽한'(高大全) 무산계급 영웅 형상에 대한 대항 캐릭터로 여겨질 만했다. 다음은 「추포」 포스터 밑에 누군가 달아 놓은 해설이다.

다카쿠라 겐의 과묵하면서 강한 남성 이미지는 사회주의 시기 중국 스크린에 넘쳐나던 '奶油小生'(탕궈챵을 대표로 하는)[52]들을 다 쥐구멍으로 보내 버렸다. 그후로 어딜 가나 사내대장부를 찾는 소리가 들려온다. 그런가 하면 어깨를 덮는 긴 머리에 부츠를 신고 청순해 보이는 외모에 마음은 불같은 쩐여우메이는 중국 청년남성 제1세대의 이상형이 되었다.[53]

---

50) CCTV, 「電影傳奇: 追捕-杜丘與眞由美」, http://www.56.com/u50/v_NDM2ODI1NDk. html.
51) 林濤, 앞의 글 32쪽 참고.
52) '奶油小生'은 반들반들 얼굴만 잘생기고 연기력은 없는 남자배우를 말하며, 탕궈챵(唐國强)은 당시 유명한 남자배우이다.

이 해설은 두치우의 말 없고 무뚝뚝하고 강인한 남성 이미지가 이른바 신세대 '사내대장부'(男子漢)가 갖추어야 할 내용이 되었음을 보여준다. 그 '사내대장부'는 이제 일상의 영역에서 모든 중국남성들이 추구해야 할 새로운 남성성의 모델이 된 것이다. 실제로 당시 「추포」에서 여주인공의 목소리를 연기했던 성우는 「추포」를 본 후 남주인공 두치우에게 푹 빠졌으며 그후 늘 자기 남편에게 두치우처럼 되라고 요구하거나 당신은 왜 두치우같이 못하느냐고 불평했다며 당시를 회고했다.[54] 한편 위 해설에서 보이듯이 쩐여우메이도 두치우 못지않게 새로운 여성상을 각인시켰다. 그녀는 사회주의 시대 '하늘의 절반'을 떠받치던 '철의 아가씨'와는 완전히 다른, 훨씬 달콤하면서도 세련되고 자유분방한 여성상을 제시했다. 그녀는 그 시대 사람들이 가장 좋아하는 우상이었고 수많은 남성들이 꿈에 그리는 연인이었다. 쩐여우메이 역을 맡았던 일본 여배우 나카노 료코(中野良子)는 중국을 방문했을 때 그녀를 둘러싼 중국팬들이 어찌나 환호하며 '쩐여우메이'를 외쳤던지 한동안 '쩐여우메이'라는 환청이 떠나질 않았다고 한다.

한편 이렇게 신선한 남성상과 여성상은 새로운 패션의 유행을 통해 일상 속으로 산포되었다. 영화 속의 자본주의적 스펙타클──마천루, 도심을 질주하는 말, 하늘을 날아 도주하려는 자가용 비행기와 그를 추격하는 수십 대의 경찰차 등등──이 신선한 현대성의 상상을 부추겼다면, 남녀 주인공의 스타일이나 소품은 새로운 현대적 삶의 일상적 상징으로

53) 郭根群, 「1978年鄧小平訪問日本后掀起 "日本電影熱"」, 中國网(http://www.china.com.cn/culture/txt/2008-05/08/content_15122658.htm).
54) CCTV, 「電影傳奇: 追捕─杜丘與眞由美」, http://www.56.com/u50/v_NDM2ODI1NDk.html.

서 금세 대중들의 따라잡기 대상이 되었다. 다카쿠라 겐의 잠자리 선글라스, 깃을 높이 세운 바바리코트는 시대를 풍미하는 유행 아이템이 되었으며 여주인공의 헤어스타일과 화장법, 의상 역시 패션의 첨단을 대표하게 되었다.

영화「추포」의 한 장면

그뿐이 아니었다. 영화 속 인물들의 대사는 일상 어디서나 자주 인용되었고, 다른 영화나 드라마, 만담 같은 데서도 부단히 패러디되었다. 영화 속 인물의 이름인 '헝루징얼'(横路敬二)이 실생활에서도 우둔하고 어리바리한 사람을 가리키는 말로 유행하는가 하면, 남녀 주인공의 후일담도 수없이 만들어졌다. 또 가사도 없이 무수히 반복되는 흥겨운 리듬의 주제가는 사람들이 따라 흥얼거리기에 안성맞춤이었다. 이처럼 일상은 한때 「추포」의 모방으로 채워졌다고 해도 과언이 아니었다. 유행은 단지 스타일의 변화에만 그친 것이 아니라 그 스타일을 통해 완성되는 남성성과 여성성까지 모방하는 것이었다. 「추포」의 남녀주인공이 제시한 새로운 남성성과 여성성이 유행을 통해 일상 속에 자연스럽게 구축되기 시작한 것이다.

그렇게 구축되기 시작한 새로운 남성성과 여성성은 어느덧 일상으로부터 과거 사회주의 이데올로기를 전복해 가는 동력이 되었다. 앞 절에서 사회주의 시기 중국은 무성적 사회였다고 지적한바, 1980년대 중국의 신계몽주의는 무성화나 탈성애화를 모두 성적 '비정상'을 의미하는 것으로 간주했다. 그에 따르면 그것을 부추긴 사회주의 체제 역시 당연히 '비정상'일 수밖에 없다. 따라서 '무성화' 경향을 바로잡는 일은 '비정상'의 사회를 '정상'으로 돌려놓는 일이 된다. 여기서 섹슈얼리티와 젠더의 문제는 모두 사회주의 역사의 '비정상성'을 드러내는 데 있어 가장 일상적이지만 가장 도발적인 은유로 사용될 수 있게 된다. 남자는 '사내대장부'다워지고 여자는 '여자다워'짐으로써 본래의 자기 성별을 찾아 돌아가야 한다는 주장은, 개인의 가장 은밀한 성적 욕망을 과감히 느끼고 표현할 수 있어야 한다는 주장과 함께 전혀 비정치적이고 사적인 언술처럼 보인다. 하지만 실제로 그것은 개인을 집단에 예속시키는 사회주의 국가이데올로기에 대해 개인의 우선성을 주장하고 권력으로부터 개인의 자유공간을 쟁취하고자 하는 강렬한 비판을 내포하고 있었다.[55] 「추포」를 통해 새롭게 구축되기 시작한 여성성과 남성성은 그와 같은 주장의 초기적 형태를 보여 주었다.

「망향」의 포르노 논쟁이 개인의 섹슈얼리티에 대한 문화적 점유권을 둘러싸고 사회주의적 이념과 개인주의적 욕망이 대결하는 장이었다면, 「추포」 따라잡기는 개인의 욕망과 국가의 대결을 젠더의 재구축과 그 실현으로서의 패션을 통해 일상화시켰다고 할 수 있다. 섹슈얼리티와 젠더 담론의 재구축 문제는 이처럼 탈냉전 초기 사회주의 역사에 대한 성찰과 초월의 의지가 첨예하게 드러났던 장이자, 시대적 변화에 대한 욕구가 표출되는 장이기도 했다. 그런 의미에서 새로운 남성성 혹은 여성성은 곧 '신시기'에 대한 은유, 혹은 그에 대한 욕망의 은유로서 작동했다고 할 수 있다. 탈냉전의 파열은 이렇게 섹슈얼리티 및 젠더와 결합됨으로써 자연스럽게 일상적인 것의 영역으로 산포되었다. 일상 속에

---

55) 임우경, 「중국의 반전통주의 민족서사와 젠더」, 연세대학교 박사학위논문, 2004, 11~12쪽.

서 이데올로기나 이념적 언어를 빌리지 않고 자연스럽게 모방된 자본주의 문화를 통해, 일상의 스타일을 변화시킴으로써 기존의 사회주의 문화는 어느새 도전받으며 해체되기 시작했다.

4. 인민연대론과 동아시아의 탈/냉전

우리는 앞에서 아직 세계적 냉전이 종식되지 않았던 시대에 중국에서 일본대중문화열이 일어날 수 있었던 역사적 맥락을 중일 간 인민연대와 개혁개방 초기 영화수용이라는 측면에서 살펴보았다. 중국은 일본 정부와 일본 인민을 구분하여 대하는 이른바 인민외교 정책을 표방하면서 냉전시대에도 양국 간 인민교류를 추진해 왔으며, 1978년 일본영화주간이 성사된 것도 그러한 대일정책이 만들어 낸 성과 중 하나였다고 할 수 있다. 식민/제국주의 전쟁의 참혹한 경험에도 불구하고 중국인들이 큰 반감 없이 일본 영화 「망향」과 「추포」를 수용할 수 있었던 것이나, 그 직후 1980년대 일본대중문화가 중국에서 유행할 수 있게 된 데에는 일본 인민과의 연대와 우호를 견지해야 한다는 인민외교 정책이 중요한 역사적 배경이 되었던 것이다. 1980년대 중국의 '일류'가 1990년대 중국의 '일류'나 '한류'와는 다른 지점이 여기에 있다. 1980년대까지 적대진영에게는 국경을 굳게 닫아걸었던 한국과 달리 중일 양국은 이른바 냉전이 한창인 시대에도 서로 교류가 이루어졌고 심지어 1980년대 '일류'처럼 대규모 문화이동이 일어나기도 했던 것이다.

그런데 냉전시대 국경을 가로지르는 이 횡적 연대는 국경을 중심으로 전선을 형성했던 냉전의 종적 경계, 즉 국민국가 논리와 충돌하면서도 겹치는 복잡한 국면을 연출한다. 그것은 냉전적 이념이 탈식민 국민국가 건설의 통합논리로 작동해온 아시아 여러 국가에서 더욱 그러하다. 이들 국가에서는 국민국가의 경계가 곧 진영의 경계와 겹쳤기 때문이다. 그런 의미에서 국경을 가로지르는 중일 간 인민연대는 냉전논리에 근거하면서도 탈냉전적 성격을 포함한다고 말할 수 있을 것이다. 그리고 이처럼 '탈/냉전'적인 상황, 즉 냉전적이면서 동시에 탈냉전적인 상황에 가장 유의미한 변수로 작용한 것이 바로 국민국가 논리였다. 국민국가의 논리는 냉전의 논리와 때로 결합하고 때로 충돌하면서 아시아의 복잡한 '탈/냉전'적 풍경을 만들어 냈다. 본문에서 살펴보았던 냉전의 횡적 연대로서 중일 간 인민연대와 냉전의 종적 연대로서 중일 간 국교정상화 사이의 모순은 그 전형적인 예이다.

중일 간 국교정상화가 있기까지 중일 인민연대 활동이 중요한 역할을 했지만, 중일 국교정상화는 결국 중일 인민연대의 논리를 부정해야 하는 역설을 초래했다. 신중국 건립 후 줄곧 견지했던 중일인민연대의 논리에 따르면 일본정부는 군국주의자이고 미제국주의의 공모자다. 그런데 지금 와서 중국의 적이자 일본인민의 적이었던 일본정부와 어떻게 관계를 정상화시킬 수 있단 말인가? 일본과의 국교 정상화는 결과적으로 그전까지 중국 정부가 주장해 왔던 제국주의자로서의 일본정부의 정체성을 탈각시켜 버렸다. 더구나 중국정부는 수교를 위해 일본에 대한 전쟁피해보상 청구를 포기했을 뿐만 아니라 자본주의 진영 간 군사적 연대를 유지하는 미일안보관계마저 묵인해 주었다. 그것은 과거 식민/제국의 기억도 항전 승리 후 냉전의 서사도 모두 한순간에 부정해 버리는 것이었다. 중국정부는 전쟁피해보상을 요구하는 것은 결국 일본인민들의 부담을 악화시킬 뿐이라고 설득했으나 일반 중국인들이 그와 같은 논리를 얼마나 이해하고 수긍했는지는 의문이다.[56] 또한 중일수교가 미일관계를 진보적으로 견인하기를 바랐던 일본 내 친중국 공산주의자들 역시 착잡한 심정으로 중일국교정상화를 지켜볼 수밖에 없었을 것이다.[57]

그 같은 역설의 결과는 수교 후 본격화되기 시작했다. 수교를 통해 본격적이고 전면적인 양국 간 교류가 이루어지기 시작했음에도 양국 인민 간 관계는 오히려 적대적 방향으로 발전했기 때문이다. 일제침략에 대한 적개심, 정부 간 수교에 대한 불만 등은 복류(伏流)하고 있다가 일본정부의 전쟁배상 책임 방기나 역사교과서 등에 대한 반감에 의해 고조되면서 서서히 민족주의적 반일감정으로 부상하더니, 2005년 격렬한 반일시위를 통해 그 정점을 찍었다. 2005년의 반일시위에서 일본은 더 이상 군국주의자로서의 일본정부와 그 피해자로서의 일본인민으로 구분되지 않았다. 그냥 적대국으로서 동질적인 하나의 일본이 존재할 뿐이었다. 대중들의 극단적 반일정서를 앞에 두고 중국정부는 기껏해야 정치적 적대감과 경제적 파트너로서의 필요성을 구분하라고 요구할 뿐이었다.[58] '일본군국주의 vs 중일인민'이라는 이분론이 어느새 '정치적 적대감 vs 경제적 파트너'라는 이분론으로 슬쩍 바뀌어 버린 것이다. 냉전시대에도 지속되어 오던 양국 간 민간교류의 대의가 본격적 탈냉전 시대에 오히려 추동력을 잃고, 보수적 민족주의가 그 자리를 메우게 됐다는 사실은 퍽이나 역설적이다. 탈냉전과 국교정상화는 냉전의 진영 대립을 허물고 새로운 문화적 흐름을 가능하게 했던 한편, 또 다른 차단과 배제

56) 모리 가즈코, 앞의 책, 제2장 참고.
57) 권혁태, 앞의 글 참고.
58) 임우경, 「중국의 반일시위를 보는 몇 가지 방법」, 『실천문학』, 2005년 여름호.

의 기제를 만들어 내는 역설적 과정이었던 셈이다.

이처럼 중일 인민연대론에서 국민국가 경계와 진영의 경계가 부딪치는 지점은 또 한편 다른 차원의 봉합하기 어려운 모순과 맞닿아 있었다. 바로 인민과 국가/정부의 관계이다. 중일 간 인민연대를 추동했던 주체는 사실 랴오청즈 등이 대변하는 중국정부이지 중국인민이 아니었기 때문이다. 중일 인민연대는 흔히 '민간교류'로 이해되곤 하는데, 정확히 따지자면 인민이란 계급분석에 기초한 개념일 뿐 아니라 적과 아를 구분하는 정치적 입장을 내포한 말로서 비정부 주체를 뜻하는 '민간'과는 다르다. 그런 점에서 류지앤핑은 중일 인민연대는 결코 '민간교류'가 아니라 중국의 관방이 주도했던 외교적 차원의 정치행위였음을 분명히 해야 한다고 역설한다.[59] 그럼에도 불구하고 그간 인민연대 대신 민간교류라는 말이 그처럼 자연스럽게 산포될 수 있었던 것은 중국정부가 인민의 정부라는 점, 다시 말해 정부가 인민을 '정확하게 대표한다'는 믿음이 있었기 때문일 것이다. 하지만 실제로 그럴까? 앞서 언급했듯이 정부의 인민연대론을 충실히 내면화한 사람이라면 급작스런 중일수교가 배신으로 느껴졌을 것이다. 전쟁배상 포기도 인민의 의견이 제대로 수렴되지 않은 것이었다. 2005년 반일시위 때 인터넷상에 일본의 군국주의자와 국민을 구분하는 '이분론'이나 배상청구 포기는 완전히 괴담이라며

---

59) 류지앤핑(劉建平), 앞의 책의 서론과 제6장 참고. 류지앤핑은 중국의 정치가는 물론이고 학자들까지 바로 이 점을 혼동한 결과 일본정부가 늘 중국으로부터 실리를 취득하면서도 전쟁배상과 같은 정치적 책임으로부터 교묘하게 빠져나왔던 반면 중국정부는 외교적 실리도 못 챙기고 국내여론의 압박을 받게 되는 곤란에 빠져 있다고 주장한다. 그는 얼핏 보면 중국정부를 위해 말하고 있는 것 같지만 사실 마오쩌뚱과 저우언라이 등 중국정부가 추진해 왔던 인민외교 정책이 '비정상적'인 중일관계를 초래했다고 비판하면서 국가적 실익에 충실할 것을 주장하는 것이다. 그의 주장은 예리하지만, 최근 중국 내부에서 고조되는 보수적 민족주의/국가주의와 궤를 같이하는 측면이 있어 유의해서 관찰할 필요가 있다.

마오와 저우언라이의 대일기본원칙에 대한 신랄한 비판[60]이 제기되었던 것이나, 최근 류지앤펑이 인민외교정책이 '비정상적' 중일관계를 초래했다고 비판하는 것도 궁극적으로는 국가/정부와 인민 사이의 불일치에서 비롯된 것이라 할 수 있다.

사실 1978년 일본 영화 「망향」과 「추포」가 그처럼 인기를 끌 수 있었던 중요한 이유도 바로 국가와 인민 사이의 대표 불/가능성에서 찾아볼 수 있다. 그전까지 대부분의 중국인민이 일본 영화를 접할 수 없었던 것은 바로 정부의 통제에 기인한 것이며, 그로 인한 인민교류의 국지성 자체가 국가와 인민 사이의 대표 불/가능성을 보여 주는 것이다. 또 내용적으로도 「망향」과 「추포」는 상당히 다른 유형의 영화지만 '개인'과 '국가' 사이의 갈등을 다루고 있다는 점에서 공통적이다. 「망향」은 가부장적이고 군국주의적인 공동체——국가를 포함한——가 여성의 몸을 어떻게 소비하고 또 궁극적으로 배신하는가라는 문제를 제기하고 있으며 그런 국가와 분명하게 거리 두기를 하고 있다. '남양녀'들의 무덤이 모두 일본이 있는 방향을 등지고 있다는 사실을 극중 화자가 소스라치게 놀라며 발견하는 장면이 이를 단적으로 보여 준다. 한편 「추포」는 화려한 스펙타클과 추리극으로 포장했지만 역시 감독 자신의 말대로 거대한 국가의 음모에 맞서 싸우는 한 개인의 이야기임에 분명하다. 두 영화의 수용과정에서 국가와 개인의 갈등이 직접적으로 부각되지는 않았으나, 섹슈얼리티와 젠더 문제를 둘러싸고 간접적으로 쟁점화된 걸로 볼 수 있다. 「망향」을 둘러싼 다양한 해프닝과 논쟁들은 섹슈얼리티에 대한 개인의 자율권을 주장함으로써, 관객들의 「추포」 따라잡기는 기존의 젠더 규

---

60) 모리 가즈코, 앞의 책, 105쪽.

범을 거부하고 새로운 개인의 여성성과 남성성을 구축함으로써 국가와 대결했던 것이다.

1978년의 일본영화주간이 성사되고 별다른 거부감 없이 수용될 수 있었던 것은 그전 중일 간 인민연대의 성과이지만 동시에 인민교류의 국지성으로 인한 효과이기도 했다. 영화의 수용과정은 그처럼 인민연대 속에 내포된 국가와 인민 사이의 불일치를 소리 없이 문제화하고 있었던 것이다. 「망향」과 「추포」, 그리고 그후에 지속적으로 유입된 일본대중문화를 소비하는 과정에서 대중은 알게 모르게 자본주의적 현대화에 대한 욕망을 키웠다. 그것은 극좌 노선에 대한 비판에 그치지 않고 사회주의에 대한 전면적인 비판으로까지 나아갔다. 자본주의적 현대성에 대한 커가는 믿음과 사회주의에 대한 극단적 부정은 아이러니하게도 탈냉전 시대에 또 다른 냉전적 사유로서 주류화되고 있다. 미국과 화해하고 일본과 화해함으로써 국제적 탈냉전을 주도했지만 정작 중국 내부에서는 자유주의와 사회주의를 둘러싼 이념 대립이 점점 격화되고 있다. 그리고 이들 경향은 다시 국가를 경계로 하는 보수적 민족주의와 얽히면서 중국의 인민연대론을 신랄하게 비판하는 주장들마저 등장하게 된 것이다. 이처럼 중국의 인민외교 정책과 그 실천으로서의 인민연대는 중일 간 탈/냉전 문화이동을 가능케 한 주된 추동력이었지만, 인민연대론 자체에 내포된 모순들은 종종의 정치적 상황들과 결합되며 점차 대일 적대감을 낳게 되고, 나아가 정부의 인민연대정책 자체에 대한 부정을 초래하게 됐다는 점에서 역설적이다.

인민연대론과 그로 인한 탈/냉전 문화이동은 이처럼 복잡하게 착종된 문화적 복류(複流)를 형성하며 일종의 패러독스를 보여 준다. 그리고 이 패러독스들 속에서 우리는 동아시아에서 전개된 냉전의 독특한 결들을 읽어낼 수 있다. 서론에서 필자는 이른바 냉전시대에 중일 간 문화이동이 어떻게 가능했는가라는 질문을 던진바, 이는 한편으로 베를린장벽의 붕괴나 소련 해체를 탈냉전의 기점으로 삼는 일반적 관점에 대한 회의를 내포한다. 중일 인민연대론에 대한 분석에서 본 것처럼, 동아시아에서 냉전은 탈냉전적 계기들과 동시에 전개되었으며 양자는 서로 결합되기도 하고 충돌하기도 하면서 복잡한 복류를 형성해 왔다. 이른바 세계적 탈냉전 시대에도 여전히 냉전이 진행형인 남북관계나 아시아의 상황을 두고 많은 학자들이 '아직은 탈냉전 시대가 아니다'고 주장한다. 권은선은 "탈냉전 시대에 잔여적인 힘으로 완강하게 버티고 있는 냉전의 시간대 및 이데올로기적 힘"[61]을 드러내기 위해 호미 바바의 '빗장'을 전유하여 '탈/냉전'이라는 표기를 제안하기도 했다. 필자는 이에 전적으로 동의하며 더 나아가 이른바 탈냉전 시대의 냉전성뿐만 아니라 냉전 시대의 탈냉전적 계기들까지 동시에 주목할 필요가 있다고 본다. 심지어는 냉전논리 자체에 내포된 자기부정적 요소 및 냉전과 탈냉전적 요소들 간의 상호경합과 동요를 포착하는 노력도 경주해야 할 것이다. 바로 그 속에서 동아시아 인민 간 이동성과 불/소통의 역사적 경험이 현재를 위해 오롯이 드러날 것이라 믿는다.

---

61) 권은선, 「'한국형 블록버스터'에서의 민족주의와 젠더」, 『여/성이론』 제4호, 2001년 여름, 106쪽.

3장

탈/냉전기 타이완의
'중국상상'과 민족주의:

양안개방(1987)을 중심으로

3장 _ 탈/냉전기 타이완의 '중국상상'과 민족주의

: 양안개방(1987)을 중심으로

김미란

1. 들어가며

1955년, 중국대륙을 탈환하려는 장제스의 야망이 미국의 압력으로 좌절된 이후 타이완 사회는 200만 명[1]의 대륙 출신의 피란민이 700만 명의 타이완 선주민과 함께 살아가는 타이완의 '중화민국'[2] 시대가 열렸다. 이주 후에 국민당정부는 냉전적 국제 질서 속에서 대외적으로는 '중국' (China)을 대표하는 한편, 섬으로 축소된 영토 안에서 50년간 일본의 식민통치를 받아 온 타이완의 선주민들을 '국민'으로 만드는 작업을 추진했다. 국민화작업은 순탄하지 않았다. 선주민들은 국민당의 2·28학살[3]을 계기로 하여 '아시아의 고아'[4]였던 자신들을 구원해 줄 이가 '대륙에

---

1) 李俊輝, 「析術中共對我開放大陸探親政策的反應」, 『中共問題研究』, 第十四卷 第二期, 臺北: 中共問題研究社, 1988, 5쪽.
2) 이 글에서는 1911년에 청조를 타도하고 세워진 중화민국과 현재 타이완섬에 수립된 국민국가를 구분하기 위하여 '타이완'이라는 명칭으로 현재의 중화민국을 지칭하고자 한다.
3) 국민당정권이 1947년에 타이완의 본성인들의 저항을 무력으로 진압하여 수만 명이 사망한 사건이다.
4) 우줘류, 『아시아의 고아』, 송승석 옮김, 아시아, 2012.

서 온 사람'들이 아니라는 것을 깨달았고, 오히려 냉전기간 동안 그들을 억압적인 통치자로 경험하였다. 1987년 이후에 널리 사용된 '외성인'(外省人, 대륙 출신자)이라는 용어에는 이와 같이 냉전적 이념에 기반한 외성인 통치에 대한 본성인(本省人, 타이완 출신자)들의 적대와 저항이 담겨 있다.

1987년, 타이완 국민의 대륙친지방문(返鄕探親)은 40여 년간 대륙을 '적'으로 상정해 온 국민당의 통치이념이 도전받게 된 계기였다. 공산당의 침략위기를 강조함으로써 제한해 올 수 있었던 국민들의 공민권이 대륙방문 한 달 전에 계엄이 해제됨으로써 회복되고, 그로 인하여 38년 동안 행사되지 않았던 본성인들의 입법의원(立法委員, 국회의원에 해당) 선출권과 언론의 자유가 회복되었기 때문이다.

이러한 정치적 환경의 변화를 고려할 때 1987년의 양안개방은 단지 대륙 출신의 실향민들이 고향과 친지를 방문하는 귀향이라는 의미를 넘어선 '사건'이있다. 1979년 중미 수교 이후로 '향토문학' 논생을 계기로 하여 확산되어 오던 타이완 사회의 민주화 요구는 양안개방을 전후하여 본성인들로 하여금 '정당' 수립이라는 정치적 실체로 모습을 드러내게 하였으며 그후 '중국대륙과 관련된 일체'의 것으로부터 타이완을 박리해 내는 본성인에 의한 '타이완 민족주의'는 갈수록 강화되었다.

양안 교류에 있어서 베이징정부와 타이완정부가 내세운 교류의 명분은 하나의 뿌리에서 나온 하나의 민족론, 즉 '중화민족주의'이다. 중화민족주의에 따르면 1949년 이후에 타이완 해협의 양쪽에 수립된 두 개의 국민국가는 '국가'로 인정되지 않아 '내전'상태로 간주되며 국민국가의 완성(통일)은 공동의 목표가 된다. 반면, 국민국가의 경계인 영토를 '통치지역'으로 인식하는 타이완민족주의는 영토 내에 거주하는 자들의 역사적 경험을 강조한다. 이러한 인식의 차이로 인하여 중화민족주의는 대륙이라는 장소(place)에서 전개된 역사를, 타이완민족주의는 타이완 섬에서 일어난 역사적 경험에 기반한 국가 정체성을 지향하며 양자는 각각 '하나의 중국'(一個中國)과 '하나의 중국, 하나의 타이완'(一中一臺)이라는 정치적 목표를 주장하게 되었다.

타이완민족주의가 견지하는 '중국'[5]으로부터의 분리주의적인 태도는 국민당정부가 주장하는 중화민족주의에 상치된다. 뿐만 아니라 그것은 냉전 시기에 국민당과 공산당 사이에 암묵적으로 유지되어 오던 '하나의 중국'에 대한 합의 자체를 부정하기 때문에 베이징정부에게는 더더욱 용납될 수 없는 '위험한' 것으로 간주된다. 그래서 대륙의 타이완 문제 전문가는 타이완민족주의를 '타이완민중들이 타이완민족주의에 볼모로 잡혀 있으면서도 그 피해를 느끼지 못하고 오히려 연민을 느끼는 증상인 '스톡홀름 증후군[6]에 빠졌다'고 비난한다. 그러나 타이완민족주의는 비판의 강도만큼이나 개방 이후 날로 강화되고 있다.

양안개방 20년 만에 직항(2008)을 통해 양안은 일일생활권이 되었고, 타이완국적의 학생들이 중국대륙의 대학에 진학하는 상호 학력 인증의 시대로 접어들게 되었다. 경제와 사회문화적인 교류가 이처럼 폭과 깊이를 더해 감에도 불구하고 오늘날, 타이완사회에서 '하나의 중국'론에 대한 반감은 깊기만 하다. 정치적 영역에서는 물론, 경제발전 측면에

---

5) 이 글에서 '중국'이라는 명칭은 특정한 국민국가를 지칭하지 않는 'China'를 뜻한다. 중화인민공화국은 '중국대륙', '베이징정부'로, 타이완의 중화민국은 '타이완', 혹은 '국민당정부'로 지칭하고자 하는데 그 이유는 '하나의 중국론'을 관철시키고자 하는 중화인민공화국의 통일 방안과 거리를 두고 현재 존재하는 두 개의 국민국가를 인정하기 위해서이다.

6) 古小明, 「兩岸社會統合趨勢下臺灣民衆政治認同問題的思考」, 『臺灣研究集刊』 No. 118, 2011년 제6기, 33쪽.

서 개방 이후로 타이완의 중산층이 집단적으로 대륙으로 이주하여 국내 경기가 공동화하여 중국과의 경쟁을 할 수 없게 된 타이완인들에게 '나는 중국인인가, 타이완인인가'를 고백하게 하는 중화민족주의는 '타이완 정서'(臺灣結)와 '중국 정서'(中國結)를 건드리는 예민한 사안이기 때문이다.

그러면 이와 같이 '중국대륙'이 타자로 인식되기 이전, 냉전적 통치질서가 균열하기 시작하던 1980년대 중후반 무렵 타이완인들에게 '중국'은 무엇을 의미하였으며, 성적(省籍) 갈등은 구체적으로 어떤 것이었는가? 이 글은 이 질문에 답하기 위한 것으로, 양안의 인적교류의 시작이었던 '고향방문'을 전후한 미디어의 보도와 담론을 중심으로 이 문제를 살펴보고자 한다.

냉전기간 동안 국민당은 출신 성(省)을 기준으로 권력을 분배하고 '중국인'을 길러 내는 국민화정책을 실시함으로써 성적(省籍) 갈등을 심화시켰다. 그러나 세대라는 관점에서 보면 탈냉전 시기의 전후세대에게는 출신 성과 무관하게 타이완인이라는 토착의식이 강화되는 경향이 드러나기도 한다. 1950, 60년대에 타이완에서 태어나 성장한 '외성인 2세대'들에게 두드러진 토착화 경향은 이들이 부모세대와 달리, 중국대륙을 더 이상 '돌아가야 할 곳'으로 상상하지 않는 현상으로 가시화되는데, 이것은 이들이 대륙을 방문한 후에 양안의 사회문화적 차이를 목도하고 타이완인이라는 자각을 하게 되었기 때문이다. 이러한 양상은 두 민족주의 담론틀 안에서 설명하기 어렵다.

담론은 "그것이 그려 내는 사회적 실재를 구성한다".[7] 그러나 동시

---

7) 앤서니 기든스, 『현대사회의 성, 사랑, 에로티시즘』, 황정미 외 옮김, 새물결, 2001, 63쪽.

에 담론은 기든스의 통찰과 같이 현실을 단순하게 설명하는 우를 범할 수 있다. 그래서 사회변화의 맹아를 포착하기 위해서는 "담론에 대한 지나친 강조에서 벗어나 [……] 빠져 있는 요인들을 주목"[8]해야 하는데, 이 글에서는 이러한 담론화의 위험을 경계하여 두 민족주의담론으로 수렴되지 않는 잉여, 즉 1949년 이후로 줄곧 대륙에 살고 있는 타이완적(籍) 실향민이라는 존재, 냉전의 회색지대인 홍콩이라는 공간, 그리고 성적(省籍)으로 구분할 수 없는 타이완의 외성인 2세대의 토착화 경향, 세 측면을 민족주의 담론과 함께 살펴보고자 한다.[9]

2. 양안개방정책과 담론

1) 탈냉전기 양안문제가 논의되는 맥락

중미 수교(1979) 이후로 베이징정부가 국제적으로 존재감을 더해 간 것과 비교할 때 타이완정부의 외교적 고립은 급격하게 심화되었으며 이 위기감은 개방에 대한 국내외의 압박으로 나타났다.[10] 1987년, 타이완정부는 정부 조직이 아닌 적십자사를 통하여 대륙행 고향방문을 허용하였으며,. 그로부터 5년 만에 양안의 민간교류에 관한 법제가 마련되고 비정부 성격의 담당기관이 만들어졌다. 오늘날까지 양안교류에 관하여 최고의 효력을 지닌 「타이완지구와 대륙지구 양안인민관계조례」(臺灣地區

---

8) 앞의 책, 60쪽.
9) 타이완인의 정체성변화에 대해서는 5절에서 서술.
10) 타이완의 매체는 덩샤오핑「타이완동포에게 고함」(1979.1.1.)을 발표한 이후 서양인들이 타이완을 대하던 태도는 전격적으로 변하였다. 이들은 지금까지 타이완을 통해 취해 온 중국의 문화와 정치 등에 관한 지적 욕구를 '타이완의 상공을 날아' 직접 대륙으로 가서 충족시키기 시작하였다.「大陸熱」, 1987.10.6,『聯合報』.

與大陸地區兩岸人民關係條例)(1992)와 해기회(海峽兩岸基金會)의 설립
이 그것이다.

1992년의 친지방문과 경제투자 허용은 양안 사이에 상호방문이 허용되었다는 것을 의미하므로 법안의 공포는 '반공'이라는 국민당의 국시(國是)가 폐지되었다는 것을 뜻한다. 베이징정부가 더 이상 '적'이 아니기 때문에 중국공산당과의 전투를 대비한 전시동원령인 「동원감란」(動員戡亂) 법령이 폐지(1991)되었고[11] 중국을 '뿌리'로 보고 '뿌리를 찾아간다'(落葉歸根)는 슬로건하에 양안 교류가 시작되었다.

베이징정부는 중미수교와 동시에 「타이완 동포에게 고함」(1979)을 발표하였으며 선언 이후로 양안의 적대관계는 청산되어 타이완인은 '동포'로 간주되어 내국인 대우를 받게 되었다. '하나의 중국, 두 개의 제도'(一國兩制/One China, Two Policy, 1984)를 통일론으로 제시한 후 베이징정부는 타이완을 '정부'가 아닌 '성'(省)으로 격하시키며 지방정부로 포섭해 들이는 전략을 취하였다. 국민국가의 완성을 지향하는 베이징정부의 '하나의 중국'론은 2000년 이후에 활발해진 '신냉전사' 연구를 통하여 학술적인 형식을 갖추게 되었으므로 아래에서는 2000년을 전후하여 새로 공개된 미국과 소련의 냉전 시기 자료를 토대로 한 '신냉전사' 연구를 개관함으로써 양안관계가 논의되는 지평을 살펴보려 한다.

신냉전사 연구의 특징은 양안 간의 냉전적 대결을 '민족주의'적 관점에서 재해석한다는 데 있다. 미국의 아시아에 대한 냉전 정책을 '미국 민족주의'라 부르는 선훼이핑(沈惠平)은 미국이 냉전 시기에 중국과 미국과의 관계를 '특수한 관계'로 간주하고 '중국을 개조'(改造中國)하

---

11) 劉燕南, 「"解嚴" 前臺灣有關新聞出版法規評析」, 『臺灣研究集刊』 1期, 1998, 54쪽.

기 위하여 타이완을 이용했다고 지적한다.[12] 그런 관점에서 그는 미국
이 '타이완의 국방을 책임질 것이며 이것은 미국의 국내문제'라고 명시
한 법안인 미국의 '타이완관계법'(臺灣關系法, 1979)을 내정간섭이라고
비판한다. 바덴쥔(巴殿君)은 1945년에 일본이 패망한 뒤 미국이 취한 국
제전략이 분단국가의 원인이었다고 비판한다. 그는 카이로 조약에 따
라 마땅히 중국에게 귀속되어야 하는 타이완섬을 미국이 「타이완 펑후
지역 지위 미결정론」(臺澎地區地位未定論)을 내세워 보류시키고 있다
가 1952년에 일본과 타이완의 국민당 사이에 「타이완 일본조약」(臺日條
約)을 맺도록 함으로써[13] 타이완이 국제사회에서 주권국가의 위상을 부
여받아 오늘날과 같은 "'두 개의 중국'(兩個中國)이 만들어지게"[14]되었
다고 설명한다. '중국'을 분단시킨 원인제공자가 미국이라고 보는 신냉
전사 연구는 타이완을 중미관계에 있어서 장기판의 '졸'(卒)이었다고 표
현하는데, 이것이 냉전과 탈냉전 시기에 베이징정부가 타이완을 서술하
는 신냉전사 기술의 기본 관점이다.[15]

　　미국의 패권성을 비판하는 관점에서 백원담은 미국의 냉전전략을
'냉전성'이라는 개념으로 구체화한 바 있다. 그는 사회주의 중국이 냉전
기 아시아에서 행한 역할을 '공존을 위한 연대'였다고 높이 평가하는 한
편,[16] 미국의 냉전전략인 '아메리카나이제이션'(Americanization)에 대
해서는 "자유민주주의라는 이념으로서 제국주의의 본질을 분식하고 동

12) 沈惠平, 『美國對臺政策新解』, 北京: 九州出版社, 2010, 84~118쪽.
13) 巴殿君, 『冷戰後日本對臺灣政策硏究』, 北京: 九州出版社, 2010.
14) 같은 책, 31~32쪽.
15) 牛大勇·沈志華 主編, 『冷戰與中國的周邊關係』, 北京: 世界知識出版社, 2004, 308쪽.
16) 백원담, 「냉전기 아시아에서 아시아주의의 형성과 재편」, 성공회대 동아시아연구소 엮음,
　　『냉전아시아의 문화풍경 1』, 현실문화, 2008, 72쪽.

화"[17]한 것이라고 비판하였다.

그러나 신냉전사 연구에 나타나 있듯이, 탈냉전 시기에 베이징정부의 역사 해석은 강한 민족주의 성향을 띠고 있으며 목하 '민족국가의 완성'이라는 근대적 과제의 실현에 봉사하고 있다. 중국중심적인 민족주의가 양안관계에 있어서 내포하고 있는 문제점은 소위 '중국'이라고 불리는 중화권을 하나의 균질한 공동체로 간주함으로써 타이완의 국민국가 경계 안에 존재하는 계층적 갈등과 성적(省籍) 문제가 결합된 '토착화' (本土化) 경향에 대하여 적대적이라는 데 있다. 그러므로 탈냉전 시기에 국제적 역학관계의 변화로 인하여 위상이 높아진 베이징정부의 중화민족주의는 저항적 민족주의가 지닌 정당성보다 패권적 성향이 강할 소지가 있다 하겠다.

2) 통일을 향한 양안의 전략: '국민국가의 완성'

국민당정부가 타이완으로 집단적으로 이주한 후에 외성인들은 타이완 섬을 정착할 '집'이 아니라 반공의 '기지'이자 임시로 타고 있는 '구조선' (救命艦)[18]이라고 간주하였다. 그러나 '우방'인 미국과 '적'이었던 베이징정부가 수교하게 됨에 따라 이러한 인식은 바뀌기 시작하였고, 중미수교 직후에 장징궈(蔣經國)가 '나도 타이완인이다'라고 고백했던 것처럼 '임시 피란처'라는 인식은 더 이상 지속되기 어려웠다.

중미수교 이후 양안교류의 주도권은 중국공산당에게 넘어갔다. 수교와 동시에 공산당은 「타이완 동포에게 고함」(告臺灣同胞, 1979.1.1. 이

---

17) 같은 글, 58쪽.
18) 「海峽兩岸返鄉探親: 演說討論4」, 『大學雜誌』, 208號, 臺灣: 環宇出版社, 民國76年 8月, 10.

냉전 시기에 타이완의 진먼다오를 공격한 대륙의 포탄 탄피(좌). 1987년 양안개방 이후에 진먼다오의 특산품이 된 식도는 대륙에서 쏜 탄피를 녹여 만든 것(우)이다(필자 촬영, 진먼다오의 8.23전투 기념관 소장품).

하「고함」)을 통하여 타이완이 '적'이 아니라고 선언하고 1958년부터 해오던 진먼다오(金門島) 포격을 중지하고 개방을 촉구하는 '삼통'(三通)[19]을 요구하였다.

1982년에는 '하나의 국가, 두 개의 체제'(一國兩制)라는 통일 구상이 처음으로 공표되었고 1984년에 베이징정부는 홍콩에 대하여 향후 50년 동안 자치를 한 후에 '일국양제'에 따라 통일한다는 협약을 영국의 대처수상과 체결하였다.[20] 타이완에 대한 통일 전략에는 홍콩과 달리, 군대보유 허용과 일국양제 적용기간을 50년, 혹은 100년으로 연장할 수 있다는 내용이 포함되어 있다.[21] 국민당정부가 고향방문을 제안하자 중국

---

19) 三通은 '通商, 通郵, 通航'을 가리킨다. 王功安·毛磊 主編,『國共兩黨關系史』, 湖北: 武漢出版社, 1988, 677쪽.
20) 같은 책, 679쪽.
21) 같은 책, 681쪽.

공산당은 이 교류를 통일을 위한 '제3차 국공합작'이라 명명하고 "백 년 안에 못하면 천 년이 걸리더라도 통일한다"[22]고 강한 통일의지를 천명하였다.

탈냉전 상황은 홍콩과 타이완 등 풍부한 근대화 경험을 지닌 지역들을 '하나의 국민국가'로 귀속시킬 수 있는 통일의 주도권을 중국공산당에게 부여하였다. 아이러니한 점은 이처럼 근대화를 이룩한 풍부한 유산들이 '근대 민족국가 형성 실패'의 결과라는 데 있다. 박명규는 베이징정부의 위와 같은 통일 방안을 "국민국가의 틀을 벗어나는 새로운 시도로서가 아니라 좌절된 근대적 희원을 뒤늦게 성취하는"[23] 것이라고 평한다. 역사적 사실로서는 2012년에 베이징정부는 홍콩인에 대하여 '국민교육'을 실시하려고 했다가 좌절되어 그 계획을 보류하였는데,[24] 당시 홍콩인들은 그 정책을 공산당 중심의 '세뇌'교육이라고 하며 격하게 저항하였다. 베이징정부의 입장에서 보면 국민교육은 국민국가의 '국민'을 만들기 위하여 반드시 밟아야 할 과정이었다고 할 수 있을 것이다. 이러한 충돌을 예견한 듯 박명규는 일국양제는 근대적 민족국가의 완성에 집착하는 성향이 농후하며 19세기와 달리 이미 국민국가 단위의 경제가 약화된 글로벌한 환경에 대한 고려가 부족한 것이라고 지적하였다.[25]

공산당의 「고함」 선언에 대한 타이완정부의 반응은 결연하였다. 국

---

22) 덩샤오핑(鄧小平)은 「덩의 다섯 가지 항목」(鄧五点)에서 "만약 평화적인 해결이 이루어지지 않는다면 오직 무력으로 '회수'하는 수밖에 없다"고 밝혔다. 같은 책, 677쪽.

23) 박명규, 「타이완 마카오 홍콩 션전을 다녀와서」, 『창작과 비평』 제29권 제3호, 2001.9, 창작과비평사, 279쪽.

24) 『亞洲週刊』 홈페이지, http://forum.yzzk.com/cfm/Forum3.cfm?OwnerID=12&CategoryID=1&TopicID=10037&Portal=YZZK(2012.10.19일 검색).

25) 박명규, 앞의 글.

민당은 공산당의 '삼통'요구에 대하여 '접촉하지 않고 담판하지 않고 협상하지 않는다'는 '삼불'(三不, 1979) 선언으로 대응하였다. 그리고 "공산당이 맑스레닌주의를 버리고 공산독재를 폐기"해야 하며 타이완은 삼민주의[26)]에 입각하여 "발전되고 자유롭고 부유한 생활방식에 따라 중국을 통일하겠다"고 하였다.[27)] 국민당의 이 주장은 양안이 단지 방식의 차이가 있을 뿐, 공통적으로 '민족'에 기반한 근대적인 국민국가의 완성을 목표로 하고 있음을 보여 준다.

국제적으로 냉전시대의 종식이 선언된 것은 1972년이다. 닉슨이 "1945년에 시작된 시대는 끝났다"라고 선언한 1972년으로 돌아가 타이완의 상황을 보면, 이 선언은 단지 냉전의 중심부에서 적대적 관계가 해소된 것을 '선언'한 것에 지나지 않는 것이었음을 알 수 있다. 중미 간의 관계개선으로 인하여 미국의 지원을 상실하게 된 장제스는 중화인민공화국과 직접 대면하게 되자 반공정책을 더욱 강화하였다. 그는 진영논리에 의해 누려 오던 진영 간 연대에 기반한 힘을 상실하고 국가 대 국가로 베이징정부와 직접 대면하게 되자 반공정책을 강화하였으며 이 정책은 그가 세상을 뜨기 전인 1979년까지 지속되었다. 재임 기간에 그는 1949년 이전에 대륙에서 이루어졌던 국민당의 활동을 타이완의 중화민국역사로 변함없이 계승하는 한편, 공산당에 의하여 '제국주의의 침략에 무력하게 타협하고 외침에 대하여 국민당이 돈으로 배상해 왔다고 하는 굴욕적인 기술 부분'을 수정하였다.[28)] 국민당 역사의 긍정적인 측면을

---

26) 王功安·毛磊 主編, 『國共兩黨關系史』, 682쪽.

27) 楊奎松, 『國民黨的 '聯共' 與 '反共'』, 北京: 社會科學文獻出版社, 2007, 3쪽. 양퀘이송은 국민당이 분리를 주장하지 않고 '하나의 중국'을 견지한 점을 높이 평가하여 그 공로가 신해혁명을 통해 청왕조를 멸망시킨 국민당의 업적과 맞먹는 대단한 것이라고 치하하였다.

강조하는 방향으로 개편된 교과서는 1972년부터 대학의 필수과정으로 개설된 '새 중국사' 과목의 교재로 사용되었다. 이처럼 주변부에 나타난 탈냉전의 초기양상은 중심부와 달리 오히려 극단적인 대결양상이었다.

1987년의 고향방문 시기부터 1992년까지 국민당정부는 반공정책과 탈냉전의 해빙무드 사이에서 혼란과 충돌을 겪었다. 1987년 이후부터 '적국' 규정을 폐지하고 양국의 교류를 법적으로 승인한 「양안조례」가 반포되기까지 5년 동안 타이완의 국민들은 정책과 국시의 불일치를 둘러싸고 격한 토론을 벌였다. 그러나 통치집단의 갈등양상과 달리 다수의 대중들은 대륙을 낭만적으로 상상하여 향수와 호기심의 대상으로 보기 시작하였으며 그 대표적인 집단이 국민당의 퇴역군인들이었다.

3. 타이완의 고향방문 전략과 담론

1) 외성인 위주의 귀향

1987년 10월 14일, 고향방문계획이 발표되자 타이완 사회에는 적대상태가 순식간에 평화의 시대로 바뀐 듯한 뜨거운 '대륙 붐'(大陸熱)이 일어났다. 세계 최대의 달러 보유국이자 1인당 GNP가 5,000달러에 달했던 타이완 국민들은 중국대륙을 직접 보고 느낄 수 있는 여행을 원하였으며 매체는 대륙탐방기를 연재함으로써[29] 이러한 분위기를 조성하는

---

28) 이 정책은 1993년 대학교육 자율화정책이 실행됨에 따라 폐지되었으며 국민당사를 대신하여 '타이완사'가 개설되어 폭발적 반응을 일으켰다. 츄리쿼엔, 「타이완의 대학 역사교육의 새로운 추세」, 송요후, 『타이완 홍콩 대학에서의 역사교육과 한국사에 대한 인식』, 동북아역사재단, 2009를 참조.

29) 「反鄕探親重點城市報道: 沒落的上海」, 1987.10.18, 『聯合報』.

데 일조하였다. 한편 80년대 후반부터 국내 경기가 침체상태로 빠져들면서 적당한 투자처를 찾고 있던 타이완의 기업가들은 대륙을 새로운 시장으로 주목하기 시작하였다.

타이완주민들의 욕구와 달리, 타이완정부는 '친지방문'에 한하여 방문을 허용하였다. 정부는 방문자격을 대륙에 '3촌 이내의 친인척'이 있으며 '공무원·군인·교육자가 아닌 자'[30]라고 친등과 신분을 제한하였는데, 이 자격요건에 부합하는 사람들은 대부분 실향민인 외성인들이었다.[31] 귀향자격이 발표되자 관심의 대상으로 떠오른 집단은 퇴역군인인 '롱민'(榮民: 영예로운 국민이란 뜻)이었으며 롱민 가운데서도 13만 명에 달하는 산거(散居: 집단거주지에 수용되지 못하여 흩어져 사는 가난한 롱민) 노롱민은 귀향욕구가 가장 강한 실향민집단이었다.

이들은 귀향정책이 발표되자 "공산당이 쫓아내면 죽음으로 그들에게 저항"[32]하겠다며 저축한 돈을 모두 들고 가서 대륙에서 여생을 마치기를 원했다. 그러나 대부분 연금(월 NTS 1,200위안 내외, 한화 40만 원 정도)으로 살아가는 이들에게 10일 코스 여행 경비인 10만 위안은 천문학적인 숫자였을 뿐만 아니라 무엇보다도 이들이 하층민이 된 배경에는 국민당의 정책의 영향이 절대적이었기 때문에[33] 정부는 국가적 사업차원에서 언론매체와 방송사, 예술가, 기업인의 기부와 각종 귀향자금마련을 위한 자선공연을 독려하였다. 모금은 하루 만에 2억 1천만 위안,[34] 2

---

30) 「執權黨探親可能開放通過」, 1987.10.15, 『聯合報』.
31) 해외학자의 다수는 친지방문이 아닌 관광으로 개방할 것을 요구하였으며 본성인이 대륙에서 3등친을 찾는 것은 불가능하다고 하며 국민당의 자격제한 규정을 비판하였다. 「海內外學者專家對開放探親的看法與建議」, 1987.10.15, 『聯合報』.
32) 「歷農當面溝通·答應盡全力照顧自謀生活老兵取消請願民生報定期擧辦 '爲老兵而唱' 義演」, 1987.11.20, 『聯合報』.

타이완의 신주(新竹) 시에 있는 대륙 출신자들의 집단거주지인 '쥐엔촌'(眷村). 외성인들이 신축 아파트로 입주하면서 피란 후 모여 살던 쥐엔촌은 점차 사라져 가고 있다(필자 촬영).

개월 만에 20억 위안이 모아져 귀향지원금으로 지원되었다.

이와 같이 지속적으로 여비지원 모금액이 공개되고 혈육 상봉기사가 지면을 채울 때, 일부 매체에는 해외의 지식인들과 중국의 민주당파, 그리고 국내의 본성인들에 의하여 '대륙에 살고 있는 27,000명의 타이완인'의 타이완 방문을 허용해야 한다는 글이 보도되었다. 재일본 타이완학자로 타이완인의 정체성 연구의 전문가인 따이궈훼이(戴國煇)는 재중국 타이완인인 27,000명의 귀향을 촉구하였다. 그는 "당시에 정치적 신

33) 군인들은 전력유지를 위하여 적령기에 결혼하거나 전역을 할 수 없도록 금지되었다(1958, '禁婚令'실시). 설사 결혼이 허용된 경우라도 직업군인은 몹시 박봉이어서 군인과 결혼하려는 여성이 거의 없었으며 전역 후에는 실향민 신분의 혈혈단신인데다 특별한 기술이 없어서 육체노동자로 전락한 경우가 많았다. 「觀察站 – 榮民:該授到較好的照顧」, 1987.11.26, 『聯合報』.
34) 「申請探親旅費 首日近三千名」, 1988.1.5, 『聯合報』.

피란 직후 단층이던 것을 2층으로 올린 쥐엔촌 주택. 대문에 상시적으로 걸려 있는 국민당 깃발이 보여 주듯 이들의 국민당에 대한 충성은 절대적이다(필자 촬영).

국민당의 마잉쥬(馬英九) 총통이 룽민을 위문하는 모습(출처: http://www.google.com.hk/search?q=%E6%A6%AE%E6%B0%91&hl=zh-CN&safe=strict&site=webhp&source=lnms&tbm=isch&sa=X&ei=eGZKUdGUCIHlkAXarICYBg&ved=0CAcQ_AUoAQ&biw=1311&bih=592).

앙이 아닌 이유로 대륙에 간 타이완 동료를 마땅히 타이완으로 돌아오게"[35] 하여야 하며 그들과 함께 과거에 타이완정부를 비판했던 학자들도 귀국행렬에 포함시켜야 한다고 주장하였다. 또한 중국대륙에서 활동하고 있던 민주당파의 하나인 타이완연맹(臺盟)은 "민족정서와 인도주의에 따라 우리 측 27,000명의 대륙의 타이완 동포가 친지방문하도록 허락"[36]해 줄 것을 타이완정부에 요청하였다.

이상의 발언을 종합해 보면, '대륙의 타이완인 27,000'명은 1945년부터 1949년 사이에 타이완 섬에서 벌어진 국공내전 당시에 대륙의 공산당 체제를 선택하여 떠나거나 대륙에 아예 눌러앉은 자들로, 타이완의 국민당정부를 선택하지 않거나 거부한 사람들임을 알 수 있다.[37] 중국대륙의 타이완연맹이 타이완정부에게 이들의 이데올로기를 문제 삼지 말아 달라고 한 이유가 여기에 있었다.

타이완의 토착엘리트 가운데 1945년 이후에 대륙을 선택한 자들에 대한 타이완으로의 귀환규정은 2003년에 수정 반포된 「양안조례」에 따르면 '대륙의 타이완인'은 '공산당을 탈당할 경우'에만 입국을 허용한다고 명시되었다.[38] 재중국 타이완인이 이 규정을 준수하여 타이완으로 올 경우, 이들이 타이완에서 누릴 수 있는 생활은 앞서 언급한 퇴역군인의 연금 수준의 삶이었기 때문에 이 규정은 재중국 타이완인들에게 환영받

---

35)「海內外學者專家對開放探親的看法與建議」, 1987.10.15, 『聯合報』.
36) 李俊輝,「析述中共對我開放大陸探親政策的反應」, 『中共問題研究』第十四卷 第二期, 1988, 8쪽.
37) 중국으로 간 타이완인 토착엘리트에 대해서는 張光直의 자전적 소설인 『蕃薯人的故事』, 臺北: 麥田出版社, 1998, 51~52쪽을 참조.
38) 全國法規資料庫(http://law.moj.gov.tw/LawClass/LawAll.aspx?Pcode=Q0010001, 검색일: 2011.10.30).

지 못했을 뿐만 아니라 현실적으로 실현가능성이 몹시 낮았다. '민족의 소통'이라는 슬로건하에 진행된 타이완인의 대륙귀향은 이와 같이 정치적으로 국민당정부를 거부한 타이완인들, 대륙에 '3촌 이내의 친척'이 있을 가능성이 몹시 적은 본성인들을 배제한 외성인 위주의 귀향이었다. 또한 국민당정부의 대륙방문은 대륙주민의 타이완 방문을 허용하지 않은 일방통행적인 것이었다.[39]

베이징정부는 타이완정부의 소극적인 태도와는 달리 조직적으로 귀향 촉진 정책을 실시하였다. 이들은 직접 홍콩의 일간지에 대륙에 타이완 동포의 친지가 살고 있다는 광고를 내어 타이완 동포의 대륙 방문을 유도하는가 하면, 대륙주민에게 타이완 동포의 연락처를 제공하였으며[40] 귀향객에게 여행과 교통, 병원의 우선 진료권, 우편물 우선 배달제, 선물구입 시 면세혜택을 주고 타이완 동포용 전용 TV채널까지 개설하였다.

정책이 이와 같이 우호적으로 바뀌자 '해외관계'(海外關係)[41]가 있다는 이유로 마오쩌둥 시기에 '반(反)혁명가족'으로 몰렸던 대륙의 주민들은 순식간에 부러움의 대상이 되었으나 혼란과 부작용도 따랐다. 홍콩발 보도에 의하면,[42] 중국대륙에서는 아직 '타이완을 해방하자'라는 벽보가 붙어 있는 상태에서 또 '타이완동포를 열렬히 환영하자'는 표어가

---

39) 丁樹範, 「開放探親以來中華民國大陸政策的發展」, 『中國大陸研究』, 第35券 第8期, 臺北; 國立政治大學國際關系研究中心, 民國81年 8月, 10쪽.

40) 沈湘燕, 『開放探親前後人民日報有關臺灣報道的比較分析』, 民國 80年, 國立政治大學新聞研究所 碩士學位論文.

41) 타이완과 자본주의 국가에 가족이 있을 경우에 대륙주민은 '해외관계'가 있다는 혐의를 받아 정치적으로 위험한 인물로 분류되었다. 王功安·毛磊 主編, 『國共兩黨關系史』, 664~670쪽.

42) 「執權黨探親可能開放通過」, 1987.10.15, 『聯合報』.

유포되어 주민들이 혼란스러워하였는가 하면, 컬러TV와 냉장고, 세탁기를 들고 오는 일명 '산타클로스'(당시 타이완 동포의 별칭)들에게 자신의 누추한 처지를 보이기를 원치 않아서 만남을 거부하는 가족들도 있었다.

타이완 방문객의 70%는 성묘와 형제 부모를 만나기 위하여 방문하였으며 20%는 관광이 목적이었고 중노년의 남성이 대다수를 차지하였다.[43] 베이징정부의 최대 관심사는 시장화개혁을 위한 타이완인의 투자유치에 있었으나[44] 타이완정부는 투자목적의 대륙방문을 공식적으로 허용하지 않았으며 자신들의 방식으로 타이완의 '부'를 과시하고자 하였다. 타이완사회가 풍요롭고 자유롭다는 것을 보여 주기 위하여 정부보증하에 귀향전용 대출서비스를 제공하여 대륙주민에게 선물할 세탁기, 냉장고, TV 등 '세 가지 큰 선물과 작은 다섯 가지 선물'(三大件 五小件)에 파격적인 면세 혜택을 주었으며[45] 대륙에 연고를 둔 실향민들은 지속적으로 송금을 하였다.

2) 개방전략: 체제우월성의 강조

타이완의 대륙 개방전략은 체제의 우월성을 과시하는 문명적 우열관에 기반한 것이었다. 정부는 체제의 우월함을 입증하기 위하여 타이완 사회가 얼마나 '풍요로운가'를 대륙 동포들이 느끼도록 하는 데 중점을 두고

---

43) 「回老家 純探親 調査報告顯示 中老年人居多矛盾難免決心已定 準備不周期待輔導」, 1987.12.7, 『聯合報』.

44) 「港, 台兩地看轉口貿易: 謀定而後動, 避免受牽制」, 1987.10.30, 『聯合報』.

45) 「申請探親旅費 首日近三千名」, 1988.1.5, 『聯合報』. 1985년 중국대륙 도시인의 1년 수입은 80달러, 농민은 50달러였던 반면, 타이완인은 1987년의 GNP가 5,000달러였다. 데이비드 하비, 『신자유주의: 간략한 역사』, 최병두 옮김, 한울, 2007, 157쪽.

경제적 지원이 "중공에게 하는 가장 효과적인 공세"[46]라고 하였다. 매체는 이러한 관점에 기반하여 중국 사회주의의 낙후함을 대륙인들의 비인도적인 행위를 통하여 우회적으로 비판하곤 하였는데, 아래와 같은 보도가 대표적인 예이다.

전리품을 노리는 대륙의 자녀들도 상당히 많다. 대륙의 자녀는 홍콩을 7일 코스로 방문하여 냉장고, 세탁기, 사진기, 칼라 TV를 부모로부터 받아 간다. 전리품을 육친의 정에 대한 증표로 삼는다. 가장 비참한 경우는 자녀가 편도표만 사서 홍콩으로 와서 눌러 앉는 경우이다. 한 예를 보면, 90세가 다 된 노 한의사는 40세 남짓한 외동아들과 이산가족이 되었는데 그 아들은 편도표로 와서 부친에게 유언을 남기라고 독촉을 하였고 부친은 이에 건물과 은행잔고를 아들에게 넘겨주었다. 이 일로 인하여 생이 얼마 남지 않았던 노인이 화병으로 세상을 떴다. ……
한 여작가의 경우에는 딸이 와서 홍위병 기질을 발휘하여 청산투쟁을 하여 투쟁을 견디다 못한 그녀는 딸을 집에서 내쫓아 버렸다. 대륙에서 온 자녀는 유물변증법 교육을 받아 이미 '육친의 정'이라고 할 만한 것이 거의 없다.[47]

경제적인 지원과 함께 민주제도의 우월함을 선전[48]하기 위한 타이완정부의 또 하나의 전략은 반체제 인사와 재미 중국인 유학생의 타이

---

46) 「兪揆證實卽將開放探親」, 1987.10.13, 『聯合報』.
47) 「開放探親辦法日內公布」, 1987.10.14, 『聯合報』.
48) 「體察民意走向, 落實政治改革−謙談開放大陸探親旅遊及海外同鄉返臺」, 1976.8.24, 『中國時報』.

완방문 유도였다.[49] 유학생들이 경제발전과 민주제도를 직접 목도하고 나면 양안의 가교역할을 해줄 것이라 기대했기 때문이다. 중국인 유학생과의 접촉은 재미 타이완인 학자인 위잉스(余英時)가 중심이었으며 그는 유학생들과 토론회를 하거나 하버드 대학에서 좌담회를 하는 방식으로 교류를 추진하였다.[50]

이와 같은 타이완정부의 체제우월성에 대한 강조를 기반으로 한 개방정책은 1972년에 이루어진 동서독의 교류사례를 참조한 것이었다. 매체는 동서독의 상호방문을 상세하게 보도하면서 과거에 "동독인들은 서독을 방문하여 높은 생활수준과 자유 민주적인 정치를 보고 서독인의 생활방식을 동경"[51]하였다는 점과 이들이 서독 방문 후에 공산당에 대해 혐오감을 느껴 더 이상 공산당의 선전을 믿지 않게 되었다는 교류 결과를 강조하였다. 국민당의 개방전략은 조속한 통일이 아니라 동서독처럼 '오랜 상호방문기간'을 가지면서 대륙주민 내부의 변화를 기다리는 데 중점이 두어졌으며 이러한 취지가 구체화된 개방전략이 1992년에 제정된 「양안조례」이다. 이 조례는 「동서독 기초관계법」(兩德基礎關係條約)을 모델로 하여 방문자격과 체류규정을 극도로 까다롭게 하였으며 교류의 폭을 제한하고 대륙 주민이 타이완에 정주하는 것을 어렵게 한 것이 특징이다.[52]

동아시아의 민주화에 대한 요구가 탈냉전상황과 맞물려 실행된 사

49) 「國土統一歷史重談」, 1988.1.11, 『聯合報』.
50) 「感觸·說明·建議"大陸的改革前景和思想出路_讀後」, 1988.1.28, 『聯合報』.
51) 「斷絶與接續, 中國文化與中國人的親情」, 1987.10.13, 『聯合報』.
52) J. 오피츠, 「80년대 中國 외교적 전략 원칙의 再構成 試論」, 『中蘇研究』, 한양대학교 아태지역연구소, 1986, 10쪽.

건 가운데 하나가 타이완보다 2년 앞서 이루어진 1985년의 남북한 간의 이산가족 상봉이다. 친국민당계 매체는 1987년의 남한의 민주화 운동에 대하여 "남한은 [독일과 달리—인용자] 민주정치를 실현할 방법이 도무지 없어 사회에 늘 동란이 끊이질 않아 어쩔 수 없이 미국의 보호에 의존"[53]하게 되었다고 보도하였으며 남북한 이산가족 상봉에 대해서는 사실보도에 그쳤다. 매체가 1987년 남한의 민주화운동을 '동란'이라고 한 것은 국민당이 남한사회를 '발전된 자본주의적 문명사회'에 도달하지 못하여 '민주와 발전'을 동시에 달성한 동서독 모델과 비교할 수 없다고 판단하였음을 보여 준다. 정작 남북한의 가족 상봉을 참조한 것은 중국 공산당이었다. 베이징정부는 1985년에 실시된 남북한의 가족 상봉에 관심을 갖고 비록 성사되지는 않았으나 남한의 대북 접촉방식을 모방하여 타이완의 적십자사에 교류를 제안한 바 있다.[54]

그러면 본성인을 배제한 채 자본주의적 문명의 우월함에 기반한 타이완정부의 양안 교류정책은 성공적이었는가? 대륙 유학생 포섭문제로 돌아가서 그들의 반응을 통해 효과를 가늠해 보면, 먼저 유학생들은 좌담회에서 타이완 언론이 서력을 사용하지 않고 '중화민국 ○○년'이라는 표기법을 사용하는 것이 정치선전으로 보인다는 점을 지적한다. 그리고 타이완의 경제적 성장과 민주제도에 대해서는 높이 평가하지만 중국대륙에 대한 보도에 대해서는 문제를 제기하였다. 유학생들은 "대륙 사람은 돈만 믿는 사람", "대륙의 기업가는 떼돈을 벌려는 졸부 심리"를 가졌

---

53) 같은 글.
54) 타이완의 적십자회는 국책에 위배되기 때문에 중공의 적십자회와 어떠한 접촉이나 담판을 할 수 없다고 제안을 거절했다. 「海峽兩岸返鄕探親: 演說討論4」, 『大學雜誌』 208號, 6쪽.

다는 보도내용과 "대륙에는 사상의 자유가 없는데 어디서 사상가가 나겠는가"라는 타이완식의 '자유'개념에 입각한 보도를 비판하였다.[55] 타이완정부에 대해서는 유학생 포섭전략의 정곡을 찔러 다음과 같이 언급하였다.

> 대륙의 유학생들은 타이완의 지식계와 민중들의 교류에 대해서 몹시 큰 관심과 애정을 갖고 있다. 타이완의 매체들은 대륙에 관한 언론을 취재할 때, 대륙학자와 유학생들이 대륙 사회의 현 상황과 정부의 정책에 대해 날카롭게 비판하는 것을 들을 수 있을 것이다. 그러나 분명히 해둘 것은 절대 다수의 대륙 사람들이 타이완 해협 건너편의 집권당을 비판한다고 해서 그것이 해협 이쪽의 집권당을 지지해서 하는 발언은 아니라는 점이다. 그들의 독립적인 비판은 숭고하고 원칙적인 신념과 중화민족의 미래에 대한 애정에서 나온 것이지 결코 당파를 위해 싸우는 게 아니기 때문이다.[56]

유학생들은 자신들이 중국정부에 가하는 비판이 국민당에게 반사이익을 주거나 국민당을 지지해서 하는 것이 아님을 분명히 하였다. 이러한 반응에 준해 볼 때, 유학생들이 내부 비판자가 되어 공산당을 와해시키고 국민당에게 유리한 변혁적 환경을 조성해 줄 것이라는 국민당의 기획은 성공적이지 못하였다 하겠으며, 1987년 이후 수년에 걸쳐 시도된 재미 유학생 초청노력은 끝내 결실을 보지 못하였다.

---

55) 「感觸·說明·建議「大陸的改革前景和思想出路」讀後」, 1988.1.28, 『聯合報』.
56) 같은 글.

그렇다면 유학생들은 왜 해외에서 타이완의 민주화와 경제발전을 그토록 칭송하였던 것일까? 그 점에 대한 대답으로는 1980년대 중국의 사상적인 흐름을 요약한 깐양(甘陽)의 아래 언급을 참고할 수 있을 것이다.

10년 동란이 끝나고 현대화의 임무가 새롭게 제기된 후 세 걸음도 채 못 뗀 상태에서 중국인들은 즉각 문화라는 문제에 부딪히게 되었다. 가장 우선적으로 대외개방을 실시하여 선진국가의 선진기술을 도입하고 그 다음에는 민주와 법제를 강화하면서 속도감 있게 경제체제 개혁을 추진해야 한다. 마지막 단계는 이 문화의 문제를 전체 사회의 면전에 정면으로 제기하는 것이다. 문화 문제를 제기해야 하는 이유는 정치제도를 완비하고 경제체제를 개혁하는 것 모두가 직접적으로 전체 사회의 보편적인 문화적 전통과 문화적 배경, 문화심리와 문화시스템과 연관되어 있기 때문이다.[57]

깐양의 위 언급은 1980년대 중반에 중국정부가 사적 소유를 부분적으로 허용하는 시장주의적 개혁을 실험하는 과정에서 개혁에 참조가 될 만한 롤 모델이 필요하였다는 점을 설명해 준다. 유학생들은 바로 이와 같은 필요를 충족시키기 위한 탐색의 일환으로 타이완의 '민주'와 '경제 발전'에 관심을 가졌다. 그러나 타이완정부는 이러한 맥락을 고려하지 않고 '경제적 낙후=정치적 낙후'라는 관점에서 개방정책을 추진하고

---

57) 甘陽, 「八十年代文化討論的幾個問題」, 『八十年代文化意識』, 上海: 上海人民出版社, 2006, 序論.

대륙인들을 재현하였다. 탈냉전시대를 여는 타이완의 개방전략은 이처럼 극히 '냉전적'인 인식에 연원한 것이어서 공존을 위한 것이라기보다는 '미래에 대한 불안'을 떨쳐 버리지 못한 경쟁적인 지평에 머문 것이라고 할 수 있겠다.

3) 본성인의 목소리: 거주자 우선적인 '자기결정권'

국민당정부의 개방담론은 앞서 본 바와 같이 '민주적 제도를 갖추었기 때문에 경제발전이 가능했다'는 제도적 우월함에 기반하고 있다. 여기에서 '민주'란 공산당의 일당 전제와 구별되는 양당제[58]와 언론자유가 허용되는 것을 지칭하는데 타이완의 맥락에서 '민주'의 구체적 의미는 무엇인지 1987년에 이루어진 계엄해제와 반공정책을 둘러싼 본성인과 외성인의 논쟁을 통해 살펴본다.

동아시아적인 맥락에서 볼 때, 타이완의 계엄해제는 1980년대 중후반에 동아시아에 출현했던 공통된 변화 가운데 하나였다. 마루카와 데쓰시(丸川哲史)가 1987년에 남한사회에서 일어난 '반미' 자주, 민주화의 물결을 "탈냉전이라는 흐름과 내적 관련"[59]을 지닌 것이라고 평한 것은 동아시아의 분단국가들이 민주화와 냉전질서의 해체를 동시에 경험할수밖에 없는 구조적 유사성을 지녔다는 것을 지적한 말이다.

친국민당계 인사의 대외인식은 마루카와의 시대인식과 간극이 컸다. 위잉스는 1987년에 이루어진 타이완의 계엄해제를 민주화투쟁의 승리로서가 아니라, "남한처럼 군사정권이 막다른 골목에 몰리기 직전에"

---

58) 위스콘신 대학교수인 린위성(林毓生)의 발언, 「走出 '統' '獨'之爭」, 1987.12.5, 『聯合報』.
59) 마루카와 데쓰시, 『냉전문화론』, 장세진 옮김, 너머북스, 2010, 40쪽.

계엄을 해제한 장징궈의 현명함의 결과라고 칭송하였으며[60] 친국민당
계 매체는 "남한은 민주정치를 실현할 방법이 도무지 없어 사회에 늘 동
란이 끊이질 않아 어쩔 수 없이 미국의 보호에 의존"[61]하였다고 보도하
였다. 본성인들의 수용태도는 이와 달랐다. 1987년 여름에 분신과 노동
쟁의[62]를 통하여 국민당의 독재에 저항했던 본성인들은 당시 수백 건에
달한 남한의 노동쟁의를 목도하고 그것을 운동의 참조체계로 받아들였
다. 이들은 자신들이 노사관계를 풀어가는 데 남한의 운동으로부터 영향
을 받았다는 사실을 밝히고 남한의 반미시위와 학생운동을 특집으로 소
개하였다.[63]

　　1987년을 전후하여 동아시아의 탈냉전과 민주화 운동에 대하여 이
와 같이 상이한 입장을 지니고 있었던 외성인과 본성인들은 타이완 사
회에서 반공이라는 국시의 존폐 여부를 둘러싸고 논쟁을 벌였다. 1987
년 11월 19일, 일간지에 실린 타이완의 국시에 대한 토론회[64]는 민진당
계 학자와 친국민당계 학자들 사이에서 진행되었으나 논의는 정작 '국
시' 자체보다 새로 선출할 입법위원[65]의 자격을 어느 성적(省籍)의 인물

---

60) 「"憲四十週年紀念特刊" 行憲, 護憲, 回歸憲法國際環境與憲政建設」, 1987.12.25, 『聯合報』.
61) 같은 글.
62) 「二人めの建國烈士詹益樺氏, 總統府廣場で自憤」, 『月刊臺灣靑年』 No.345, 東京: 臺灣獨
　　立建國聯盟日本本部, 1989.7, 5쪽.
63) 분신사건은 국민당 독재를 비판하며 분신한 본성인 鄭南榕 사건(1987.5.19)을 말하며 상기
　　내용은 楊碧川, 「反美! 反美? 反美… 南韓學生 最重要的民主摸索」, 『新臺灣文化』 no.17,
　　臺北: 每月叢書, 1988, 2쪽을 참조.
64) 「對當前國是的思與言: '學者問政, 立委答詢' 座談會記要之三」, 1987.11.19, 『聯合報』, 이
　　하의 내용은 이 글을 참고한 것이다.
65) 87년 당시, 타이완의 입법위원(대륙에서 선출된)은 제2기가 선출될 때까지 무기한으로 하게
　　되어 있었다. 1948년에 대륙에서 선출된 입법위원 770명은 계엄으로 재선출이 금지되어
　　있었기 때문에 1987년까지 직위를 유지하였으며 중간에 두 차례의 보충선거가 있었으나
　　극히 적은 숫자였고 고령으로 인한 사망 등으로 계엄해제 당시에 315명이 재직해 있었다.

에게 줄 것인가를 둘러싸고 첨예하게 충돌하였다. 38년 동안 중지되어 온 국민들의 선거권이 계엄해제로 부활되자 참석자들은 1949년에 장제스와 함께 온 대륙 출신 대표위원들의 자연감소분, 즉 공석배분을 둘러싸고 입장이 나뉘었다.

친국민당계 학자들은 '대륙대표'(大陸代表)의 신설을 주장하였다. 이들은 대륙대표가 향후 '타이완에서 소수가 될 외성적(外省籍)' 인구의 권리를 보장하기 위하여 필요하며 보다 더 근본적으로는 타이완의 '대륙대표성'을 위하여 필요하다고 주장하였다. 타이완이 '전체 중국'을 대표하기 위하여 현재 중화민국의 헌법에 명시되어 있는 영토인 '1911년 중화민국 건국 당시의 중국 영토'[66]에 해당하는 지역에서 선출된 대표가 있어야 한다는 의미였다. 토론 결과, 통치권이 미치는 '영토'가 아니라 대륙에서 창설된 국민당의 '정통성'에 근거한 대륙대표 제안은 타이완 사회 내부의 '타이완 감정'(臺灣結)과 '중국 감정'(中國結) 사이의 골을 더 깊게 한다는 이유로 기각되었다.

본성인을 대표하는 친민진당계 학자들은 자신들의 목표가 '통일'에 있는 것이 아니라 '평화공존'에 있다고 밝혔다. 이들은 향후 어떤 식으로

「蔣總統顯露了吸引人與健談的個性: 亞洲華爾街日報刊出記者訪談印象」, 1987.10.31, 『聯合報』.

66) 타이완의 '중화민국'의 헌법 제4조는 "중화민국의 영토는 고유의 영토에 따르며 국민대회의 결의를 거치지 않으면 변경할 수 없다"("中華民國領土, 依其固有之彊域, 非經國民大會之決議, 不得變更之")고 되어 있다. 이 조항은 1911년에 건국된 중화민국의 영토가 타이완의 '중화민국'으로 계승된다는 뜻이며, 「양안조례」 제2조는 " ① 타이완지구: 타이완, 펑후, 진먼, 마주와 정부의 통치권이 미치는 기타 지역을 가리킨다. ② 대륙지구: 타이완지구 외에 중화민국의 영토를 가리킨다"(一, 臺灣地區: 指臺灣, 澎湖, 金門, 馬祖及政府統治權所及之其他地區. 二, 大陸地區: 指臺灣地區以外之中華民國領土)라고 명시되어 있어, 타이완의 중화민국은 법적으로 '대륙지구'를 타이완의 영토로 간주한다.

양안개방이 이루어지더라도 타이완 지역에 '거주'하는 사람들의 자유와 안전, 번영이 우선시되어야 하며 이것이 본성인 대표가 요구하는 '스스로 결정할 권리'(自決)의 내용이었다. 이들이 요구한 '자기결정'이란 직설적으로 말하면 '내 대표를 거주민인 내가 뽑겠다'는 것으로, 타이완의 거주민이 아닌 '대륙을 대표하는 자'들은 입법위원을 선출할 권리도 피선거권도 없다는 주장이었다. 본성인들에게 중국대륙은 2·28사건 이래로 줄곧 자기결정권을 억압하는 '외부'였기 때문에 본성인들이 '외부'를 대표해야 한다고 하는 외성인들의 주장에 대하여 반대해야 할 이유는 충분했던 것이다. 양안개방시기에 타이완 사회에서 '중국대륙'(과의 관계)은 이와 같이 중국대륙과 타이완 국민당의 정통성을 '중화민족주의'로 연결하고자 하는 집단, 그리고 피억압자로서 타이완의 '자주'를 요구하는 두 집단이 스스로를 비춰보며 자신의 정체성을 규정하는 '거울'이었다.

담론전략 면에서 볼 때, 본성인들의 '거주자 우선'개념은 가히 혁명적인 것이었다. 출생지역을 의미하는 '거주자' 개념에 기반하여 외성인들이 대륙을 대표한다는 허구를 비판하는 한편 '타이완 독립'의 명분을 마련할 수 있었기 때문이다. 본성인들은 이 개념에 준하여 '대륙지역 거주자'에 의하여 선출된 중화인민공화국이라는 정치체제를 인정하고 그들을 국민당식의 호칭인 '중공'이 아니라 '중국'이라고 불렀으며[67] 궁극적으로 '하나의 중국, 하나의 타이완'(一中一臺)이라는 정치적 요구를 논리적 모순 없이 주장할 수 있었다.

---

67) 吳叡, 「中共絶不可能跟你談臺獨的: 對民進黨 '大陸政策'的忠告」, 『海峽評論』 第28期, 臺北 海峽評論社, 2003, 48쪽.

여기에서 주목할 점은 성적(省籍) 갈등이 냉전의 산물인 것처럼, 본성인들의 자결권 요구 역시 냉전극복을 위한 중국공산당의 통일원칙의 산물이었다는 점이다. 민진당계 학자들이 '내 대표를 내 손으로 뽑는다'고 했을 때 염두에 둔 것은 1997년에 이루어질 홍콩의 반환방식이었다. 베이징정부의 일국양제의 내용에는 향후 중국정부가 영국과 담판을 할 때, '홍콩인이 홍콩을 통치한다'(港人治港)는 조항이 들어 있었으며 본성인들은 이 조항에 근거하여 "왜 동일한 상황에서 타이완은 자기결정을 할 수 없는가"라고 문제를 제기하였다.[68] 그리고 그 조항에 근거하여 타이완인의 '자결권'을 요구하였던 것이다.

그러면 본성인들이 탈냉전 시기에 자신들이 겪게 될 운명을 선험하는 '장'으로서 홍콩을 참조하였다는 것은 무엇을 의미하는가? 이 의미를 심도 있게 해석하기 위해서는 양안관계를 냉전이 아니라 근대 경험이라는 지평에서 바라보아야 하며, 역사적인 시좌 위에 장소와 주체를 위치시키고 다시 읽어내는 과정이 수반되어야 한다. 탈냉전기 타이완 사회에서의 두 민족주의의 대결은 중국대륙과의 관계를 기준으로 해서만 자신을 규정하기 때문에 2분법적인 틀에 갇혀 순환하고 있다. 이러한 한계를 극복하기 위하여 이 절에서 언급할 수 있는 내용은 다음 두 가지가 될 것이다.

첫째, 1985년에 청정부가 타이완섬을 일본에 할양함으로써 식민지

---

68) 해당 조항의 원문은 "由香港當地人治理"이다. 1982년 당시 베이징정부가 파견한 홍콩책임자인 랴오청즈(廖承志)는 이 조항에 따라 단 한 명의 중국 군인도 홍콩에 파견하지 않겠다고 선언하였다. 王功安 毛磊 主編, 앞의 책, 696쪽. 그러나 그후 베이징정부는 홍콩의 직접선거를 반대하였으며 이에 대해서는 林四郎, 「香港の直接選擧制はどうなるか」 『月刊臺灣靑年』 No.323, 東京: 臺灣獨立建國聯盟日本本部, 1987.9.5, 12쪽을 참조.

가 된 타이완섬의 '근대 경험'에 대한 이해와 재해석이 필요하다는 점이다. 대륙인들로부터 식민국의 '간첩'이라는 누명을 쓰면서도 중국대륙을 모국으로 그리워할 수밖에 없는[69] 상태에서 근대를 경험한 타이완인들은 '망국'의 경험없이 '할양'을 통해 식민지 근대화를 경험한 사람들이다. 자신들을 버렸으나 귀의할 수밖에 없는 타이완의 피식민인들의 딜레마에 대하여 중화민족주의는 탈식민/탈냉전적 관점에서 해석할 필요가 있다. 둘째로 탈냉전기에 '중국' 자체를 억압의 주체로 설정한 타이완민족주의는 일면적인 인식에서 벗어날 필요가 있다. 이들의 지향이 양자대결적인 것이 아니라 주체적 관점에서 재구성되기 위해서는 중국대륙 외에 냉전구조를 지탱하는 주요 축인 '미국'에 대한 탈식민적 인식과 해석이 수반되어야 하며 그럴 때 타이완의 '토착화' 요구는 균형감과 설득력을 갖춘 입장이 될 것이다.

4. 냉전은 어떻게 유지되었는가: 회색지대 '홍콩'

지금까지의 서술을 따르다 보면 대륙행 친지방문 이전과 이후의 양안관계가 마치 '폐쇄'와 '개방'이라는 양분된 시기였던 것으로 받아들여질 소지가 다분하다. 이 장에서는 타이완의 관방담론이 언표한 바와 같이 과연 1987년이 양안 '최초'의 개방이었는가라는 점에 의문을 표하며 제3지역인 홍콩이라는 텍스트를 통하여 냉전질서가 어떻게 유지되어 왔는가를 돌아보고자 한다.

1987년에 타이완정부가 양안 간의 교류를 허용한 것은 획기적인 일

---

69) 우줘류, 앞의 책.

이었으나 그것이 베이징정부에 대한 타이완정부의 경계가 해제된 것으로 확대 해석해서는 안 된다. 국민당은 개방 이후에도 "요즈음 중공이 비록 웃는 낯으로 공세를 펴서 다시 3通과 4流[70]를 호소하고 있지만 그들은 여러 국제적인 장소에서 온갖 궁리를 짜내어 우리를 견제하고 우리에게 국적과 국호를 바꾸어 그들의 지방정부로 내려갈 것을 요구한다. 중공이 이런 태도를 바꾸지 않는데, 정부가 어떻게 경솔하게 '3불 정책'을 포기할 수가 있단 말인가?"[71]라며 '반공' 정책을 유지해야 한다고 주장하였다. 본성인이 집권당이 되기(2000년) 이전에 국민당정부가 민족의 통일을 주장하면서도 공산당의 일국양제식 통일안에 동의할 수 없었던 근본적인 이유는 일국양제가 타이완에 대한 베이징정부의 비상사태 선포권, 행정수반 임명권을 주장함으로써 주권국가로서 타이완을 인정하지 않았기 때문이다.[72]

냉전질서가 와해되는 과정에서 전개된 통일의 주도권을 둘러싼 양안 간의 팽팽한 명분싸움을 보노라면 두 국가가 냉전 시기, 혹은 1972년 중미수교 이후로 어떠한 교류도 없이 적대적인 단절 상태가 유지되어 온 것처럼 보인다. 그러나 현실 속의 양안관계는 결코 그렇지 않았다. 타이완정부는 1987년 양안개방 이전에 타이완국민의 '중공' 접촉을 계엄법령을 통해 엄금하였지만[73] 그와 동시에 타이완 국민이 제3지역, 즉 미국·홍콩 등과 같은 국외를 경유해 중국에 들어가는 것을 용인하였다.[74]

원론적 차원에서 타이완정부는 중국대륙을 몰래 방문했다가 국내

---

70) 4流는 문화, 경제, 체육 등의 교류를 의미한다.
71) 「大陸政策與大陸對策」, 1987.10.2, 『中國時報』.
72) 王功安·毛磊 主編, 『國共兩黨關系史』, 678쪽.

로 들어온 자들을 처벌하였다.[75] 그러나 일단 홍콩으로 가면 대륙으로 잠입할 길이 열려 있었기 때문에 실향민과 국민들은 죄의식을 느끼면서도 친지방문 등을 목적으로 입국하려 하였고 홍콩을 포함하여 네팔 등 중국과의 접경지역을 통하여 실제로 입국하였다. 심지어 87년의 개방 이전에, 그런 경로로 잠입한 대륙방문 경험이 타이완의 매체에 실리기도 했으며[76] 금지시기에 잠입했던 대륙방문기의 일부가 1987년에 실시된 고향방문을 위한 가이드북의 자료로 활용되기도 했다.[77] 이처럼 타이완 정부는 공식적으로는 대륙정부와 단절을 선언하였지만 1987년 이전에 다른 한 길을 비공식적으로 터놓고 있었다.

타이완정부가 중국에 대하여 이중 정책을 취했다는 뚜렷한 증거는

---

73) 타이완의 헌법에는 대륙의 부모방문을 금지하는 조항이 없다. 다만 국민당의 행정명령과 정책에 유관 조항이 있을 뿐인데, 계엄법에 따라 만든 '戡亂時期臺灣地區入境出境管理辦法' 第四十四條 二項 二款에는 타이완국민이 출국할 때 보증인의 보증책임의 한도를 다음과 같이 명시하고 있다. "피보증인이 출국한 후에 공비(共匪)를 위해 일하거나 공비지역으로 가거나 혹은 기타 중화민국에 해를 끼치는 행위를 하지 않도록 보증"한다. 이 조항이 대륙방문을 금지하는 유일한 관련 조항이다. 규정이 이러했기 때문에 개방 이전에 실향민들은 법적 금지규정이 없다는 이유를 들어 양안 간 친지방문을 허용하라고 요구하곤 하였다. 編輯部, 『海峽兩岸返鄉探親』, 『大學雜誌』 208號, 11쪽.

74) 「釐訂新大陸政策的再思考」, 1987.10.14, 『聯合報』. 1960년대에 도미 타이완유학생 가운데 중국체류경험을 써서 '중국의 사하로프'라 불렸던 작가 천뤄시(陳若曦)가 대표적인 경우이다. 이에 대해서는 龐紹義, 『陳若曦短篇小說硏究』, 고려대학교 중어중문학과 석사학위논문, 1982를 참조.

75) 「大陸潛入嚴禁, 發見時出國禁止」, 1986.1.4, 『聯合報』.

76) 독립여행가(自助旅行家)라 불리는 마중신(馬中欣)은 1987년 귀향을 앞둔 귀성객에게 대륙에 대한 여행정보를 알려주는 글인 「大陸山川與探親」을 실었다. 그는 대륙에서는 골동품 구입이 위법이며 식량표 사용법을 안내하고 의복을 눈에 띄지 않는 진한색으로 입을 것, 홍콩에서는 사진기와 계산기, 녹음기 등을 선물용으로 살 것 등을 조언하였다. 이 글에서 그는 자신이 1981년, 1982년, 1983년에 홍콩이 아닌 다른 지역을 통해 대륙 여행을 했었다는 사실을 밝혔다.

77) 대륙방문 가이드북인 『대륙탐친 시 열 가지 주의사항』은 마중신의 여행기를 참고하여 만들어졌으며 마중신의 여행기와 주의사항을 알리는 기사는 동일한 잡지에 나란히 실렸다. 馬中欣, 『馬中欣的旅行與冒險』, 稻田, 1993을 참조.

양안 간의 간접무역이다. 주로는 홍콩, 그리고 일본과 싱가포르 등을 경유하여 중국으로 수출한 타이완의 무역 총액은 1985년에 21억 3천만 달러를 기록함으로써 중국은 당시에 이미 타이완의 제4대 수출대상국이 되어 있었다.[78) 양안의 냉전적 대결은 이러한 현실적 교류를 고려할 때 명분과 실질이 상당히 불일치한, 상호 의존적인 관계였다 할 수 있을 것이다.

로윙상(羅永生)의 연구에 따르면 1950~1960년대의 홍콩은 대륙에서 탈출한 반공주의적 지식인과 미국의 후원 아래 '전통'을 보존하고 반공지식을 생산하는 '냉전문화의 발신지'였다.[79) 그러나 탈냉전 시기에 홍콩은 '반공'이념보다는 전 세계 화인(華人) 지식인들이 '전통문화'를 중심으로 회귀하는 중화민족주의의 집결지가 되었다. 타이완인들에게 1987년 개방 이전의 홍콩은 양가적 의미를 지녔다. 베이징정부의 통일전략을 읽어낼 수 있는 '접촉지대'(Contact Zone)였기 때문에 정보수집을 위해 활용해야 할 대상이었을 뿐만 아니라 경제적 측면에서 대륙시장 탐색과 간접무역을 위해 필요한 존재였었다.

이중전략의 구사라는 점에서 보면, 베이징정부 역시 국민당정부와 다르지 않았다. 공산당은 1949년 건국 직후에 "무력으로 충분히 회수할 수 있었던" 홍콩을 일부러 영국의 식민지로 남겨 두었다.[80) 베이징정부가 자본주의 진영의 인사들이 중국으로 들어오는 경유지로 활용하도록 열어 놓은 한편, 미국의 경제봉쇄를 상쇄하는 물품보급 창구로 활용하기

---

78) 王功安·毛磊 主編, 『國共兩黨關系史』, 湖北: 武漢出版社, 1988, 719쪽.

79) 로윙상, 「변동하는 중국의 문화민족주의: 홍콩 문화냉전의 충격들」, 성공회대 동아시아연구소 엮음, 『냉전 아시아의 문화풍경 2』, 현실문화, 2009, 204~205쪽.

80) 陳冠中, 『下一個十年』, Hong Kong: Oxford University Press, 2008, 21~22쪽.

위해서였다. 홍콩의 학자 천관중(陳冠中)은 중국의 이러한 태도를 중국이 영국의 '머리채'(辮子)를 잡고 있다고 표현하였으며[81] 로윙상도 "홍콩의 식민지적 존재는 중화인민공화국 최고의 지정학적 이익이었다"[82]고 평한다.

로윙상은 이러한 홍콩의 '식민성'과 '활용성'이라는 양면성을 보여주기 위한 예로 '댜오위댜오'(釣魚島) 사건의 결말을 특별히 기록하고 있다.[83] 1960년대 이래 보수적인 학풍에 젖어 있던 홍콩의 학생들은 중일 간의 국경분쟁인 댜오위댜오 사건을 계기로 항일시위를 벌였는데, 항일시위가 홍콩 현지의 노동운동과 결합하여 급격한 좌경시위로 전화되려던 순간에 베이징정부는 학생운동에 직접 개입하였다. 이들은 학생들을 과격한 노동운동으로부터 격리시키는 한편 자금지원을 통해 대륙의 학술유람단으로 초청하는 등의 탈정치화 전략을 취하였고 그 결과 과격화하던 시위열기는 가라앉고 학생들은 '순수한' 중국문화연구에 관심을 기울이게 되었다. 1970년대 초 홍콩에서 활발하게 일어났던 '신유학열기'도 이와 유사한 맥락에서 베이징정부의 개입에 의해 조성되었다.[84] 홍콩이라는 장소는 타이완과 베이징정부 모두에게 필요했던 냉전 블록의 뚫린 '구멍'이었던 것이다.

냉전학자 베른트 슈퇴버(Bernd Stöver)는 적대적인 냉전적 대치를

---

81) 같은 책, 23쪽.
82) 로윙상, 앞의 책, 213쪽.
83) 新亞서원의 학생들을 가리키며 이 학술기관은 미국의 예일재단이 중국대륙에서 탈출한 지식인들을 중심으로 후원한 보수적인 학술단체이다. 같은 책, 212~214쪽.
84) 1967년에 미국에 유학 중이던 타이완의 소장학자들은 미국의 냉전적 지식생산에 봉사하는 '빨갱이'('共匪')연구를 더 이상 수행할 수 없다고 주장하며 '중국'을 연구하자는 움직임이 일어났다. 이들 가운데 일부는 베이징정부가 지원하는 국수(國粹) 전략에 호응하여 1970년대 초에 홍콩에서 전통문화 붐을 일으킨 주역이 되었다. 같은 책, 210~214쪽.

'비평화 상태'라는 말로서 정의한다. 그는 냉전을 "동서대립(1917년 이후)과 달리 실제 전쟁에서나 볼 수 있는 모든 것이 동원되어 장기적이고 적극적으로 추진된 '비평화 상태'"[85]라고 하는데, 이 '비평화 상태' 개념에 따르면 전쟁이 발생하지는 않지만 평화 또한 오지 않는 것이 냉전이다. 홍콩에 대한 양안의 유연한 태도는 냉전이 유지되기 위해 필요했던 '회색지대'인 홍콩의 특징을 보여 주며, 이상의 검토는 그것이 작동될 수 있었던 요인이 양안의 실용적인 필요와 중화민족이라는 명분이었다는 것을 말해 준다. 따라서 완충지대가 필요치 않게 된 탈냉전 시기에 홍콩의 실용적 가치가 급감하고 중화민족주의만 남게 된 것은 자연스런 결과였다.

5. 양안개방과 토착화

1) 외성인 2세대의 다원적 정체성

고향 방문 준비기에 양안의 당국자들이 예측했던 것과 달리 개방 이후에 타이완 국민들의 대륙으로의 정서적 회귀욕구는 눈에 띄게 감소하였다. 통계자료는 대륙을 방문한 자들이 방문하지 않은 자들보다 '타이완인'이라고 생각하는 경향이 더 농후하다는 것을 보여 주며[86] 아래 표와 같이 양안 교류가 확대될수록 타이완인들은 자신을 '중국인'보다 '타이완인'으로 생각하는 경우가 많았다.

---

85) 베른트 슈퇴버 지음, 『냉전이란 무엇인가: 극단의 시대 1945~1991』, 최승완 옮김, 역사비평사, 2008, 15쪽.
86) 楊佳嫻, 「離/返鄉旅行: 以李渝, 朱天文, 朱天心和駱以軍描寫臺北的小說爲例」, 『中外文學』第34卷 第2期, 臺北: 中外文學月刊社, 2005년 7월, 143쪽.

	1992년	2000년
중국인으로 인식	44%	14%
타이완인과 중국인으로 인식	37%	39%
타이완인으로 인식	17%	43%

출처: 신승하, 『당대중국』, 대명출판사, 2006, 797쪽.

이러한 정체성의 변화는 이주 2세대인 '외성인 2세대'의 글쓰기에서 종종 확인된다.[87] 계엄해제의 기폭제가 되었다고 말해지는 롱잉타이(龍應臺)의 산문집인 『들불집』(野火集, 1986)에 드러난 작가의 민족귀속감과 20년 후의 그 재판본에 언표된 작가의 귀속감 사이에는 변화가 있다. 초판의 제1장 '중국인은 왜 화를 내지 않는가?'에서 그녀는 이렇게 기술하였다.

> 어제 텔레비전 뉴스에서 어떤 사람이 "검열에 불합격된 공장의 상호를 공개해 버리면 그 장사하던 사람은 어떻게 먹고 사나?"라고 웃으면서 이야기하는 장면이 나왔다. 나는 역겹고 분노가 치밀었다. 하지만 내가 화를 내는 대상은 그 한 사람이 아니라 타이완의 1천 8백만 명의 비겁하고 이기적인 중국인들이었다. 중국인, 당신들은 왜 분노하지 않는 것인가?[88]

---

87) 『타이완 행정원 대륙위원회자료』, 주한대만대표부 공보실, 대만 2004~2005년 개관; 신승하, 『당대 중국』(대명출판사, 2006)에서 재인용.
88) 龍應臺, 『野火集』, 臺北: 時報出版, 2004, 3~5쪽.

개발주의로 인한 환경오염과 불법상혼을 비판하는 위 글에서 타이완 주민을 '중국인'으로 기술한 것과 달리, 그녀는 20년 후에 쓰여진『들불집』의 재판 서문에서 자신을 '타이완인'이라 고쳐 불렀다.[89] 전후세대는 왜 자신을 '중국인'에서 '타이완인'으로 바꾸어 불렀는가? 문화적 통합을 지향하는 양안 관방의 개방 목표에서 보자면 이것은 의외의 결과이기 때문에 주목할 필요가 있다 하겠는데, 이러한 변화를 이해하기 위해서는 1987년 10월부터 허용된 고향방문 후에 타이완인들의 인식을 살펴보는 것이 필요하다.

대륙에서 이주해 온 외성인 1세대는 타이완에서 나고 자란 외성인 2세대들의 분리주의적 성향을 우려하며 이를 불식시키기 위하여 자녀에게 대륙방문을 강권하였다. 부모세대는 신세대가 '중국을 모른다는 것' 자체를 문제로 간주하고 이들이 문화적으로 오랫동안 단절되어 '대륙의 금수강산을 알지 못하기 때문에' 거리감이 생기고 그 결과 부지불식간에 타이완 독립의식에 빠져든다고 생각하였다.[90] 그러나 외성인 2세대는 대륙을 방문하여 '신중국'을 목도하고 난 후에 오히려 자신이 상상해 온 전통문화 속의 '중국'과 현실의 낙차가 커 당혹스러워하였다. 이들은 방문한 뒤 도리어 깊은 단절감을 느꼈으며 전후세대인 주텐원(朱天文)은 대륙방문 후에 "중국은 오로지 '문자' 속에서만 존재했었다"고 고백하였다.[91]

타이완에서 태어난 외성인 2세대들이 중국에 대한 이미지를 형성하

---

89) 같은 책, 56쪽.
90) 「海峽兩岸返鄕探親: 演說討論4」, 『大學雜誌』 208號, 7쪽.
91) 주텐원의 『荒人手記』(臺北: 時報, 1998)의 내용으로, 楊佳嫻, 「離/返鄕旅行:以李渝, 朱天文, 朱天心和駱以軍描寫臺北的小說爲例」, 『中外文學』 第34卷, 第2期 참조.

는 데는 타이완의 교육이 결정적이었다. 1987년에 공개된 타이완의 대륙 금서목록에 대한 분석결과를 보면, 타이완의 국어(國文)교과가 전통문화의 '봉건 도덕'과 '자연 풍물' 위주로 편성되어 있고, 중고등학교 국어교과서의 필진 가운데 99.2%가 중국인이고 타이완인은 0.2%였다.[92] 교육내용은 '민족의 뿌리'와 '보편적 인성'이 중심이며 교육목적은 '중국인'을 만드는 것에 맞추어져 있었다. 외성인과 본성인 모두에게 행해졌던 이러한 민족 정체성 교육은 다음과 같은 시구를 통해 습득되었다. 본성인 아버지가 한 살 된 딸에게 들려주는 시를 보자.

샤오껑의 돌

너는 타이베이 시에서 태어나
본적지 신고도 아빠를 따라했지,
타이완성 짱화현(彰化縣) 루깡진(鹿港鎭) 뤄찐리(洛津里).
그런데 아빠가 네게 꼭 들려줄 말이 있단다,
우리의 조상은 아득히 먼,
푸젠(福建)성 찐강(晉江)에 계시다고.
……
아빠는 광뚱성(廣東省)에 본적지를 둔 친구가 있단다,
지린(吉林)에도 있고,
……
기억해라, 우리는 위풍당당하게

---

92) 「禁書: 大觀園可以使文史哲系關門的政策」, 『大學雜誌』 208號, 17~25쪽.

척추를 꼿꼿하게 세운 중국인이라는 것을.[93]

성적(省籍)을 불문하고 타이완의 전후세대는 이와 같이 중국인으로 만들어지는 전통문화 교육을 받았다. 이는 대중문화와 일상적인 풍속과 함께 외성인 2세대들로 하여금 자신이 중국인이며 그 뿌리가 중국대륙이라는 '중국상상'을 내면화하도록 하였다. 그러나 이들은 양안개방 후에 전통문화가 심각하게 훼손된 도시의 모습과 경직된 집체적인 사회주의 규율 속에서 성별과 연령의 구분도 없이 모두 '동지'로 불리는 신중국의 일상을 접하고는 이질감과 충격을 느꼈다. 자신들이 상상했던 '중국'이라는 '근원'(根源)이 아예 존재한 적이 없었다고 하는 고백[94]은 바로 이러한 정서를 반영한 것이다.

이들은 대륙 방문 후에 자신들이 배워온 '중국 이미지'가 와해되고 '중국인'이라는 귀속감이 동요하는 것을 느꼈다. 사회주의 체제하의 현실 중국과 자신이 자라온 타이완 사회의 차이를 분명하게 구분하게 된 이들은 향토적인 것에 애착을 느끼며 '장소'(place)와 민족귀속감을 일치시키는 경향을 보였다. 앞의 통계수치는 외성인 2세대를 포함하여 타이완인들이 중국인 정체성을 배양하는 냉전적인 전통교육으로부터 벗어나 '타이완인' 정체성을 자각하거나 두 정체성을 공유하는 다원적 귀속감을 갖게 된 것을 보여 준다. 외성인 2세대에게 이러한 특징이 나타나게 된 일차적인 원인은 이들이 나고 자란 타이완이라는 환경이 이들에

---

93) 林旺, 「誰的國文? 誰的歷史: 從國中, 高中課本看國民黨洗腦術」, 『臺灣新文化』第16期, 臺北: 臺灣新文化, 1988. 1, 10쪽.

94) 楊佳嫻, 「離/返鄉旅行: 以李渝, 朱天文, 朱天心和駱以軍描寫臺北的小說爲例」, 『中外文學』, 143쪽.

게 미친 영향이다. 그러나 중국 방문의 경험은 이들로 하여금 동시대 두 사회의 정치사회적인 차이를 실감하도록 하여 이질감을 심화시켰다. 이러한 경험이 시사하는 바는 이들이 비록 문화적인 면에서 남방의 섬나라인 타이완에서는 상상을 통해서나 가능한 방대한 대륙과 북방의 문화적 두께를 체험하였음에도 불구하고, 그 감동이 전적으로 국가/민족 귀속감으로 연결되지 않음을 보여 준다.

6. 나가며

1987년, 냉전진영의 최전선이었던 타이완 해협이 타이완 국민들에게 개방된 이후 타이완인들은 근 40년 만에 대륙의 고향을 방문하였다. 1979년 중미수교 이후 지속적으로 개방을 요구해 온 베이징정부에 대한 대응이었던 타이완의 고향방문 허용은 새로운 변화를 촉발시켰다. 귀향이 허용되자 대륙 출신의 국민당계 이주민들은 뜨겁게 환영하였던 반면, 본성인들은 양안개방으로 인하여 '중화민족주의'가 강화되는 것을 경계하여 '중국대륙'의 부상과 '국민당 통치에 대한 반대'라는 입장을 결합시켰다. 그 결과 언어와 에스닉(ethnic) 면에서 결코 균질적이지 않은 선주민들이 '본성인'이라는 하나의 범주로 더 한층 결속되었다.

 1987년의 양안개방은 '대륙에 3촌 이내의 친척'이 있고 국가 보안상 기밀을 누출할 우려가 있는 '군인 공무원 교육자'를 제외한 이들에게 방문 기회가 주어졌다. 이 조건에 부합하는 자는 대부분 외성인이었으며 국민당은 고향방문을 통하여 타이완의 경제적 풍요와 자본주의적 민주제도의 우월성을 과시하고자 하였다. 귀향객들에게는 국가적 차원에서 여비지원과 선물용 가전제품에 대한 파격적인 세제혜택이 주어졌고 정부는 대외적으로 미국에 유학중인 중국인 유학생을 포섭하여 친타이완 인사로 만드는 일을 추진하였다. 당시 타이완식 '민주'제도에 대하여 해외의 대륙 출신 유학생들은 높은 관심을 갖고 있었는데 이들은 막 개혁개방을 시작한 중국이 어떻게 세계와 접속할 것인가를 탐색하기 위하여 이런 태도를 표명하였을 뿐이었기 때문에 이들을 공산당에 대한 비판세력으로 양성하려던 타이완정부의 국내 초청전략은 성공하지 못하였다. 양안의 경우에는 타이완이 참조하였던 동서독의 상호방문 선례와 같이, 서독사회를 경험한 동독인들이 공산당을 무력화시키는 일은 일어나지 않았던 것이다.

국민당정부가 '반공'이라는 국시를 정책적으로 포기한 것은 「양안조례」 입법과 국민당과 공산당 사이에 '하나의 중국'론에 대한 합의가 이루어진 1992년이었다. 1987년부터 1992년에 이르는 5년은 개방정책과 반공정책이 충돌하던 시기로, 이 시기에 계엄이 해제되어 국민들의 공민권이 회복되자 본성인들과 외성인들은 입법위원 선출을 둘러싸고 충돌하였다. 1949년 전후에 이주해 온 대륙 출신자들은 장차 소수세력이 될 외성인을 보호하기 위하여 '대륙을 대표하는' 입법위원 의석수를 보장하라고 요구하는 반면, 본성인들은 영토를 '통치권이 미치는 지역'으로 한정하고 대륙대표제를 비판하며 '타이완인에 의한 타이완 통치'를 주장하였다.

국가 주권이 미치는 범위로서의 '통치권'과 '영토'에 대한 양자의 입장차이는 '하나의 중국'론과 '하나의 중국, 하나의 타이완'이라는 정치적 슬로건의 대결로 구체화되었다. 전자는 1911년에 대륙에서 수립된 중화민국정부의 정통성을 계승하여 냉전 시기의 양안을 '국공대치' 상황으로 인식하는 데 반하여 후자는 타이완이라는 '장소'에서의 경험을 중시하여 '타이완'이라는 국민국가를 지향하였다. 국민당은 타이완인들이 1945년 이전에 경험한 일본에 의한 식민경험을 '노예의 역사'로 폄하하는 반면 타이완인들은 그것을 저항의 수난사로 계승하고자 한다.

양안개방은 이와 같이 본성인과 외성인이 역사인식과 정치적 비전의 차이를 노골화함으로써 아이러니하게도 냉전기간 동안 유지되어 오던 '하나의 중국', '중화민족주의'가 균열하게 된 계기가 되었다. 그렇다면 냉전기간에 유지되어 온 진영의 경계는 공간적·이념적으로 견고한 것이었는가? 국민당과 공산당의 냉전 전략, 홍콩이라는 공간, 그리고 타이완의 외성인 2세대의 귀속감이라는 세 영역에 대한 고찰은 '대륙-홍콩-타이완'이라는 각각의 장소가 냉전의 '구멍'으로서, 적대적인 냉전적 표상과 실재(reality) 사이의 균열이 존재했음을 보여 준다.

중국공산당은 1949년 이후에 홍콩을 무력으로 회수할 수 있었음에도 불구하고 영국의 식민지로 남겨 두었다. 식량과 식수 등 대륙에 의존적일 수밖에 없는 홍콩을 공산당은 지속적으로 지원함으로써 미국의 봉쇄전략을 상쇄하는 물품조달 창구로 활용하는 한편, 이데올로기적인 면에서는 전통문화를 중심으로 전 세계 화교권을 하나로 응집시키는 전략을 취하였다. 1970년, 중일 간의 영토분쟁을 계기로 발생한 학생시위가 노동운동과 결합하여 극좌화되려고 했을 때, 베이징정부는 학생시위를 노동운동으로부터 격리시켜 전통문화인 '국수'(國粹) 연구로 유도하였으며 그 결과 1970년대 초, 홍콩의 전통문화연구 붐을 조성하는 데 결정적인 역할을 하였다. 베이징정부가 냉전 시기에 계급적 입장이 아닌 전통문화를 통하여 홍콩을 활용한 이 전략은 국공 양당이 암묵적으로 승인하는 '중화민족주의'에 기반한 '하나의 중국'론이 발휘하는 실재적인 힘, 즉 구심력을 보여 준다.

한편 타이완의 법령에 따르면, 타이완 국민이 공산당 통치지역에 들어가는 것을 금지하는 조항은 없다. 단지 대륙에 잠입해 공산당에 협조한 경우에 잠입자의 보증인을 처벌한다는 간접처벌 규정만 있었기 때문에 대륙 잠입이 불법이며 원칙적으로 처벌 대상이었음에도 불구하고 기회만 되면 홍콩, 네팔 등 제3국을 통하여 귀향하거나 대륙을 출입하는 자들이 빈번하게 출현하였다. 이들의 잠입기록은 1987년 무렵 대륙방문의 가이드북의 자원으로 활용되었으며 양안 교류의 움직일 수 없는 증거는 1985년에 타이완이 이미 대중국 무역의 4위 국가였다는 점이다. 이 두 가지를 고려할 때 타이완 사회는 양안은 개방 이전에 정보의 필요, 혹은 경제적 필요에 의하여 이미 깊은 상호 의존관계를 맺어 왔다고 할 수 있다.

양안개방의 효과라는 점에서 볼 때, 개방 후 타이완인의 정체성은 개방 당시에 양안의 지도자들이 기대했던 것과 달랐다. '중국인' 정체성이 약화되고 '타이완인이자 중국인' 정체성을 갖는 등 다원화되는 현상을 보였으며 전후세대들이 이러한 변화의 중심에 있었다. 냉전 시기에 교육을 통하여 전통적인 중국문화와 중국인의식을 교육받아 온 전후세대들은 대륙을 방문한 후에 '중국상상'의 균열을 경험하였다. 이들은 자신들이 상상해 온 '중국'이 활자 속에서만 존재하는 허구였음을 깨달았던 것이다. 방문 체험은 외성인 2세대로 하여금 양안 사회의 차이를 뚜렷하게 인식하도록 하여, 부모세대와 달리 자라온 환경에 대한 친밀감과 함께 타이완인 정체성을 갖는 데 영향을 미쳤다.

냉전은 전쟁이 일어나지는 않지만 평화 또한 오지 않는 소위 '비평화상태'를 유지하기 위하여 모든 수단이 동원되는 시스템이다. 타이완사회는 현대사에 있어서 1949년의 국민당 통치와 그 이전에 중국대륙으로부터 버림받은 식민의 기억이라는 두 번의 굴절을 경험한 사회이다. 따라서 이들의 상상 속에 중국은 '돌아갈 곳'이자 '억압의 주체'라는 이율배반적인 대상이다. 1987년의 양안개방은 본성인들로 하여금 국민당 통치를 포함하여 개방 후 대륙과의 관계를 강화하는 일체의 움직임을 '억압적'인 것으로 받아들이게 하였으며 타이완 민족주의, 곧 성적(省籍)갈등은 그것이 예각적으로 드러난 현상이었다.

이상에서 '중화민족주의'에 대하여 대립각을 세우게 된 '타이완민족주의'의 부상을 탈냉전이라는 맥락에서 살펴보았다. 한편으로는 고향 방문을 배경으로 하여 중화민족주의를 견지해 오던 국민당의 타이완 통치가 타이완 민족주의의 저항을 촉발하는 맥락을 분석함으로써 냉전적 통치의 균열과 저항논리를 살펴보았고, 동시에 물리적·이념적으로 2분화된 담론으로 구성된 냉전적 경계가 과연 그러한가라는 관점에서 냉전의 '회색지대'인 홍콩을 살펴보았다. 분석을 통하여 양안 사이의 냉전은 '실용적인 목적'과 '중화민족주의'라는 이중의 힘에 의해 유지되어 왔으며 회색지대가 불필요하게 된 탈냉전 시기에 '중화민족주의'만이 남아 그것이 국민국가의 완성을 희구하는 중국민족주의의 수사가 되었음을 살펴보았다.

충돌의 소리인가 화해의 노래인가:
탈/냉전 시기 동아시아의 '덩리쥔 현상'

4장_충돌의 소리인가 화해의 노래인가

: 탈/냉전 시기 동아시아의 '덩리쥔 현상'

쩡전칭

1993년 덩리쥔(鄧麗君)은 일본 홍백가합전에 출연하였다. 그[1]로서는 세 번째 출연이었다. 홍백가합전은 일본 NHK방송이 매년 마지막 날 밤에 방송하는 가요제인데, 일본인들은 하나의 전통처럼 한 해의 마지막 날 가족들과 저녁을 먹으면서 이 가요제를 시청하곤 한다. 홍백가합전에 출연한다는 것은 가수로서 한 해 동안 활발하게 활동했음을 인정받는 것이기에 일본 대중가수들은 모두 이 프로그램의 출연을 영예로 여긴다. 홍백가합전이 한 해의 일본 대중가요계를 가늠할 수 있는 시험대와도 같기 때문에 출연자는 당연히 일본가수를 중심으로 한다. 하지만 가요제의 볼거리를 풍성하게 하기 위해서 외국 가수가 초청되기도 하는데, 예를 들면 브리티시 갓 탤런트(British Got Talent) 출신의 수잔 보일이 2009년 홍백가합전에 출연한 것을 비롯해 한국의 보아와 아이돌 그룹인 동방신기 등 아시아 가수들도 몇 차례 홍백가합전에 출연하였다. 시간을

---

1) 덩리쥔의 성별은 여성이며, 따라서 덩리쥔을 3인칭으로 지칭할 때 '그녀'를 쓰는 것이 통상적인 글쓰기일 텐데, 이 글의 필자는 논문 전체에서 의도적으로 여성의 표지를 달지 않은 3인칭 '그'(他)를 사용하고 있다. 따라서, 번역자도 필자의 의도를 존중하는 의미에서 '그'라고 옮김을 밝힌다. ─옮긴이

거슬러 1993년 홍백가합전으로
돌아가 보면 그해 초청받은 외국
가수는 덩리쥔과 또 한 명의 타
이완출신가수 오우양페이페이
(歐陽菲菲)가 있었다.

전성기의 덩리쥔

홍백가합전은 대부분 매년
12월 출연자 명단을 공개하며 외
국 가수의 경우 통상 그 이름 뒤
에 국적을 표기한다. 물론 1993
년 NHK가 발표한 명단 중 덩리
쥔의 이름 뒤에는 그 국적이 타
이완으로 표시되었다. 하지만 또 다른 타이완 출신 가수 오우양페이페
이는 국적이 따로 표시되지 않았다. 이유는 간단하다. 오우양페이페이는
일본인과 결혼한 이후 일본 국적을 취득했기 때문이다. 일본 가요계에서
거둔 성과만 놓고 볼 때 덩리쥔이 오우양페이페이보다 훨씬 월등했지만
그는 일본 국적을 원치 않았다. 사실 '타이완인'이라는 신분이야말로 그
가 일본 가요계에서 성공할 수 있는 중요한 요인이기도 했다. 그런데 정
작 타이완의 반응은 의외였다. 그해 일본 홍백가합전에 대한 보도에서
타이완 대중 매체는 이미 오래전에 일본으로 귀화한 일본 국적의 오우
양페이페이만 집중적으로 조명했을 뿐 타이완인 신분을 고수했던 덩리
쥔에 대해서는 일언반구도 하지 않았기 때문이다. 이러한 '고의적 누락'
은 왜 생겨났을까?

1995년 덩리쥔은 기관지 천식 발작으로 태국 치앙마이에서 돌연 사
망하였는데 이때 그의 나이 42세였다. 1993년 홍백가합전의 출연이 그

의 일본 가요계에서의 마지막 공개 공연이 된 셈이다. 덩리쥔의 사망 소식은 일본과 중국, 동남아 등에 큰 충격을 주었으며 영국 『타임』지도 이 소식을 대서특필하였다. 타이완에서 거행된 덩리쥔 장례식의 규모는 거의 국상(國喪)에 상당하는 정도였다. 정계 요인들이 모두 모였을 뿐 아니라 그해 타이완 부통령이었던 리엔짠(連戰)이 장례진행위원장을 맡았다. 그의 영구는 3군(軍)이 엄호했으며 관 위에는 타이완 국기가 덮였다. 일개 대중가수의 장례로서는 매우 보기 드문 광경이었다. 덩리쥔은 도대체 국가를 위해 무슨 일을 했기에 이처럼 국가원수마냥 높은 예우를 받게 된 것일까. 만일 이를 1993년 덩리쥔의 일본 홍백가합전 출연 당시 그에 대한 타이완 언론의 냉담한 태도와 비교한다면 더욱 이상해 보인다. 덩리쥔에 대한 타이완의 냉담과 환호 사이에는 대중음악의 어떤 미시정치학이 작동하고 있으며 그것 때문에 또 이 아시아권 대중가수의 이야기는 어떻게 더 복잡한 사연을 갖게 되었을까. 냉전 시기 아시아 대중음악사의 궤적 속에 숨어 있는 이 수수께끼들은 확실히 하나하나 세밀히 따져볼 필요가 있다.

이 논문은 대중음악의 미시정치학에서 출발하여, 노래를 통해 성공적으로 냉전의 경계를 넘나들며 아시아에 많은 영향을 미쳤던 가수 덩리쥔의 음악생애를 분석대상으로 삼고, 다양한 지역 팬들의 덩리쥔에 대한 공통의 기억 및 그 기억의 구조들에 대한 비교 분석을 통해서 탈/냉전 시기 아시아 지역 대중음악의 계보를 그려 보려 한다. 또한 이를 통해 본 논문은 탈/냉전 시기 서로 다른 이데올로기와 역사적 콤플렉스들 간의 대립이 어떻게 대중가요를 하나의 전장으로 만들었는지, 음악팬들은 그 전장에서 어떻게 충성하고 타협했는지 혹은 그 전장을 어떻게 돌파해 갔는지 살펴보고자 한다.

본 논문은 대중음악에 대한 단순한 문화연구가 아니다. 더 크게는 대중음악을 통해서 냉전에서 탈냉전으로 가는 과도 시기 아시아지역 정치와 문화 이데올로기상의 분리와 화해, 그리고 경쟁에 대해 살펴보는 데 목적이 있다. 지금까지의 냉전사 연구에서 대중음악의 장에 주목한 토론은 거의 없거나 아니면 한담 정도의 수준이었다. 설령 있다고 해도 대부분 대중음악을 서로 다른 냉전 각 진영의 사회구조를 반영하는 매개물로 간주하고 음악의 유형이나 텍스트의 정치적 의미를 분석함으로써 그것이 냉전 속에서 담당했던 역할과 음악팬들에게 미친 영향을 분석하는 정도가 전부였다. 하지만 이렇게 텍스트 분석을 강조하는 방법은 대중음악이 사실은 사회 현실의 체현이자 투사라는 점, 실제로 냉전 시기에 대중음악은 그 생산에서 소비에 이르는 전체 과정 자체가 냉전 역사의 일부분이었다는 점을 간과한다. 덩리쥔을 관찰해 보면 우리는 덩리쥔의 음악이 냉전 이데올로기의 경계를 넘나들었지만 그 자신은 조금도 정치적이지 않았다는 점, 즉 그는 개인적으로 어떤 정치적 의도도 없었으며 그의 음악 역시 어떤 정치적 주장도 담고 있지 않았다는 사실을 확인할 수 있다. 따라서 본 논문은 텍스트의 내용이나 가수의 특징을 살피는 대신 대중음악을 일종의 사회적 산물로 보고 그 생산과 유통, 그리고 소비의 과정 속에 어떤 정치성이 내포되어 있는지, 또 음악이 어떻게 개인 혹은 사회에 의해 정치적으로 이해되고 체험되며 혹은 오독되는지, 그로 인해 어떤 독특한 현상이 만들어지는지를 살피고자 한다. 또한 이를 냉전과 탈냉전이라는 맥락 속에 놓고 아시아 청중들의 서로 다른 음악적 경험 및 그 성치적 상상의 지형도를 그려볼 터인데, 이를 통해 탈/냉전 시기 아시아 지역 대중문화의 다층적 면모가 드러날 것이다.

먼저 덩리쥔의 배경을 간단히 살펴보자. 덩리쥔은 아시아의 중국어

무대 위의 덩리쥔

권 지역에 10억 이상의 팬을 거느렸으며 냉전 시기 유일하게 정치 이데올로기의 경계를 성공적으로 넘나들었던 대중가수로 알려져 있다. 덩리쥔은 1964년 타이완에서 첫 앨범을 발표하였는데 그때 그의 나이 14세였다. 그의 부친은 국민당을 따라 타이완으로 퇴각한 군인이었다. 덩리쥔이 타이완에서 녹음한 초기 앨범 수록곡은 대부분 번안곡으로서 일본가요나 타이완 민요, 중국 민요 및 1940년대 상하이(上海)의 유행가요처럼 그 범위가 다양했다. 이것으로 덩리쥔은 타이완에서 약간의 지명도를 얻기는 했지만 그렇다고 최고의 가수가 된 것은 아니었다. 그러다가 1970년대 중반 동남아를 주요 시장으로 하는 홍콩 리펑(麗風) 음반 회사와 계약을 맺었는데 이 회사는 아시아에서 덩리쥔의 지명도를 높이는 중요한 지렛대 역할을 했다. 그의 음반이 동남아에서 잇달아 출시되면서 1970년대 말 덩리쥔은 동남아에서 가장 사랑받는 중국어권 가수가 되었다. 홍콩 폴리그램(Poly Gram) 음반사와 계약을 맺은 후 그의 인기는 더욱 치솟았다. 이 때문에 일본 폴리그램의 눈길을 끌게 되었고 1980년대 초반에는 일본 가요계로 입성하여 성공적으로 일본 시장을 점령하였으며 극히 보수적이고 전통을 중시하는 일본 엔카(演歌) 영역에서 엄청난 성공을 거두게 되었다.

덩리쥔이 일본으로 건너갔던 1980년대는 바야흐로 중국이 개혁개방을 추진하던 시기로서 일반 중국인들이 라디오 프로그램을 접할 기회가 많아졌으며 덩리쥔의 노래도 그들이 몰래 훔쳐 듣던 홍콩, 타이완방송을 통해서 점차 중국대륙으로 퍼져나갔다. 이처럼 아시아 대중음악의 경계와 정치 이데올로기, 그리고 그것이 처한 냉전과 탈냉전의 역사 사이는 서로 복잡하게 얽혀 있어 분석이 요구된다. 이 글은 세 가지 경로를 통해 이를 해석해 보고자 한다. 첫번째 분석경로는 우선 대중문화의 횡단이라는 측면에서 아시아에서 덩리쥔이 부상하게 되는 과정을 아시아 당대 역사의 장에 놓고 분석할 것이다. 구체적으로 덩리쥔의 노래가 냉전 아시아라는 문화적 장 안에서 어떻게 자유롭게 유동할 수 있었나, 그것의 역사적 배경과 이데올로기적 기초는 무엇인가, 냉전의 인질로서 덩리쥔은 어떻게 서로 다른 이데올로기 진영에 의해 전유되었는가, 동시에 또 어떻게 이데올로기적 대결을 무마하는 힘이 되기도 했으며, 일렁이는 아시아 냉전의 파도 속에서 어떻게 하나의 난류를 형성했는가와 같은 문제를 분석해 보고자 한다.

둘째, 그에 이어 덩리쥔으로 인해 야기된 문화현상이 어떻게 냉전이라는 상황하에서 이동하고 변화하고 다시 재구성되었는가를 추적할 것이다. 아시아에서 덩리쥔 음악의 이동경로는 냉전구조의 단계 및 그 변천과 매우 유사하다. 덩리쥔이 후기에 일본으로 진출한 것이나 6·4 천안문 사건 후 중국 대중음악계에서 점차 사라지게 된 것은 모두 아시아 냉전의 해체 경로 및 방향성과 일치하는 것이다.

마지막으로 냉전의 와해와 덩리쥔 현상 사이의 관계를 분석해 볼 것이다. 이 분석은 1990년대 덩리쥔의 '부재' 후 파생된 문화와 정치적 소동으로부터 시작할 것이다. 비록 덩리쥔이 사망한 지 15년이 지났지만 '탈냉전'의 추세를 따라 이른바 '포스트덩리쥔 현상'이 등장하였다. 그중 타이완은 덩리쥔을 추방함으로써 정치적으로 중국과의 단절을 시도한 반면, 중국은 덩리쥔이 대표하는 정통 중국문화를 빌려 타이완과의 민족적 혈통 및 문화적 동근성(同根性)을 강조하고자 한다. 덩리쥔을 둘러싸고 이루어진 문화적 향수(鄕愁)의 구축 및 전유, 문화적 정통과 주변 사이의 쟁탈, 정치적 회유 및 포섭과 같은 유희는 여전히 연출되고 있으며, 문화적 공통의 기억에 기댄 향수 뒤편에서는 역사의 정의권을 둘러싼 격렬한 쟁탈전과 겨루기가 이루어지고 있다.

1. 냉전 역사의 인질: 아시아에서 덩리쥔의 성공

냉전 시기에는 남북한 외에 중국과 타이완 역시 타이완 해협과 진먼다오(金門島)를 경계로 서로 다른 정치 이데올로기를 가진 두 개의 진영으로 나뉘어 있었다. 1949년 국민당과 공산당 간 내전의 결과 타이완으로 퇴각한 국민당은 미국의 군사적·경제적 원조 아래 소위 우익 자유 진영을 구축하였고 소련공산당의 영향 아래 있던 붉은 중국과 적대적 대치 상태에 놓이게 되었다. 장제스(蔣介石)정권은 중국공산당과 마찬가지로 정치적으로는 독재정권이었으나 대중문화 방면에서는 상대적으로 유연한 모습을 보였다. 무엇보다 당시 30만에 달하는 주타이완 미군에게 오락을 제공하기 위해 국민당 정권은 불가피하게 대중오락 매체에 대한 통제를 느슨하게 하지 않을 수 없었다. 미군 방송국과 같이 1960년대 주로 서양 대중음악을 제공하던 중출력[2] 방송국은 대개 미군을 청취대상

---

2) 대만 FM 라디오 방송은 크게 고출력, 중출력, 소출력 세 가지로 나뉜다. 그 중 중출력은 20km의 전파 범위를, 소출력은 5km의 전파 범위를 가진다. 당시 대만 정부가 대만 전 지역에 방송할 수 있는 대출력을 발송하지 않았기 때문에, 중출력이 전 대만 방송을 담당하였다.—옮긴이

으로 삼은 것이었다. 한편 국민당은 중국의 문화대혁명에 대항하며 중국 문화의 정통을 자임했기 때문에 문화 정책 역시 중국의 그것과는 반대로 해야 했다. 중국이 문화대혁명 기간에 서구 자본주의적 색채를 띤 오락 프로그램을 전면 금지시켰기 때문에 타이완 국민당은 자연스럽게 문화적으로 더욱 서구 자본주의 시스템에 경도되었다. 따라서 타이완의 언론 매체가 많은 부분 정부의 통제를 받았음에도 불구하고 방송에서는 적잖은 미국 영화가 방영되었고 자체 제작 프로그램에서도 서양 유행가를 부르는 일이 다반사였다. 그 밖에도 문화 이데올로기 면에서 중국에 더 효과적으로 대항하기 위해 국민당은 중앙방송국을 세우고 '자유중국의 소리'(自由中國之聲)라는 이름으로 대(對)중국 문화정치 선전을 진행하였다.

'자유중국의 소리'는 타이완 각 지방에 총 여덟 개의 중출력 전파 발사기를 설치했으며 각각 중국 내 여덟 개 지역을 담당하도록 했다. 이 '자유중국의 소리'는 타이완 섬 내에서는 들을 수 없었고 중앙방송국은 타이완 민중을 대상으로 한 방송프로그램을 별도로 제작하였다. 1970년대 이후 '자유중국의 소리'는 아시아 각 지역에 지사를 설립했다. 명목상으로는 동남아 지역의 화교를 위한 것이었지만 실제 목적은 역시 대중국 정치선전에 있었다. 예를 들어 호주의 소리는 호주 내에서는 방송 품질이 좋지 않았던 것에 비해 중국의 화베이(華北)나 화중(華中) 지역에서는 깨끗하게 청취할 수 있었다. 이 방송들은 대개 대량의 정치선전 프로그램으로 넘쳐났지만 오락 프로그램은 상당 부분이 덩리쥔의 노래로 채워졌다.

1980년대 중국에서 덩리쥔의 인기는 하늘을 찔렀는데, 사실 가장 큰 공로는 대중문화와 대중매체에 전면적 통제를 해왔던 중국공산당에 있었다. 중국에는 소위 '금지곡 콤플렉스'가 있어 관방이 금지한 작품일 수록 대중들은 그것에 더더욱 열광하기 때문이다. 사실 이는 청소년이 부모가 금지하는 담배를 더 몰래 피우고 싶어 하는 심리와 다를 바 없다. 더구나 1949년 이후 중국에는 유행가가 전무했으며 대신 관방 매체는 천편일률적으로 군중가곡, 혁명가곡, 클래식 혹은 소련의 예술가 곡만을 방송해 왔다. 거기다 10년간 문혁을 겪었고 진작부터 군중가곡과 혁명 가곡에 염증을 느끼고 있던 중국의 음악팬들에게 덩리쥔의 출현은 문화의 사막에서 오아시스를 만난 것이나 다름없었다.

덩리쥔의 목소리는 맑고 부드러우며 창법은 중국 민요의 맛이 난다. 거기다 덩리쥔 자신은 계란형의 전형적인 중국 미인으로 수려한 외모를 가지고 있었다. 이런 요소들 때문에 덩리쥔은 매우 빠른 속도로 중국 팬들을 사로잡을 수 있었다. 하지만 결코 그것이 전부는 아니었다. 또 다른 중요한 원인은 바로 아시아의 냉전국면에 있었다. 1949년 중국을 통치하게 된 중국공산당은 중국사회를 상업적으로 오염되지 않은 비자본주의적 진공상태로 만듦으로써 모든 상업적 잡음을 제거했는데 그로 인해 방송의 선전 효과가 더욱 커지게 된 것이다. 이는 1940년대 상하이의 유행가와 당시의 번영을 기억나게 하면서 중국민요의 특징까지 갖춘 덩리쥔으로 히여금 정치 이데올로기적으로 대치하고 있던 양안 사이에서 순조로이 접합제 역할을 할 수 있게 해주었을 뿐만 아니라 30여 년이나 단절되어 있던 양안의 문화를 다시 연결할 수 있게 해주었다.[3] 하지만 필

---

3) 베이징대학(北京大學) 사회학과 리쉰(李迅) 교수의 관찰에 따르면, 중국 지역 덩리쥔의 팬은 대개 세 가지 유형으로 나뉜다. 첫번째는 2차 세계대전 이전에 출생하여 1940년대 상하이 유행가의 번영에 대한 기억을 가지고 있는 세대이다. 중국 대중음악 산업은 1930년대 이후 점차 발전하였으며 2차 대전이 아시아에서 발발하기 전까지 상하이는 줄곧 중국 대중음악

경은 30여 년간의 단절로 인해 서로 간의 역사적 상황이 너무 달랐기 때문에 그와 같은 연결은 결코 그 기초가 탄탄하지 않았다. 그리고 그로 인해 생겨난 빈틈은 양안 각자가 필요로 하는 문화적 고향에 대한 상상에 따라 각각 다르게 채워졌다.

한편 이와 같은 '향수의 소환' 혹은 '향수의 전치'를 활용하는 쪽과 만족을 느끼는 쪽 사이, 즉 소환하는 자(국민당)와 소환되는 자 간에는 모종의 묵인 및 애매모호한 관계가 존재했다. 또한 국민당은 이 소환과정을 통해 자기치유도 이루었다. 다시 말해 향수라는 모호하지만 절실한 감각에 대해서만큼은 선전정보를 생산하는 쪽과 선전을 받아들이는 쪽이 모두 공모관계에 있었다는 것이다. 노래를 만든 타이완의 생산자에게 덩리쥔의 음악서사는 중국에 대한 향수였을 뿐 아니라 동시에 자기 스스로를 설득하여 위안에 이르는 효과를 갖는다. 패전으로 인해 타이완이라는 작은 섬으로 퇴각한 국민당 입장에서 보자면 국민당은 사실상 정치적·군사적 투쟁에서 실패한 쪽이기 때문에 문화정책상 반드시 중국문화의 정통성을 자임함으로써만 중국과 연결될 수 있었다. 하지만 타이완을 통치하는 국민당은 타이완 인구 중 소수에 불과했기 때문에 그

의 중심지였다. 덩리쥔은 당시 상하이의 가장 유명한 가수였던 쩌우쉬앤(周旋)과 리샹란(李香蘭) 등의 작품을 대량으로 리메이크하였는데 그로 인해 음악팬들은 덩리쥔의 노래를 통해 1940년대 상하이의 번영을 다시 떠올릴 수 있게 되었다. 두번째 유형은 2차 세계대전 이후 출생하고 문화대혁명의 세례를 받은 세대이다. 그들에게 덩리쥔은 문화적 억압이 지나간 후 그들의 상처를 치료할 수 있는 특효약이었다. 세번째 유형은 냉전 시기 출생하여 문혁에 대한 인상이 남아 있긴 하지만 부모세대처럼 문혁 때문에 고통을 겪지는 않은 세대이다. 그들은 대개 신세대 지식인들이었으며 1980년대 문화열의 주력군이기도 했다. 그들은 정부의 각종 규제와 장애를 뚫고 대중음악에 관한 정보를 구하는 데 열심이었으며 온갖 방법을 동원하여 신호가 불안정한 라디오 방송에서 덩리쥔의 음악을 찾아 듣는가 하면 이를 테이프에 녹음하여 유통시켰다. 리원 교수는 이들이야말로 덩리쥔의 노래가 중국에 널리 퍼지고 영향력을 발휘하게 만든 '열혈' 팬들이었다고 강조한다.

들은 한편으로 타이완 본토인에 대한 선전을 통해서만 소위 중화문화가 타이완을 통치한다는 정통성을 확인할 수 있었다. 사실 당시 중국에서는 "낮에는 라오덩(老鄧: 덩샤오핑과 그의 정치선전)을 듣고 밤에는 샤오덩(小鄧: 덩리쥔의 노래)을 듣는다"는 말이 유행할 정도였다고 하니 덩리쥔이 중국에서 유명한 지하 대중가수였던 것은 분명하다지만, 타이완은 무엇 때문에 덩리쥔의 노래가 중국의 국경을 넘는 것에 대해 그처럼 기뻐했던 것일까? 사실 '중국의 덩리쥔 현상'에 대한 타이완의 애착과 콤플렉스야말로 더욱 곱씹어 볼 만한 대목일 것이다.

앞에서 언급했듯이 타이완에서 데뷔했을 당시 덩리쥔은 아주 유명한 가수는 아니었다. 하지만 덩리쥔이 모든 중국 사람들이 다 아는 가수가 되었다는 사실을 많은 타이완의 음악팬들이 알게 되었을 무렵, 거기다 국민당이 통제하는 매체에서 타이완인을 대상으로 발신하는 대량의 선전방송을 듣고 중국에서 덩리쥔의 지위가 어쩌면 덩샤오핑을 능가할지도 모른다고 여기게 된 타이완인들은 그것을 자랑스러운 성취로 여겼다. 국민당 우파 독재정권은 이 기회를 활용해 우선 자신의 국민을 향해 타이완은 붉은 중국과는 다른 민주국가라고 설득할 수 있었다. 그런 다음 중국에 대해서도 우리(타이완)는 덩리쥔 같은 가수가 있지만 중국은 그렇지 못하기 때문에 타이완이 중국보다 더 민주적이라고 설득할 수 있었다. 덩리쥔이 타이완에서 빅스타로 자리매김하는 동안 국민당 타이완 통치의 우월성과 정통성도 동시에 확립된 것이다.

덩리쥔은 국민당 군대의 초청을 받아 많은 위문 공연을 하였지만, 그 자신이 정치 활동에 열중한 적은 없었다. 이러한 의미에서 그는 냉전의 문화적 이데올로기의 쟁탈전에 참여했다기보다는 차라리 냉전 역사에 사로잡힌 인질이었다고 말할 수 있다. 그가 1989년 5월 17일 홍콩에서 거행되었던 '민주의 노랫소리를 중화에 바치다'(民主歌聲獻中華)라는 행사에 참여한 것이 6·4 천안문 사건 대학살의 도화선이 되었다고 평가되기도 하지만 그 자신은 중국에서 자신이 미칠 수 있는 영향력을 낮게 평가하였다. 천안문 광장에 앉아 있는 학생들을 응원하고 중국에 민주를 요구했던 그 행사에는 사실 홍콩 반환과 관련한 불안과 조바심이 자리

1981년 진먼다오 군부대를 방문한 덩리쥔

하고 있었다. 당시 50만이 넘는 홍콩인들이 해피 밸리(Happy Valley, 跑馬地)에 집결했으며 공연에 참여했던 사람들은 대부분 홍콩의 연예계 인사들이었다. 덩리쥔은 정식으로 출연 요청을 받은 적도 없었으며, 그가 속한 일본 폴리그램 음반 회사와 그의 매니지먼트 회사인 뚜삐엔(杜邊) 역시 그가 이 행사에 나타날 거라고는 상상도 못했다고 한다.[4] 그는 5월 17일 갑자기 혼자서 그 행사에 모습을 드러냈으며, 「산 너머 고향」(家在山那邊)을 열창했다. 이 노래는 원래 타이완의 반공 선전 영화인 「쉐이바이이에서의 사랑」(水擺夷之戀)의 삽입곡으로 가사는 원래 아름다웠던 고향이 파괴된 후 사람들이 고향을 등지고 웃음을 잃어버리게 되었다는 내용이며 마지막은 친구여 빨리 돌아가 자유의 불을 밝히자고 호소한다. 가사의 내용이 고향에 대한 그리움을 표현하고 있기 때문에 이

노래는 국민당을 따라 타이완으로 건너온 중국 이민자들에게 사랑을 받았다. 그런데 덩리쥔은 당시 천안문광장에 있던 학생들에게 바치기 위해 특별히 원래 자신의 곡도 아니고 한 번도 불러본 적 없던 이 노래를 불렀고 현장에 있던 반주자들은 즉석에서 반주를 만들어 내야 했다. 더구나 이 노래를 부를 때 그는 목에 '군 개입 반대'(反對軍管)라고 쓰인 푯말을 목에 걸고 있었다. 이런 행동은 중공 당국을 격노하게 했음에 분명했고 당시 방송을 맡았던 홍콩 무선방송국의 카메라도 의식적으로 덩리쥔이 걸고 있던 푯말을 스크린에 담지 않았다. 그래도 이 노래는 그후 홍콩의 방송을 타고 테이프로 제작되어 중국까지 광범위하게 전해졌다. 물론 덩리쥔이 당시 중국 민주운동 참여 학생들을 고무하는 데 결정적 역할을 했다는 증거는 어디에도 없다. 하지만 당시 민주운동의 지도자였던 우얼카이시(吾爾開希)의 증언에 따르면, 덩리쥔의 노래가 천안문 광장에 울려퍼지고 덩리쥔도 자신들을 지지하는 행동에 가세했다는 소식이 전해지자 학생들의 더운 피가 더 끓어올랐던 것은 사실이었다.

기억할 것은 당시 덩리쥔이 모든 중국 사람이 다 아는 가수였다고는 해도 오랜 시간 줄곧 라디오와 노래 테이프로만 존재하던 유령가수였다는 점이다. 덩리쥔 현상은 당시 중국 관방에게는 결코 새어 나가서는 안 될 비밀이었으며 덩리쥔 본인도 중국의 음악팬들을 향해 직접 자신의 목소리를 낸 적은 없었다. 비록 중국에 10억의 팬을 거느리고 있었다고 해도[5] 그는 1995년 사망하고 나서야 비로소 '근대 중국에 가장 영향을

---

4) 당시 폴리그램 음반 회사의 일본 지역 집행장 쩌우무런(周木棯)은 덩리쥔이 당시 홍콩 '민주의 소리를 중화에 바치다' 행사에 참가한 것에 대해서 전혀 아무것도 몰랐다고, 또 만일 당시 덩리쥔이 먼저 그들의 의견을 구했다면 회사는 절대 그런 정치 활동에 참가하는 것에 동의하지 않았을 것이라고 말했다.

준 인물'[6]의 전당에 오를 수 있었다. 그의 노래는 대부분 불법 라디오 도청과 불법 테이프로 유통되었기 때문에 중국 사람들은 덩리쥔이 그들을 위해 노래한다거나 혹은 중국의 음악팬을 시장으로 삼고 있다고는 여기지 않았다. 중국의 음악팬들에게 덩리쥔은 언제나 그저 저 멀리 있는 아름다운 상상이었을 뿐이다. 중국 당국 역시 바다 건너온 방송이나 불법 음악 테이프의 불법성을 선포했을 뿐 덩리쥔이 중국에서 소리 없이 유행하는 것은 못 본 체하였다. 관방에게나 민간에게나 덩리쥔은 무대 아래에 숨어 있는 인물이었던 것이다.

그런데 이렇게 공공연하게 비밀스럽던 유행이 천안문 사건 발생 전야 갑자기 수면 위로 떠올랐다. 그동안 중국의 음악팬들이 불법청취를 하거나 불법시장을 뒤지거나, 깊은 밤 이불을 덮어 쓰고 남몰래 듣던 덩리쥔이 마침내 직접 중국인을 향해 자신의 '소리를 내었고' 무대 위로 올라와 민주화운동을 지지하는 활동가가 된 것이다. 국민당이 선전방송을 통해 공산당과 공동 연출했던 냉전의 문화적 대치 놀음, 방송선전을 이용한 보이지 않던 묵계와 넘어서는 안 되는 그 방어선이 바로 이 '민주의 노랫소리를 중화에 바치다' 공연과 덩리쥔의 출연으로 순식간에 무너져 버렸다. 그 행사는 중국에 바치는 것이라고 명시했을 뿐만 아니라, 과거 불법적 공간에 기대어 이루어지던 덩리쥔의 익명의 소환이 이제는 전면

---

5) 영국 『타임』지 아시아판은 덩리쥔이 1995년 사망한 이후 중국의 팬이 10억을 넘어섰다고 썼다. 또 『타임』지는 덩리쥔을 '세계 7대 여가수' 중 하나로 선정하였다.

6) 중국의 봉황 TV는 2010년에 중국 사람들을 대상으로 하여 "근대 중국에 가장 큰 영향을 준 인물"을 뽑는 설문조사를 실시했다. 이 조사에서 덩리쥔은 마오저둥(毛澤東)과 덩샤오핑(鄧小平) 등 정치 지도자를 훨씬 앞질러 1위에 뽑혔다. 비록 이 설문조사는 학술 자료나 정부의 통계 자료는 아니지만 중국 사람들의 마음속에 자리 잡고 있는 덩리쥔의 위치를 충분히 보여 준다.

적으로 수면 위로 떠오르게 되었다. 덩리쥔은 이제 더 이상 단지 방송 속의 소리만이 아니었다. 그는 공개적으로 이름을 밝히고 광장의 중국인들에게 자신의 노래를 바쳤다. 그는 익명의 소환이 아니라 직접적 호소를 택했으며 이것이 아마 수많은 음악팬들, 특히 천안문 광장에 있던 젊은 열혈 팬들을 자극했는지도 모른다. 양안의 방송 선전이라는 가면이 벗겨진 이후 중공은 결국 폭력진압으로 사태를 마무리했는데, 이는 마치 냉전 선전이라는 암묵적 동의와 공포의 평형이 깨진 이후의 핏빛 복수와도 같은 것이었다.

냉전 시기 타이완 관방은 앞서 살핀 대로 방송과 심리 전략을 동원하여 덩리쥔의 노래를 대량으로 내보냄으로써 중국을 향해 문화정치적 이데올로기 선전을 진행했다. 그러나 선전이라는 것이 본디 그렇듯이 대치하는 쌍방 모두 선전의 형식과 냉전 상황에 대한 인식에 있어서는 공통점이 존재했다. 물론 덩리쥔이 부상할 수 있었던 것은 무엇보다 그 자신의 개성과 노래 자체의 중국적 특색 때문이었다. 바로 그 덕분에 대치하는 냉전의 쌍방이었던 중국과 타이완은 모두 향수를 표현할 수 있는 상상의 공간을 나름의 방식으로 펼칠 수 있었다. 특히 그 상상의 공간은 대중음악이 부재했던 중국의 사회환경 속에서 더 빨리 자랐고 방송 선전의 익명성 때문에 더 많이 확대되었다. 하지만 고향에 관한 쌍방의 상상 자체는 사실 양안 사이에 존재하던 문화적·정치적 분단을 봉합하는 역할을 하기도 했다.

또한 중국 팬들에게 있어 덩리쥔의 노래 속에 담겨 있는 향수는 단지 고향에 대한 그리움만이 아니라 정신적으로 또 다른 이상적 세계에 대한 상상이기도 했다. 사실 그해 천안문 광장에 울려퍼지며 사랑받던 노래 중에는 덩리쥔 외에 중국의 락가수 추이지엔(崔健)의 것도 있었다.

하지만 추이지엔의 노래가 강하고 직접적으로 이념에 호소하는 것과 달리 부드럽고 감미로운 덩리쥔의 노래는 그동안 중국 음악팬들 사이에 이미 아름다운 세계의 원형과도 같은 의미를 지니게 되었으며 1980년대 초반 문혁의 아픔에서 벗어나고자 했던 중국인들의 마음속에 성공적으로 유리한 위치를 차지할 수 있었다. 추이지엔의 포효가 주는 감정의 분출이나 배설의 효과와 달리 그의 소환은 그보다 더 깊은 욕망과 추구에 관련된 것이었기에 그는 이상의 추구라는 궁극적 지향을 더욱 대표할 수 있었다.

이야기는 여기서 끝나지 않았다. 6·4 천안문 사건 이후 덩리쥔은 1989년 10월 한 장의 앨범을 발표했다. 이 앨범의 A면에는 「홍콩의 밤」(香港之夜)이, B면에는 「슬픈 자유」(悲傷自由)가 실려 있다. 「홍콩의 밤」은 광둥어로 녹음한 것으로 시시각각 변하는 홍콩 야경의 아름다움에 연인의 심리를 빗대어 그리고 있다. 그런가 하면 「슬픈 자유」는 일본어로 녹음한 것으로 연인과 헤어진 한 여자가 이별로 인해 얻게 된 자유를 슬퍼한다는 내용을 담고 있다. 이 두 곡의 노랫말과 6·4 천안문 사건은 아무런 연관도 없어 보이지만 딱 한 번, 1989년 10월 일본 NHK가요 프로그램에 등장한 덩리쥔이 '슬픈 자유'를 소개할 때 그 가사에 담긴 의미를 밝힌 적이 있다. 머잖아 반환되는 홍콩이 자유를 잃어버릴지도 모른다는 두려움이 그것이었다. 이 두 곡은 덩리쥔이 결국 정치 이데올로기 투쟁의 도구가 되지 않을 수 없게 만든 관건이 되었다. 설사 그 노랫말이 전혀 정치적이지 않다고 해도 그가 1989년 홍콩의 그 운동에 참여한 이후로 역사는 이미 이 두 유행가의 의미에 주석을 달기 시작했고, 덩리쥔 본인 역시 방송선전이라는 보호막이 벗겨진 이래 더 이상은 몸을 숨길 수 없게 되었다. 1989년 이후 덩리쥔은 거의 은퇴한 것이나 다름없이 프

랑스에서 은둔했지만 죽을 때까지도 6·4의 그림자와 그 아픔에서 벗어나지 못했다.[7]

2. 냉전 말기: 덩리쥔의 외출과 추방

1980년대 초기 덩리쥔은 이미 아시아 중국어권 지역 전체에서 가장 지명도 높은 가수가 되었다. 그의 인기가 하늘을 찌를 때 그는 눈을 돌려 결연히 일본 가요계로 진출하였다. 일본 가요계에서 덩리쥔은 엔카로 인기를 누렸다. 사실 엔카는 매우 강한 일본 민족주의적 색채를 띤 일본 대중음악의 독특한 장르이다. 그 원형은 일본 연설가(演说歌)로서 원래는 민간 예인의 설창예술이었다. 그것은 주로 일본 옛 민요의 5음 음계를 썼는데 쇼와 시기 작곡가 고가 마사오(古賀正男)가 이 음계를 발전시켜 보급하였고, 그것이 후에 엔카의 기본 음계가 되었다. 엔카는 창법상 비강의 공명을 많이 사용하는데, 장식음과 바이브레이션은 엔카의 가장 중요한 기교이다. 가사의 내용은 대부분 바다, 술, 눈물, 새, 북국, 눈 덮인 대지와 같은 일본의 경치를 둘러싸고 서정적인 방식으로 연인의 슬픈 사랑을 노래하는 것이다. 엔카의 발전 과정에 대해서는 이만 줄이지만, 엔카가 2차 세계대전 전후 일본 대중음악의 주류였다는 점, 심지어 일본 군국주의의 색채를 가장 많이 가지고 있는 음악 장르였다는 점은 지적할 필요가 있다. 때문에 타이완 대중음악계에서 군인의 연인이자 홍콩 및

---

7) 1990년 이후 공개 공연에 거의 참석하지 않던 덩리쥔은 1992년 파리에서 거행된 6·4 천안문사건 기념회에 참석했다. 여기서 그는 당시 홍콩에서 열린 학생지지 행사에 참여한 것을 후회한다고, 만일 자신이 참가하지 않았다면 천안문 광장의 그 많은 학생들이 무고하게 희생되지 않았을지도 모른다고 말했다.

동남아 중국어권 음악계의 여왕이었던 덩리쥔이 상대적으로 보수적이고 지방주의적이고 민족주의적 색채가 강한 일본 엔카계에서 큰 성공을 거두었다는 사실은 확실히 곱씹어 볼 만하다.

일본은 약 50여 년간 타이완을 식민 통치하였다. 2차 대전 기간 동안 일본은 타이완에 대한 사상적·문화적 통제를 강화하기 위해 황민화(皇民化) 운동을 추진하였다. 민간에서는 중국어를 금지시키고 일본어를 쓰도록 강제하였으며 대량의 일본 노래가 타이완으로 들어와 초중등 학교의 음악 교재로 쓰였다. 문화 방면에서는 중국 영화와 음악의 수입을 금지시키고 대신 일본 영화와 일본 대중음악을 유통시켰다. 1940년대 일본은 더 나아가 타이완에 콜롬비아 음반 회사를 세웠는데 이 회사는 2차 세계대전 이전 타이완 최대의 음반 회사가 되었다. 이때는 바로 일본 엔카가 주류를 차지하고 있던 시기로, 일본 엔카계의 여왕인 미소라 히바리(美空雲雀)도 일본 영화와 대중음악의 대대적인 수입에 따라 자연스럽게 타이완에서 가장 유명한 가수 중 하나가 되었다.

2차 세계대전 이전 타이완의 문화적 정체성은 줄곧 중국에 경도되어 있었는데, 황민화 운동은 타이완 문화의 '중국 경도' 경향을 '일본 경도'로 바꾸는 결정적 계기가 되었다. 당시 상하이를 중심으로 하는 중국의 유행가가 타이완에서도 여전히 상당 부분 영향력을 가지고 있긴 했지만 일본은 계획적으로 타이완에서 문화적 개조를 진행하였다. 콜롬비아 음반 회사는 일본 엔카 음반을 발행하는 외에 타이완에서 적지 않은 가수를 발굴하였다. 그들 노래의 대부분이 일본 엔카를 모델로 창작된 것이었다. 1930년대 이후 타이완에서 출생한 이들에게 엔카는 거의 타이완 대중음악에 관한 공통의 기억으로 남아 있다.

2차 세계대전 이후에는 중국 국민당이 일본의 수중에 있던 타이완을 차지하였다. 그로 인해 타이완의 문화적 일본 경도 현상이 어느 정도 바뀌긴 했지만 완전히 해소된 것은 아니었다. 세간에서는 여전히 대량의 일본 엔카 음반이 유통되고 있었으며 엔카의 영향력은 점차 타이완 본토 언어로 된 대중음악 속에 스며들며 부활했다. 한편 전후 일본의 경제는 빠른 속도로 회복했고, 50년간 식민의 뿌리가 내렸던 타이완은 늘 일본의 대중문화를 따라잡기 바빴다. 타이완 대중음악시장이 급속히 발전했던 1980년대에도 발표된 노래들 가운데 대부분은 일본 대중가요의 번안곡이었으며 엔카는 그 중에서도 큰 부분을 차지하고 있었다.

식민지시기 세 차례 황민화 운동의 세례를 거쳤던 타이완의 대중음악은 1980년대 후반에 다시 한번 일본 대중음악과 만나게 된다. 일본은 선진적인 음반제작 기술과 체계적인 저작권 개념, 서구 대중음악의 특징을 더 많이 흡수한 국가로 여겨졌다. 국민당이 엄격하게 사상을 통제하던 30여 년 동안 타이완에서 일본의 대중음악은 점차 훨씬 더 현대적이고 진보적인 문화적 사조이자 상징으로 자리 잡았다. 일본 문화를 추앙하는 타이완의 콤플렉스는 식민시대에 저도 모르게 타이완 문화 속에 뿌리내린 것이다. 중국어 음악권에서 최고의 인기를 구가하고 있던 1980년대 덩리쥔이 낯설고도 보수적인 일본 음악계로 결연히 진출했던 것도 그와 같은 숭일(崇日) 정서가 어느 정도 작용했음이 분명하다.

냉전 시대 정치 이데올로기적 차이와 대치로 인해 아시아 지역에서는 지극히 흥미롭고 풍부한 풍경들이 만들어질 수 있었다. 전후 일본은 전적으로 자유와 자본주의 경제를 발전의 핵심축으로 삼게 되었고, 영국 식민지 통상의 창구였던 홍콩은 혼혈경제를 특징으로 하면서 세계의 창구가 되었다. 이처럼 서로 다른 정치적 장에서 대중음악은 각기 상이한 산업 유형을 발전시켰다. 하지만 덩리쥔의 사례는 대중음악의 경제적 유형과 기초가 역사적으로 판이하게 다를지라도, 즉 식민에 대한 추억이나 전쟁의 상처, 그리고 이에 얽힌 민족 정서와 상관없이 그 모든 차이가 하나의 무대 위에 통합될 수 있음을 보여 준다.

또 하나 지적할 것은 덩리쥔의 성공이 다름 아닌 일본 음악계에 발딛고 있다는 것, 그리고 그녀의 인기가 일본 군국주의와 민족주의 색채를 띤 엔카를 통해서였다는 점이 중국과 타이완의 음악팬들 사이에서 각각 판이하게 다른 의미를 지닌다는 점이다. 타이완의 팬들에게는 일본 엔카를 열창하는 덩리쥔이 낯설지도 않고 곤혹스럽게 여겨지지도 않는다. 오히려 일부 사람들에게는 일본 식민시기 삶에 대한 기억의 편린을 불러오는 계기가 될 수도 있다. 마찬가지로 일본의 팬들에게도 타이완에서 온 가수가 일본 엔카를 부르는 것은 과거 타이완 식민에 대한 상상을 부추긴다. 일본 관광객을 주요 고객으로 하는 타이베이 시의 어느 사우나와 일본식당에서 늘 덩리쥔의 엔카를 틀어놓는 것도 그와 같은 역사적 식민에 대한 상상을 강화한다. 하지만 중국에서는 그와는 전혀 다른 역사적 상상의 메커니즘이 존재한다. 특히 중국의 관방은 2차대전 중 일본의 잔혹한 침략사는 절대 잊어버릴 수도, 없어질 수도 없는 일이라고 강조해왔는데, 덩리쥔이 바로 그 일본 엔카의 여왕이 된 것이다. 이처럼 반일정서를 가지고 있는 중국과 일본에 대해 식민적 향수를 가지고 있는 타이완 사이에 공유할 수 있는 정서가 존재한다는 건 불가능해 보인다. 따라서 양안의 냉전 역사에서 덩리쥔이 맡았던 역할을 분석할 때 '일본에서 성공한 덩리쥔'이라는 사실 자체가 탈냉전 시기 양안 간 이데올로기 투쟁에 또 다른 여지를 제공하게 된다.

3. 포스트냉전: 덩리쥔 현상의 해체와 재구성

사실 이것이야말로 1993년 덩리쥔이 일본 홍백가합전에 참가했을 때 타이완 매체가 의식적으로 덩리쥔을 무시했던 이유에 대한 부분적 해석이 될 수 있다. 1990년대 냉전에서 탈냉전으로 넘어가면서 아시아 각국 내부의 정치구조 자체가 거대한 변화를 겪었다. 개혁개방 정책을 실행한 지 이미 10년이 넘은 중국과 장제스, 장징궈(蔣經國) 우파독재정치가 종결된 타이완 사이에서 이데올로기 투쟁의 중점은 이제 '누가 정통 중국인가'라는 문제에서 '민족 정체성'을 둘러싼 '통일인가 독립인가'의 문제로 옮겨갔다. 1990년대 이후 타이완의 총통이 된 리덩후이(李登輝)는 이전의 정치 지도자들이 대개 1949년 국민당을 따라 타이완으로 건너온 것과는 달리 타이완에서 나고 자란 타이완 사람이었다. 그는 일본의 타이완 식민통치 시대에 어린 시절을 보냈기 때문에 중학교 전까지는 모두 일본식 교육을 받았다. 리덩후이는 대중국 정책에서 '서두르지 않고 인내한다'(戒急用忍)는 전략을 쓰면서, 경제적으로는 중국으로 서진한다는 전략 대신 동남아 지역으로 남진한다는 전략을 추진했다. 또 문화와 경제적 차원에서 최대한 중국에 대한 의존을 탈피하고자 했으며 국제적으로는 정식 독립을 최종 목표로 삼았다.

이러한 전략은 대중문화의 발전에도 상당한 영향을 주었다. 냉전 시기 양안 간의 대치는 국민당과 공산당, 즉 국공 간 대치의 연장선에 있었다. 덩리쥔은 국민당의 대중국 정치 선전의 주요한 도구이자 국공대치의 대표적 도구였지만 중국과 타이완 사이의 대치 도구는 아니었다. 덩리쥔은 자신이 중국인임을 강조했는데, 이는 탈냉전 시기 타이완 대중문화 속에서는 이미 유효 기간이 지난 것인 반면 중국공산당이 주장하는 '하

나의 중국 정책'에는 딱 부합하는 것이
었다. 따라서 '덩리쥔이 중국에서 인기
를 끌게 된' 현상으로부터 거리를 두는
것이야말로 리덩후이 정권이 추구했던
타이완의 민족독립 정책의 절차적 정의
에 부합하는 것이었다. 냉전 시기에는
'덩리쥔 현상'이 누가 '정통중국'인가를
두고 벌이는 합법성 쟁탈의 무대였지만
탈냉전 시기에 이르면 그는 더 이상 '민

덩리쥔의 묘지 '균원'(筠園)

족 정체성'이라는 명제 배후의 여러 가지 측면을 보여 줄 수 없게 된 것
이다. 특히 중국 관방이 덩리쥔의 중국에서의 영향력을 제한적이나마 인
정하면서 양안이 문화적 동근성을 가짐을 보여 주는 징후로 삼기 시작
하자 타이완은 의식적으로 덩리쥔을 망각하기 시작했다. 그것은 타이완
이 본토문화라는 새로운 목표를 설립하고 전통 중국문화라는 족쇄로부
터 벗어나고자 함에 따라 이르게 된 필연적 결과였다.

　더욱 흥미로운 것은 냉전이 종결된 이후 덩리쥔에 대한 중국의 반응
이다. 2009년 필자는 중국 필드조사를 하면서 상하이에서 1980년대 이
후에 태어난 신세대들을 인터뷰한 적이 있는데, 이들의 대중가요 수용
사에서 덩리쥔은 사실 일종의 '부재의 상태'로 존재하고 있었다. 중국 가
수 왕페이(王菲)[8]를 좋아하다 보니 덩리쥔의 노래까지 듣게 되었다는

---

8) 베이징 출신 가수 왕페이는 데뷔 초기 덩리쥔의 스타일을 모방함으로써 주목을 받게 되었다.
　1990년대 홍콩으로 진출한 그녀는 홍콩과 중국, 일본 각 지역에 적지 않은 팬들을 거느리게
　되었으며 아시아 중국어권 지역 대중음악의 황후라고 불렸다. 덩리쥔의 팬이기도 했던 왕페
　이는 덩리쥔의 장례식에 참석하기도 했다.

한 음악팬을 제외하고 나머지는 모두 덩리쥔을 '부모님 세대의 노가수'
나 '어른들이 좋아하는 가수'로만 묘사했다. 그들 대부분의 집에는 많은
적든 덩리쥔의 테이프나 포스터, 사진 등이 있다고 했지만 그것들은 대
개 그들의 할아버지나 할머니 혹은 부모 세대가 수집해 놓은 것이라고
했다. 어쨌든 분명한 것은 '집집마다 덩리쥔이 있다'는 사실 때문에 젊은
음악팬들은 비록 덩리쥔은 자신들과 같은 세대가 아니라고 누누이 강조
하면서도 덩리쥔의 노래는 상당히 많이 알고 있으며 덩리쥔에 대해 이
러쿵저러쿵 수다를 떨 수도 있을 뿐만 아니라 전혀 이질감을 느끼지 않
는다는 점이다.

　물론 신세대 음악팬들이 덩리쥔을 의심의 여지도 없이 오래된 노래
로 치부하는 것이 놀랄 만한 일은 아니다. 하지만 덩리쥔에 대한 그들의
공통기억으로부터 비롯되는 해석은 매우 흥미롭다. 모두 '포스트덩리쥔
시대'(즉 냉전과 탈냉전의 교차시기)에 출생한 이들은 대개 부모세대의
수집품을 통해 덩리쥔을 이해하는 것 외에 덩리쥔 사망 이후 매체에 실
린 보도나 덩리쥔의 평범치 않은 일생에 대한 세간의 해석들, 그리고 일
련의 덩리쥔 기념행사나 기념공연 등을 통해 덩리쥔을 이해하고 있었다.
'포스트덩리쥔 시대'의 덩리쥔에 대한 이러저러한 담론들이 모두 덩리
쥔에 대한 신세대 음악팬들의 공통 기억을 만들어 왔던 것이다.

　먼저, 왜 아버지 세대의 사람들이 덩리쥔을 좋아했을까라는 물음에
그들의 대답은 천편일률적이었다. 그들 대부분은 중국에서 덩리쥔의 영
향력은 전적으로 매체들이 만들어 낸 것에 불과하다고 여겼으며 그의
영향력이 지나치게 확대되었다고 강조하는 한편 관방이 왜 그처럼 덩리
쥔을 치켜세우는지 모르겠다고 대답했다. 다음으로 그들은 덩리쥔을 좋
아하는 사람은 대부분 농민공(農民工) 같은 노동계급이며, 교육 수준이

높은 엘리트나 중산층은 덩리쥔의 주요팬이 아니라고 여기고 있었다. 그들은 엘리트들에게 덩리쥔의 노래는 내용이나 형식이 모두 너무 보수적으로 느껴지고, 가사도 단조롭고 재미가 없으며 어떤 감흥도 주지 않기 때문에 교육 수준이 높은 음악팬들을 감동시키기는 어렵다고 강조했다.

덩리쥔 현상에 대한 신세대들의 이 같은 해석에는 몇 가지 모순이 존재한다. 첫째, 덩리쥔이 중국에서 인기를 얻기 시작한 것은 개혁개방 이후, 즉 1970년대 말부터 1980년대 초까지였는데 이 시기 중국에는 거의 노동계급, 즉 젊은이들이 말하는 농민공(農民工) 계급만 존재했다고 할 수 있다. 특히 문화대혁명을 거치며 이른바 지식인과 노동계급 사이의 경계는 더욱 모호해졌는데, 당시 노동계급 대중의 많은 수가 사실은 하방(下放)한 뒤 노동개조를 거쳐 노동자가 된 지식인들이었다. 1960년대 이후 출생한 중년 음악팬들의 기억에 의하면, 처음 덩리쥔을 듣기 시작한 열혈 팬들은 모두 문화대혁명 이후 새로 등장한 지식인들이었으며, 그 중 대부분이 1980년대 개혁개방 이후 중국 초기 문화열을 주도한 대학생들이었다. 이들 지식인들의 소개와 전파를 통해서 점차 더욱 많은 노동계급들이 덩리쥔의 음악을 접할 기회를 갖게 되었고 전 중국으로 퍼져 나갈 수 있었는데, 정확히 말하자면 이들 지식인은 당시 노동계급 신분이었다.

둘째, 중국의 매체들이 덩리쥔의 영향력을 지나치게 치켜세운다[9]는

---

9) 신세대들이 매체가 덩리쥔의 중요성을 과도하게 강조했다고 여기는 데는 사실 그럴 만한 근거들이 존재한다. 예컨대 1995년 덩리쥔이 사망했을 때 중국의 중앙방송은 전국연합방송 뉴스 시간에 이 소식을 보도했다. 또 중국이 이미 세계적인 경제 대국이 된 지금까지도 덩리쥔은 여전히 끊임없이 언급되고 있으며 중국중앙방송을 비롯한 주요 관방방송국 및 홍콩 봉황위성 TV 등이 모두 덩리쥔 기념 특집 프로그램을 제작방송하기도 하였다.

젊은이들의 해석 역시 그 원인을 추적해 볼 필요가 있다. 왜냐하면 1980
년대 덩리쥔의 노래가 세간에서 나돌 때 중국 관방은 그것이 퇴폐음악
이자 지대한 해악이라며 덩리쥔의 음악을 전면 금지시켰기 때문이다. 그
럼에도 불구하고 만일 신세대 음악팬들의 말대로 매체들이 정말로 덩리
쥔을 지나치게 치켜세운 부분이 있다면 이상한 점은 지금도 여전히 관
방의 통제를 받고 있는 매체들이 무엇 때문에 20년이 지난 지금에 와서
덩리쥔의 명예를 회복해 주었으며 또 관방은 힘써 그를 떠받들게 된 것
일까라는 점이다.[10] 또한 어른세대의 음악팬들에 대한 신세대의 해석,
그리고 중년세대 음악팬들의 자기해석 사이에 드러나는 단층은 현재의
문화적 기억이 어떻게 해당 사회와 역사적 변천에 의해 새롭게 구성되
며 또 다른 의미를 부여받게 되는가라는 더욱 흥미로운 문제를 제기한
다. 덩리쥔의 경우 그녀가 활약하던 시대는 마침 냉전이 가장 엄준한 때
였던 반면 그녀가 사망한 때는 또 냉전이 막 종결되고 탈냉전이 시작될
무렵이었다. 동아시아 모든 지역의 정치 국면에 미묘한 변화가 발생했으
며 그 변화는 덩리쥔 현상에 대한 서로 다른 진영의 해석에 반영되었고,
또 그 해석은 알게 모르게 각 지역 음악팬들의 덩리쥔에 대한 공통의 기
억으로 스며들었다. 특히 가수가 이미 떠난 상황에서 덩리쥔의 신변을
둘러싸고 발생한 종종 사건들은 덩리쥔의 과거와 현재의 궤적이 어떻게

---

10) 이러한 신세대 음악팬의 해석을 중년 세대 음악팬들의 덩리쥔에 대한 공통기억과 대조해
보면 흥미로운 단절이 발견된다. 젊은 세대는 덩리쥔을 좋아하는 팬들은 모두 교육수준이
비교적 낮은 농민공 계급이라고 생각하지만, 음악 잡지 『롤링 스톤』(Rolling Stone)의 책임
편집자인 하오팡(郝訪)의 기억에 따르면, 1980년대 덩리쥔을 좋아했던 사람은 주로 대학
생과 지식인이었으며 농민공은 당시 덩리쥔을 접촉할 기회가 전혀 없었다고 한다. 당시 지
식인에게 있어 덩리쥔은 그저 일개 대중가수가 아니라 1980년대 중국문화열의 중요한 상
징이었다. 중국 독립음악의 대부라 일컬어지는 줘샤오주쩌우(左小祖咒)는 덩리쥔을 '중화
민족의 위대한 인물'이라 일컬었다.

의미를 부여받게 되는가를 해석하는 데 중요한 자원을 제공한다. 서로 다른 지역에서 '덩리쥔을 어떻게 추억하며 기념하는가'라는 문제에 대한 심도 있는 고찰과 상호 참조를 통해 그러한 의미의 배후에 숨겨진 이데올로기와, 탈/냉전 시기 동아시아의 여러 가지 역사적 콤플렉스들을 더욱 잘 알 수 있다.

'포스트덩리쥔 시대' 중국 음악팬들의 심경을 더욱 복잡하게 만드는 현상이 바로 상업적 가치로 포장되고 전환되는 '덩리쥔의 유령'이다. 그 점에서 덩리쥔문교기금회(鄧麗君文教基金會)가 기획하고 진행해 온 각종 프로그램들은 흥미로운 각주가 될 만하다. 1995년 10월 14일에 성립한 덩리쥔문교기금회는 타이완군(軍) 소속의 중화 TV, 그리고 폴리그램 음반 회사 및 덩리쥔의 일본 매니지먼트 회사인 타우러스(Taurus) 음반 회사 등으로 구성되었다. 덩리쥔문교기금회 설립의 주요 목적은 그가 남긴 자산을 순조롭게 기금회에 신탁함으로써 타이완정부의 증여세 과다 징수를 피하는 것이었다.[11] 기금회 성립 초기 이 기구가 주최한 행사는 대부분 덩리쥔 팬들을 위해 매년 그의 기일에 추도 행사를 개최하는 것이었다. 하지만 2000년 이후 기금회의 운영은 갈수록 상업화되었다. 특히 타이완의 정치 판도가 점차 본토화로 기울고 국가 관념상 중국과의 차별화를 꾀함에 따라 덩리쥔문교기금회도 그 같은 사회 정치적 분위기 변화를 즉각 운영전략에 반영하였다.

2004년 기금회의 상업활동은 중국을 주요 타깃으로 삼은 것이었다.

---

11) 타이완 매체에 따르면 덩리쥔은 사후 수억 위안(元)의 판권수익을 남겼으며, 여기에 프랑스 파리와 홍콩의 부동산까지 더하면 전체 유산은 타이완 화폐가치로 10억 위안을 넘어설 것으로 추정된다. 또 그가 속한 일본 타우러스 음반 회사의 통계에 의하면 덩리쥔 사망 이후 판권수익은 매년 약 1천만에서 2천만 엔에 이른다고 한다.

「사랑해! 테레사」 공연 포스터

또 중국 상하이에 '리쥔문화회사'를 설립하여 덩리쥔과 관련된 저작권 등의 문제를 주로 담당하게 하는 한편 홍콩에는 'TNT제작회사'를 만들어 덩리쥔 관련 영상물 및 음반의 판매와 유통 계획을 담당하게 하였다. 이 두 회사의 주요 목적은 덩리쥔에 대한 공통의 기억이라는 자산을 포장하고 판매하는 것 외에 오랫동안 중국에서 거둬들일 수 없었던 그의 방대한 판권수익을 회수하는 것이었다. 두말할 필요도 없이 탈냉전 시기에 점차 완화되어 가는 것처럼 보이던 양안의 이데올로기 대결은 사실 자본과 상업에 의해 완전히 수렴되고 있었던 것이다. 과거 양안에서 덩리쥔을 둘러싸고 벌어졌던 크고 작은 일들——덩리쥔이 정치선전의 도구로 활용되었다거나, 1980년대 중국문화열을 촉발시켰다거나, 천안문사건에서 모종의 역할을 했거나 상관없이——은 모두 2010년 덩리쥔문교기금회가 상하이에 위탁 제작했던 대형 뮤지컬 「사랑해! 테레사」(愛上鄧麗君)[12]의 성대한 공연 이후 삽시간에 냉전사의 각주가 되어 버렸으며, '사랑'을 주제로 하는 뮤지컬[13]

---

12) 「사랑해! 테레사」는 덩리쥔문교기금회가 상하이 완자오펑국제엔터테인먼트(萬兆豐有限公司)와 홍콩의 송레이미디어(松雷傳媒有限公司)에 위탁 제작한 것으로 자본이 3천만 달러가 넘는 할리우드급 대형 오페라였다. 이 극은 2010년 홍콩 침사추이(尖沙咀) 극장에서 처음 상연되었으며 현재까지 세계적으로 900회가 넘게 상연되었다. 이 극의 각본은 리안 감독의 영화 「색계」의 각본을 맡았던 왕후이링(王蕙玲)이 썼다.

의 일부가 되어 버렸다. 그리고 그
비용은 광대한 중국 음악팬들이
치렀다.

일본에서 '포스트덩리쥔 시
대', '덩리쥔 현상'은 더욱 '신비화'
되었는데, 사실 신비화의 기초는
덩리쥔이 일본에서 활동하던 시
기에 이미 다져졌다고 할 수 있다.
덩리쥔이 일본에서 활동할 때 그
의 음반 회사는 덩리쥔의 일본 국
적 미취득 상황을 일종의 마케팅

일본잡지에 표지모델로 실린 덩리쥔

전략, 즉 덩리쥔에 대한 신비한 이미지를 만들어 내는 전략으로 활용했
다. 덩리쥔이 일본에 머물며 프로모션을 진행할 수 있는 것은 대개 1년
중 1~2개월에 불과했기 때문에 일본의 매체들은 덩리쥔의 삶에 대해 속
속들이 알기 어려웠다. 게다가 타이완 출신인 그의 일본어는 유창하지도
않고 표준어도 아니었기 때문에 일본에서의 인터뷰 기회 역시 상대적으
로 매우 적을 수밖에 없었다. 덩리쥔의 음반 회사는 그와 팬들 사이의 이
같은 거리를 이용해 덩리쥔에게 신비로운 제3자로서의 '정부'(情婦) 이
미지를 덧씌웠다. 이 이미지 덕분에 그는 일본 내 비슷한 류의 가수들과
의 차별화에 성공했다고 할 수 있다. 일본의 음악팬들은, 다른 일본 엔카

---

13) 「사랑해! 테레사」는 상하이 출신 한 음악가가 고된 삶을 살던 중 우연히 어머니의 소장품
　　가운데 오래된 덩리쥔의 음반을 발견하고 그 음악 속에서 새롭게 사랑의 힘을 깨닫게 된다
　　는 내용이다.

가수들의 경우 대부분 예술이 현실과 매우 긴밀하게 결합되어 있어 팬들로 하여금 도리어 현실에서의 아픔과 고난으로부터 벗어날 수 없게 만드는 반면, 덩리쥔은 현실과는 거리가 있지만 제3자인 정부의 이야기와 아픔을 나긋나긋 들려주기 때문에 덩리쥔의 노래에서 일본인 자신의 희로애락을 달랠 수 있는 여지를 더 많이 발견하게 된다고 강조한다.

이렇게 낯선 거리감은 또한 덩리쥔의 사망 이후 중국어권 지역에서 만들어진 놀라운 소식들이 일본에 전해질 때에도 적지 않은 놀라움을 야기하게 만들었다. 왜냐하면 일본의 팬들은 매번 정부(情婦)의 아픔만을 노래하던 이 타이완 출신의 가수가 타이완과 중국에서 그처럼 중요한 인물이었을 거라고는 꿈에도 생각해 본 적이 없기 때문이다. 일본 미디어들이 중국어권 지역들의 덩리쥔 사망 관련 소식들을 다투어 전하자 일본의 팬들은 중국어권 가요계에서 덩리쥔이 어떤 사람이었을까를 그려보게 되었고 위와 같은 신비감은 그 정도가 더해졌다. 그 위에 매체들이 퍼뜨리기 시작한 덩리쥔이 간첩이었을지도 모른다는 소문이 일본 세간에 더욱 떠들썩하게 회자되게 되었다. 매우 강한 냉전 이데올로기적 색채를 띤 '간첩'이라는 말 자체가 일본인들로 하여금 그토록 흥미진진하게 실체 없는 그림자를 뒤쫓도록 만들었다.

이러한 소문이 덩리쥔에 대한 일본 팬들의 상상과 이해 속에서 등장할 수 있었던 이유에 대해서는 한 가지 해석이 가능하다. 우선 덩리쥔은 일본에서 공연할 때 주로 중국 노래인 「님은 언제 오시려나」(何日君再來)를 불렀는데, 이 노래는 일찍이 일본 가수 리샹란(李香蘭, 혹은 야마구치 요시코[山口淑子])의 히트곡이었다. 리샹란은 일본의 중국 침략 시기 중국인으로 위장하고 인기를 끌었던 '만주국'의 가수로서 지금까지 줄곧 중국 침략 시기 일본이 중국에 파견한 간첩으로 여겨져 왔다. 바로 이

전기(傳奇)적 신분과 상상된 이미지가 타이완 출신의 신비로운 가수 덩리쥔에게 승계된 것이다. 일본에서 만들어진 감미로운 정부(情婦)로서의 덩리쥔 이미지는 일종의 역사적 감정의 전이작용이라 볼 수 있다. 이러한 감정의 전이는, 덩리쥔은 타이완이 중국에 파견한 간첩이라는 대칭적 관계를 만들어 낸다. 하지만 '일본은 과거 타이완을 식민통치했기 때문에' 이 일본 정부(情婦)의 종주국은 자연스럽게 일본이 된다. 덩리쥔이 타이완이 중국에 파견한 간첩이라면, 두 사람이 공통으로 부른 노래 「님은 언제 오시려나」를 연결하고 거기에 타이완 식민지배에 대한 일본의 역사적 상상까지 배합하면, 일본이 중국에 파견했던 간첩(리샹란)의 임무와 같다는 감정적 전이가 여기서 완성되는 것이다.

이 점은 덩리쥔의 신분에 대한 일본의 집착에서도 드러난다. 일본 공개 공연 중에 덩리쥔 본인은 자기가 중국인임을 부단히 강조했지만 일본에게 중국과 타이완은 엄연히 다른 두 개의 국가였다. 홍백가합전에 덩리쥔이 출연할 때도 자막에 표시된 국적은 시종 중국이 아닌 타이완이었다. 중국은 일본이 2차 세계대전 중 침략한 나라였기 때문에 중일 양국은 근대 아시아 전쟁사의 적대국일 수밖에 없지만, 과거든 현재든 타이완은 일본의 식민지였거나 후식민지라는 점에서 역사적으로 연결되어 있다. 덩리쥔이 일본에서 성공한 기간은 마침 아시아가 냉전에서 탈냉전으로 넘어가는 결정적 시기로서 일본 팬들이 덩리쥔에게 환호할 때 동시에 일본은 상상 속에서 중국의 수중에서 타이완을 쟁취하고 자신과 타이완의 관계를 다시 잇고 있었던 셈이다. 중국에서 덩리쥔의 성공이 냉전 시기 중국과 중화민국(타이완) 사이의 역사적 한 장이라면, 덩리쥔의 일본에서의 성공은 탈냉전 시기 타이완과 일본 사이의 역사적 한 장이라 말할 수 있을 것이다.

4. 맺으며: 같은 전선의 다른 상상 vs 같은 상상의 다른 전선

냉전에서 탈냉전으로 넘어가는 역사 속에서 우리는 덩리쥔이라는 대중문화 기호의 다단했던 운명을 보았다. 덩리쥔은 양안에서 냉전의 정치적 선전 도구로 공유되었고 일본에서는 타이완 식민역사에 대한 새로운 상상과 연계를 가능하게 했는가 하면 탈냉전 시기에는 타이완에서 추방(스스로 추방한 것이기도 하지만)되기도 했다. 그 추방은 주로 덩리쥔이라는 기호의 배후와 대(大)중국의식 사이에 복잡하게 얽혀 있는 관계에서 비롯되었다. 실제로 덩리쥔 사후 설립된 덩리쥔문교기금회의 주요한 상업적 활동은 모두 중국에서 진행되었으되, 덩리쥔을 둘러싸고 벌어졌던 모든 '다양한 소리'들의 의미는 냉전적 상황에 의해 규정된 정의(定義)를 벗어나기 어렵다.

중국에서 덩리쥔은 철의 장막 뒤에 은폐되어 있던 따뜻한 상상이자, 냉전으로 가족과 고향을 등지고 흩어진 이들의 풀 길 없는 향수였으며, 자유와 해방을 추구하되 영원히 가닿을 수 없는 원초적 고향이기도 했다. 일본에서 신비롭고 불확실한 신분의 덩리쥔은 흡사 정박할 항구가 필요한, 정박권을 얻기를 간절히 바라는 여인 같았다. 마치 일본이 무의식 속에 타이완에 대해 가지고 있었다고 여기는 역사적 주권을 이번 기회에 타이완에 대한 재식민 혹은 식민적 상상을 통해 다시 석방시키고자 하는 것처럼 말이다. 그런가 하면 타이완에서 덩리쥔은 반드시 국가를 위해 희생하고 충성해야 하는 전사나 군인처럼, 전쟁이 끝나자 전사(戰士)의 사당이나 전쟁박물관에 진열되어 버린, 드러내고 싶지 않은 냉전사의 흉터가 되었으며 심지어 당장 벗어나야 할 '대(大)중국의 족쇄'로 낙인까지 찍혔다. 그런가 하면 홍콩에서 덩리쥔은 해외로 흩어진 중국인들이 조국의 상실 속에서도 방향을 잃지 않게 해주는 피난처였다.

덩리쥔의 노랫소리는 냉전 이데올로기의 경계를 성공적으로 넘나들었던 것처럼 보이며 이는 냉전 당시의 상황 속에 놓고 보면 틀린 말은 아니다. 하지만 냉전이 종결된 후 30여 년간의 덩리쥔에 관한 여러 가지 일을 생각해 보면 그의 노래가 아시아 냉전의 역사를 한 번 더 반복해서 쓴 것에 불과함을 발견하게 된다. 그동안 이데올로기 때문에 사분오열된 여러 나라와 각종 경계들 안에 묻혀 있던, 혹은 각자의 이데올로기가 은폐해 왔던 역사적 원한과 감정의 굴곡들이 덩리쥔을 만나 갑자기 새롭게 수면 위로 떠올랐던 것이다. 각기 다른 지역에서 덩리쥔의 성공은 저마다의 역사적 기억의 상자를 열어젖혔다. 국공 간의 대결, 중일 간의 원한, 식민을 둘러싼 복잡한 감정들, 이산의 향수들이 경계심을 허물어뜨리는 덩리쥔의 감미로운 노랫소리를 따라 줄줄이 풀려났던 것이다.

마지막으로 하나 더 지적하고 싶은 것은, 냉전 아시아와 양안 대치의 역사를 돌이켜보면 치열해 보였던 이데올로기 전쟁이라도 그 뒤에서는 사실 적지 않은 정치적 묵계와 문화적 공식을 공유하고 있었으며 반대로 정치적 이데올로기 투쟁이 점점 사그라지는 것처럼 보이는 탈냉전 시기에도 그 아래에는 여전히 거센 파도가 출렁이고 사방에 위기가 매복해 있다는 것이다. 냉전 시기 양안 대치는 암묵적으로 하나의 무대를 공유하고 있었는데 그 무대는 양안이 하나의 중국에 속한다는 가설 위에 세워진 것이었다. 하지만 탈냉전 시기 타이완은 그 가설 자체의 와해를 주장하기 시작했다. 자세히 들여다보면 탈냉전의 주요한 전장은 과거 정치 이데올로기 논쟁에서 이미 경제 세력들 간의 쟁탈전으로 바뀐 것을 알 수 있는데, 중국이 부상하면서 타이완도 정통 중국의 합법성을 놓고 중국과 더 이상 싸우기 어렵다는 것을 깨닫게 된 것이다. 부득이하게 다른 길을 모색할 수밖에 없게 된 타이완은 다른 국가들과 더욱 많은 합종연횡을 시도함으로써 국가의 생존 공간을 개척하고자 했다. 대(大)중국의식과 점점 거리를 두고자 하는 타이완은 덩리쥔을 추방함으로써 양안이 모두 대중국에 속해 있다는 가설 위에 세워졌던 냉전 시기 역사를 망각하고자 한다. 하지만 그와 같은 정치적·문화적 단절이 중국에게는 오히려 일종의 도발처럼 여겨졌고 또 다른 투쟁의 장소를 연 셈이 되었다. 냉전의 역사는 결코 소련의 해체나 베를린 장벽의 붕괴를 통해 정치적 선언처럼 상징적으로 종결된 것이 아니다. 우리는 냉전에서 탈냉전에 이르는 '덩리쥔 현상'의 문화적 해석을 통해 '보이지 않는 이데올로기적 장벽'들이 여전히 문화적 장의 지속적인 투쟁을 통해 무궁무진하게 이어지고 있음을 발견하게 된다.

—— 김정수 옮김/임우경 감수

5장

탈/냉전 시기,
남한의 영화문화와 중국 영화 수용

5장 _ 탈/냉전 시기, 남한의 영화문화와 중국 영화 수용

오영숙

1. 탈/냉전[1] 시기

이 글은 냉전에서 탈냉전으로 옮겨가는 세계사적 변환기에 한국의 영화 문화가 맞이한 변화는 무엇이었으며, 중국 영화가 수용되는 과정은 어떠했는지를 추적하고, 그 방식과 맥락이 갖는 의미를 탈/냉전 현실의 대응 방식이라는 점에서 탐색해 보자는 목표를 갖고 있다.

1980년대 후반에서 1990년대 초반에 이르는 시기는 거대한 전환의 시기로 평가된다. 이 시기에 이르러 한국전쟁 이후 삼십여 년을 지속해 온 냉전 이데올로기와 대항이념이라는 틀이 사라지고 새로운 패러다임이 형성되기 시작했다는 것은 주지의 사실이다. 다중의 참여와 헌신에 의해 시작된 한국의 민주화는 1987년에 군부 권위주의 세력을 정치 일

---

1) 시기를 가리키는 경우에 있어서는 '탈냉전'이라는 말 대신에 '탈/냉전'이라는 용어를 쓰고자 한다. 지금도 여전히 현존하는 세계 유일의 공식적인 분단국가로 남아 있는 우리의 정황을 고려할 때, 단절이라 하더라도 전혀 상관없는 단절이 아니라 단절하고자 하는 대상을 강하게 의식하고 있다는 점에서, 연속과 단절의 의미를 동시에 지니고 있는 '탈/냉전'이라는 말이 보다 적합하다는 생각이다.

선에서 퇴출시켰으며, 1989년에는 소련과 동구권의 현실 사회주의가 붕괴하면서 냉전체제가 급격히 와해되고 있었다. 1992년 8월 24일, 한중 수교가 이루어질 즈음하여 당시 대통령이었던 노태우는 한 담화문에서, 한국과 중국의 수교는 "냉전시대의 마지막 유물인 동북아 냉전체제의 종식을 예고하는 세계사적 의미를 지니고 있"다고 평가하고 있었다.

그러나 이러한 평가가 실질적 내용을 담고 있는지는 논란의 여지가 많은 것이 사실이다. 공식적으로는 냉전체제가 종식되고 탈이념의 시대를 맞이하였다고 하지만, "죽은 줄 알았는데도 늘 되살아나는 유령"처럼 냉전의 잔재가 그 모습을 드러내던 시기가 이때였다.[2] 전후 한국 사회의 가장 큰 질곡의 하나였던 군사주의와 냉전 이데올로기 자체가 내용적으로 약화되고 있던 상황이라고 해도 국가보안법이 여전히 남아 있었고 이념갈등을 수단으로 삼던 권력투쟁은 쉽사리 사라지지 않고 있었다. 심지어 1990년대 초반에는 한국의 정치상황이 급격히 경색되면서 반공 체제의 억압적 틀마저 되살아나고 있는 형편이었다. 냉전의 시기가 끝났다고 하지만 사라진 것은 전면전의 전선일 뿐이고 현실은 아직도 겨울이었다. 혹은 봄으로 착각된 겨울이라고 해도 좋을 시기가 냉전기에서 탈냉전기로 가는 과도기였다.

그 한편으로 이 시기에 전면으로 등장하고 있던 것은 미국의 패권주의에 의해 진행되는 거침없는 자본주의에 대한 격렬한 분노이다. 1986년, 서방 선진국의 패권적 요구로 시작된 우루과이라운드(이하 'UR') 쌀 개방 파동을 거치면서 한국사회는 이른바 '무한경쟁시대'로 돌입하게 되고, 앞시대와는 성격을 달리하는 위기의 시대를 맞이하게 되었다. 신

---

2) 김준형, 「한반도의 유령」, 『프레시안』, 2012.2.29.

문과 방송들은 '무한경쟁시대'인 UR시대에 살아남기 위한 필수 생존대책이 '국제화'임을 매일마다 강조하곤 했지만, 그것이 확인시키는 것은 부끄러움을 모르는 자본주의 문화가 거침없이 증식되고 있다는 엄연한 현실이었다. '욕망의 해방구'이자 '자본주의 윤리의 사각지'라 불리던 압구정 문화가 무성하고 요란한 소문을 이끌며 신문과 잡지들에 연거푸 기사를 내보내기 시작한 것도 이때였다. 압구정 공간은 경제적 역량을 통해 남들로부터 자신을 구별시키는 차별화 문화의 본보기였다. 계급이동의 기회가 열려 있는 동시에 닫혀 있는 이 시대 계급구조의 특성과 사회의 정치경제적 모순을 그대로 드러낸 상징적 공간이 압구정이었다.

시대가 바뀜에 따라 영화의 질서가 달라지는 것도 당연한 일이다. 영화는 언제나 사회 속에서 특수한 의미와 기능을 발휘하는 문화적 현상이다. 이 시기에 영화문화가 보여 준 변화가 그 사회의 구조적 변동과 긴밀하게 연결되어 있음은 말할 것도 없다. 게다가 당시의 한국 영화는 존재론적 층위에서 극심한 동요의 와중에 있었다. 안으로는 개발독재와 군부독재 시대와는 달라야 할 자기 정체성에 대해 고민해야 했고, 밖으로는 새로운 적들과 대면해야 했다. 영화가 제도와 시장의 논리로부터 자유롭지 못한 것은 영화의 탄생 이후부터 줄곧 함께한 기본적인 전제이지만, 내면화된 냉전의식이 여전히 잔존해 있는 한편으로는 자본주의가 일대 약진을 이룩한 90년대에 이르면 영화계의 상황은 전시대보다 더욱 어렵고 혼란스러웠다고 할 수 있다. 국가통제로부터 시장이 해방되었지만 개인도 사회도 국가도 경쟁력을 갖추지 않으면 도태되는 자본주의 시대로 들어서면서 한국 영화는 오히려 위기에 직면하고 있었다.

그러나 위기는 또 다른 가능성의 시작이기도 하다. 당시의 영화현상은 영화-제도의 문제뿐만 아니라, 영화가 뿌리내리고 있던 사회적 토대와 현실상황, 앞으로의 전망에 대한 거시적이고 구조적인 고민과 인식의 출발을 보여 주고 있다. 이 글은 그 고민의 과정이 어떠한 것이었으며 위기에 맞서 어떤 형태의 태도와 전략을 취해갔는지를 살펴보고자 한다. 이는 탈/냉전 시기에 사람들이 공유했던 특정한 경험은 무엇이며 중요한 가치들은 무엇이었는지, 레이먼드 윌리엄스의 말을 빌리자면 당시 한국사회의 '감성구조'가 어떠했는지[3]를 당대의 영화문화를 통해 탐색해 보려는 시도이기도 하다. 특히 이 무렵에 이르면 새 시대에 대한 성찰의 기제이자 아시아적 정체성과 새로운 연대를 고민케 만드는 계기로서 영화가 비중 있는 역할을 수행하게 된다. 이 시기에 대중들이 획득한 영화 경험은 무엇이며 포스트 냉전 시기의 현실인식은 과연 어떠했는지, 한때 적국이었던 중국의 영화적 부상을 보면서 한국인은 어떤 참조점을 발견했는지를 추적해 보는 것이 이 글 앞에 놓인 과제이다.

2. 문화개방과 '스크린 올림픽'

냉전체제가 종식되고 있다는 조짐은 공식적이고 정치적인 선언들에 앞서 각종 다양한 문화교류와 인적 교류를 통해 먼저 실감되었다. 스포츠를 비롯하여 예술과 영화 등을 통한 교류는 한소수교(1990.9)와 한중수교(1992.8)와 같은 공산권 국가와의 수교가 이루어지기 이전부터 발빠르게 추진되고 있었다. 영화인들 간의 교류만 하더라도 1989년 12월부터 다음 해 1월까지 영화 「카투사」의 촬영팀이 소련 현지 로케를 다녀온

---

3) Raymond Williams, *The Long Revolution*, Harmondsworth: Penguin, 1965[한글판: 레이먼드 윌리엄스 지음, 『기나긴 혁명』, 성은애 옮김, 문학동네, 2007, 62~63쪽].

데 이어 「명자, 아키코, 소냐」가 소련에서의 올로케이션으로 제작되었다. 1988년에는 고화의 소설 『부용진』의 한국어판 출간과 함께 중국의 제3세대 영화인 시에진(謝晉) 감독의 「부용진」(1984)이 수입되었으며 1991년에는 시에진 감독이 정부 산하의 예술원 초청으로 내한하기도 했다. 또한 그동안 참여가 불가능했던 모스크바영화제에 임권택의 「아제아제바라아제」가 출품되어 최우수 여배우상을 수상하였으며 한국과 소련의 영화수출 계약이 맺어지는 등, 일련의 탈냉전적 조짐들이 목격되고 있었다. '결혼식만 남겨 놓은 사실혼 관계'라는 비유가 나올 정도로[4] 수교가 이루어지기 수년 전부터 한소-한중 사이의 협력관계 역시 긴밀화되어 '준(準)외교관계'가 성립되어 있는 형편이었고 인적 물적 교류 면에서 급속한 진전을 이뤄오던 상황이었다.

냉전에서 탈냉전으로 시대가 전환되고 있음이 대중들에게 가시적으로 드러나기 시작한 본격적인 해는 1988년도이다. 88서울올림픽은 80년의 모스크바올림픽이나 84년의 LA올림픽과는 다르게 동서 양 진영의 국가들이 함께 참여하는 이른바 '화해'의 올림픽이라는 점이 이슈가 되었고, 전두환 정권은 국제사회로부터 정권의 정통성을 인정받고자 올림픽을 적극 활용했다. 그에 따라 88올림픽이 스포츠 행사이기 이전에 '문화적 행사' 내지 '문화올림픽'임을 강조하는 홍보전략이 국가 차원에서 대대적으로 이루어졌다. 정부는 동유럽 등 미수교 국가의 예술작품의 수입을 개방한다는 발표와 함께, 올림픽문화예술축전에 체코슬로바키아를 비롯한 동유럽 사회주의 국가와 소련의 공연예술단이 참여한다는 소식을 널리 알렸다. 덕분에 88올림픽은 경제성장의 결실이자 민주화 운

---

4) 「한중 수교 빨라진 발걸음」, 『동아일보』, 1992.4.14.

동의 확산이 낳은 결과이면서 동시에 한국사회가 개방되고 있음을 알리는 기폭제처럼 보일 수 있었다.

대중적인 매체인 영화는 다른 어떤 것보다도 사회주의권 국가와의 문화교류가 가장 활발하게 이루어지고 있는 분야였다. 올림픽 기간에 맞춰 소련과 체코, 헝가리, 폴란드와 같은 동구권의 영화를 선보인 '우수외화시사회'는,[5] 정부 주도하에 공산권 영화를 처음으로 공개했다는 점에서 화제를 불러일으켰고, 영화팬들의 관심만이 아니라 변화를 겪고 있는 동구권의 현실을 가늠해 보고자 하는 대중들의 관심까지 유도해 내었다. 영화인이나 일부 관계자만이 관람할 수 있다는 제한 사항을 두어 일반 관객의 참여는 어려웠을 뿐만 아니라 영화제에서 상영되는 영화들의 대부분이 본격적인 사회주의 영화라기보다는 사회주의 체제에 반하는 입장을 취하고 있는 영화들이었지만, 그들이 한국에서 공개된다는 사실 자체만으로도 화젯거리일 수 있었다. 오랫동안 우리에게 철저히 가려진 금단의 땅이었던 소련과 동유럽에 관한 정보를 서방 언론이나 선전 기관을 거쳐서만 전달받던 전시대에 비해 놀라운 변화가 아닌가라는 취지의 신문기사들이 올림픽을 전후하여 다량으로 쏟아져 나왔고 자연스레 서울올림픽은 '스크린 올림픽'이라는 별칭을 부여받게 된다. 당시 탈냉전 분위기를 전면화시키는 것은 제5공화국의 주요 정책임이어서, 탈냉전

---

5) 당시 상영된 작품에는 칸영화제의 여우주연상과 아카데미 외국어영화 작품상을 수상한 「오피셜 스토리」(아르헨티나, 1985)를 비롯하여 각종 영화제에서 수상한 작품들이 포함되어 있었다. 그 중 공산권 국가의 영화로는, 85년 모스크바 영화제에서 IFF상을 수상한 「수술용 메스」(체코, 85년작), 88년 체코 IOC상을 수상한 「나는 왜?」(체코, 87년작), 87년 베를린 영화제에서 작품상을 수상한 「주제」(소련, 79년작)와 「차이코프스키의 일생」(소련, 84년작), 85년 모스크바 영화제 은상 수상작인 「기적」(유고, 84년작), 85년 칸영화제 영시네마상을 수상한 「어제」(폴란드, 84년작) 등이 상영되었다.

의 시대의 개막이 공식적으로 선언되고 있었고, 전 국민 또한 변화된 분위기를 실감하고 있던 터였다.

사회주의권 영화가 일반 극장에서 정식으로 관객을 만나기 시작한 것도 이 무렵의 일이다. 이미 1986년에 수입자유화가 시행됨으로써 공산권 영화들이 별다른 제재 절차 없이 일반인들에게 상영될 수 있는 기반이 마련되었다.[6] 1988년에 수입되어 상영한 소련의 「전쟁과 평화」와 중국·홍콩의 합작영화 「서태후」가 공연윤리위원회의 수입 심의를 통과한 첫 사례였으며, 그 뒤를 이어 소련의 「모스크바는 눈물을 믿지 않는다」와 유고슬라비아의 「아빠는 출장 중」, 중국의 「마지막 황후」 등이 일반 극장에서 상영될 수 있었고, 그 외에도 6~7편의 사회주의권 영화가 수입되어 공륜의 심의를 마친 뒤 개봉을 기다리고 있었다. '제2의 수입영화 시대'를 맞고 있다는 말이 나올 정도로 공산권 영화의 국내 수입이 활발하게 진행되었다고 할 수 있는데, 그 실질적 내용의 여부와 상관없이 공산권 영화의 수입이 본격적으로 추진된 것 자체가 일반 언론이나 대중들에게 하나의 사회적 이슈이자 놀라움으로까지 다가온 듯하다. 일본 영화의 개방이 부침을 거듭하며 미뤄지고 있던 상태였기에 더욱 그러할 수 있었다. 얼마 전까지만 하더라도 적국이었던 "두 나라의 영화를 서울에 앉아 보게 됐다는 것은 냉전체제에 숙달된 우리에겐 하나의 경이"[7]라고도 했다.

---

6) 1980년대 후반에는 공산권 영화들이 수입되어 소규모의 극장에 단관 상영되는 경우가 그리 드물지 않았다. 국제영화제에서 수상한 작품들의 많은 경우가 유럽의 비공산국가에게 판권이 있었기 때문에, 영화관계자들이 국제영화제를 방문하거나 현지 영화시장에서 직접 사들여 오는 것이 가능했다.

7) 「횡설수설」, 『동아일보』, 1988.7.23.

그러나 공산권 영화의 수입 자체를 가리켜 실질적인 탈냉전적 사유를 담고 있다고 말하기는 힘들다. 정부는 건국 이래 금기되어 온 공산권 문화의 수입 개방을 결정한 방침에 대해 "문화계도 보다 폭넓은 문화수용에 대한 욕구가 증대되고 있"기 때문이라고 설명했지만, 수입이 가능한 공산권 영화는 '이데올로기를 선전하거나 퇴폐적이지 않은' 작품들로 국한되었으며, 그나마도 사회주의에 대한 비판적 입장을 취하고 있는지 여부를 판단하는 검열을 통과해야만 상영될 수 있었다. 실제로도 당시 수입되거나 대중들에게 공개된 공산권 영화들의 대부분이 1980년대에 국제영화제에서 검증된 뒤에 수입된 이른바 예술영화들이었고, 사상성 시비의 여지가 거의 없거나 오히려 사회주의 체제에 반하는 영화로 읽혀질 여지가 있는 작품들이 태반이었다. 영화들 판권의 대부분이 미국의 배급회사나 유럽 또는 일본 영화사와 같은 제3국이 확보하고 있어 제작당사국과의 직거래와는 무관한 형편이었다.[8]

한편 영화계에서 공산권 영화의 수입이 본격화된 데에는 영화계의 반할리우드 분위기가 한몫했음을 부인하기 어렵다. 공산권 영화의 수입은 미국영화 직배의 본격화와 극장가의 '할리우드 편식'에 대한 대안이라는 전략적 의미를 무시할 수 없다는 얘기이다. 1988년은 미국영화의 한국 직수입이 본격화되던 해였고, 그에 따른 우려가 영화계 전반에 걸쳐 공유되던 상황이었다. "미국업자가 국내 영화관을 장악한 다음에는 영화법을 개정한다 해도 영화산업의 사회적·문화적 기능을 되살려내는 노력이 실효를 거두기 힘들다"는 한 감독의 토로가 나올 정도로 한국 영화계에는 위기의식과 절망감이 팽배했다. 미국영화의 지배구조를 벗어

---

8)「붉은 수수밭」의 경우도 1988년 당시 판권을 가지고 있던 것은 일본 도에이 영화사였다.

당시 이 영화는 "모스크바발(發) '이데올로기'가 배제된 감동의 러브스토리!"라는 문구로 홍보되었다.

나고 한국 영화의 자생력을 확보하기 위한 영화정책에 관한 논의가 분분했는데, 유럽을 비롯하여 동유럽이나 중국, 제3세계 영화 등 다양한 문화권의 영화 수입 정책은 당시 한국 영화의 위기를 타개하기 위해 모색된 제안들 중 하나였다.[9] 할리우드나 홍콩 영화들에 비해 상대적으로 저렴하다는 것은 또 다른 이점이었다.

소련과 동구권의 영화들이 막상 공개되었을 때 그것이 텍스트적 차원에서 우리에게 의미심장한 충격이나 영향력을 행사했다고 말하기도 어렵다. 「모스크바는 눈물을 믿지 않는다」(블라디미르 멘쇼프, 1980)는 제3국을 통해 수입되어 1988년에 개봉된 소련 영화였다. 6,900만 명의 관객을 동원한 소련 최고의 흥행작이자 소련 영화의 최초 개봉이라며 입소문을 많이 탔지만, 정작 영화 자체에는 소련 영화라고 할 만한 특이성 내지는 사회주의적 미학이나 서사를 찾기는 힘들었다. 노동자의 '손'이 갖는 긍정적 함의가 영화 안에 녹아 있긴 했지만 그것은 어디까지나 암시적인 수준에서 그러했을 뿐이었고, 세 여자가 사랑과 일, 행복을 찾아가는 과정을 담아낸 이 영화는 오히려 할리우드 멜로드라마와

---

9) 「미국영화 한국 직수입 본격화」, 『한겨레』, 1988.7.21.

크게 다를 바 없는 모양새로 다가왔기 때문이다. 더군다나 이 영화가 아카데미 외국어 영화상의 수상작으로 지목되었음에도 불구하고 정작 감독 자신은 정치적인 문제로 소련 밖으로 나갈 수 없어 시상식에 참석하지 못하였다는 소식이 함께 전해지면서, 이 영화는 오히려 사회주의에 반하는 반체제 영화로 받아들여질 여지조차 있었다.

「아빠는 출장 중」(에밀 쿠스트리차, 1985) 역시 사정은 크게 다르지 않았다. 1985년 칸에서 황금종려상을 수상하고 1988년에 개봉된 동구권 영화였지만, 반공영화로 오해하는 사람이 있을 정도로 체제 비판적 성격이 강한 작품이었다. 당시 한 평론가는 "이 영화들은 사상의 선전물이어서가 아니라 자기들 사회의 모순과 그늘을 신랄하게 비판하는 점에서 놀라웠다. 사회비판의 심도는 생각보다 깊었다"고 말하고 있을 정도였다.[10] 영화소재 제한이나 검열에 익숙했던 국내 영화인들이 볼 때 동구권 영화의 이러한 비판의식은 다소 의외였을 것이다.

결과적으로 당시 수입된 사회주의권 영화들에서 자본주의 국가의 영화적 속성과는 다른 그 무엇을 발견하게 되리라는 대중들의 기대감은 그리 충족되기 어려웠다. 별다른 홍보 없이 단관에서 잠시 개봉되었다가 내리는 경우도 많았기에 사회주의권 영화들 자체가 대중들의 큰 호응을 얻었다거나 사회적인 주목을 받았다고 말하기도 어렵다. 동구권 영화에 대한 호기심은 있으되, 그것이 호기심 이상을 넘어서서 우리 영화에 참조점을 제공할 만한 위치에 놓여 있었다고 하기에는 무리가 있었다고 할 수 있다. 그저 사회주의의 사망과 자본주의의 승리를 새삼스레 확인

---

10) 「본격 수입되는 공산권 영화 「서태후」 등 이어 동구권 작품 잇딴 계약 추진」, 『한겨레』, 1988.8.4.

하는 계기 정도로 머물고 있었다.

심지어 동구권 영화는 미래의 한국 영화가 치러야 할 전쟁을 앞서 겪고 있는 사례로 비춰지기도 했다. 그리고 할리우드로 대변되는 거대 영화자본과 맞서야 했던 영화인들에게 동구권 영화가 전해 주는 '전쟁'의 추이는 다소 절망스러운 것이었다. 개방된 동구권에 할리우드 자본의 영화복합관이 수없이 세워지고 있고, 스티븐 스필버그의 영화와 람보, 배트맨, 톰 크루즈의 모험과 사랑이 그곳의 영화관을 가득 채우고 있다는 소식은, 이제 할리우드와 본격적인 시장대결을 앞두고 있는 한국 영화계에게는 차라리 절망스런 것이었다. "천하대란에 빠진 폴란드, 경제적으로 파산한 체코, 아무것도 알 길이 없는 유고슬라비아, 전망을 잃어버린 헝가리, 모두 영화적으로는 아무런 결산 없이 새로운 1990년대를 맞이하고 있"[11]던 상황은 이제 곧 할리우드에 잠식당할 한국의, 더 나아가 아시아 영화의 운명을 예견하는 것이기도 했다. 미국영화와 동구권 영화 사이의 힘겨루기는 문화적 정체성이나 이데올로기적 관심사를 건드리는 문제이기 이전에 일차적으로는 산업적인 경쟁으로 거론될 수밖에 없는 성질을 지니고 있었다.

3. 중국 영화의 부상과 열광

수입개방 시대를 맞아 국내에 들어온 사회주의권 영화들 가운데 단연 화제는 중국 본토의 영화이다. 소련이나 동구권 영화들에 비한다면 중국 영화가 한국 관객에게 갖는 의미는 남다른 것이었다. 비록 수교 이전에

---

11) 정성일, 「독자라는 동지들에게 해피 뉴 이어!」, 『로드쇼』, 1991. 1, 7쪽.

왼쪽은 시에진 감독, 오른쪽은 영화 「부용진」의 한 장면.

수입된 까닭에 이들 영화의 수입경로를 보면 모두 일본이나 미국 등 제3국을 통한 간접교역 방식이었지만[12] 본격적인 중국 영화가 국내에 들어왔다는 것 자체가 이슈거리가 되었다. 한국에 처음으로 선보인 중국 영화는 「서태후」(西太后)나 「삼국지」(三國志)와 같은 외국합작영화이거나 「마지막 황제」(末代皇帝)처럼 TV영화에 불과했지만, 곧이어 중국 3세대 감독인 시에진이 만든 「부용진」을 비롯한 본토 영화가 한국관객에게 소개되면서 큰 주목을 끌게 된다.

---

12) 제3국을 통하지 않고 한국과 중국 간의 직접 계약에 의한 수입이 가능하게 된 것은 장예모 감독의 영화 「국두」(菊豆, 1990)에 이르러서의 일로 한국의 대종필름과 중국 영화 출입공사의 교류 계약에 의해 정식 수입되었다.

1) 풍문 속의 '중공영화'

외부에 좀처럼 모습을 드러내지 않았던 '중공영화'가 세계영화계에 그 모습을 드러내기 시작한 것은 1980년대에 이르러서의 일이다.[13] 이 시기부터 한국에도 중국의 영화계나 영화시장에 관한 정보가 간간이 전해졌는데, 그 정보들은 대부분 문화개방 이후 '중공'의 영화산업이 질량 면에서 획기적인 도약기를 맞고 있다는 것을 주요 골자로 하고 있었다. 1976년 문화혁명 말기 때만 해도 영화를 거의 제작하지 않던 '중공'이 1981년에는 1백 편 이상을 제작하고 1백억 명의 관람객을 동원했다는 소식, 정부의 개방정책 추진에 힘입어 주제와 소재의 다양화가 이룩되는 등 괄목할 만한 성장을 보이고 있으며 영화의 내용도 크게 달라져서 "사랑 이야기와 같은 경우는 아직도 반(反)애국적이고 반(反)사회주의적이라는 배척을 받고 있기도" 하지만, "정치적 색채가 화면에서 사라지고 있"다는 것,[14] "정치선전의 도구로 이용되던 중공의 영화와 TV가 최근 순수예술과 리얼리즘을 추구하는 등 문화적 개방추세를 보이고 있"으며, "TV 내용이나 영화도 극좌주의 선전에서 탈피하여, 일상적인 삶의 고통, 남녀 간의 사랑 등을 다루기 시작"[15]했다는 등의 소식이 심심치 않게 전해져 오던 터였다. 월간 영화잡지 『인민영화』가 920만 부나 발행되었을 뿐만 아니라, 발매되기가 무섭게 매진되고 있으며 문화혁명 전에 폐지됐

---

13) 중국이 문화혁명 이후의 부정적 이미지를 정치적·문화적으로 바로잡겠다는 의도로 1981년부터 1984년까지 매년 베를린에 출품하기 시작했고 1982년에는 처음으로 칸 국제영화제에 「아큐정전」(阿Q正傳, 셴 판 감독)을 출품했다. 「고향 북경의 추억」이 1983년 마닐라 국제영화제에서 최우수작품상을 수상하고 1984년도 아카데미영화상 외화부문에도 출품되었으며, 일본과 합작한 영화 「바둑사범」이 몬트리올 세계영화제의 최우수작품상을 획득했다.

14) 「중공영화 질과 양서 큰 성장」, 『경향신문』, 1982.6.7.

15) 「중공TV·영화 '정치색' 퇴조」, 『경향신문』, 1984.3.8.

던 각종 영화상이 부활되는 등 일련의 영화붐이 일고 있다는데, "이러한 일은 불과 수년 전만 해도 꿈도 꿀 수 없었던 일"[16]이라고도 했다. 1984년에는 일본 대영 영화사와 중공의 중국전영이 공동 제작하는 합작영화 「둔황」(敦煌)이 제작된다는 소식은 이제 더 이상 놀라울 것도 없는 것이었다.[17]

또한 자본주의 문화와 미국영화의 개방으로 인한 변화된 면면들도 심심치 않게 전해졌다. 「람보」(First Blood, 1982)와 같은 미국의 문화상품들이 중국에 진입하여 크게 인기를 끌고 있다거나, 북경 청소년들이 미국의 TV영화시리즈인 「게리슨 유격대」(1967)를 흉내내어 군수품을 훔치다 징역형을 선고받았으며[18] 군기관지 『해방군보』의 사장과 해방군 총정치부 부주임이 포르노 영화를 즐긴 혐의로 해임됐다는[19] 등의 소식이 AFP통신이나 홍콩, 대만, 유럽의 특파원들을 통해 간간이 전해졌다. "자본주의가 사회주의보다 훨씬 자유스럽고 번영을 구가하고 있기 때문에 중공의 젊은층에서 사회주의에 대한 회의가 심화되고 있"[20]다는 것, 이제 "중공영화는 편협하고 잘못된 당과 관료행정기구까지도 통렬하게 비판하도록 하는 여유를 가지고 있"으며, 이렇듯 "자기나라의 체제비판을 허용하고 있는 것은 오늘날 공산주의 국가의 모든 나라에서 볼 수 있는 현상"이라고도 했다. 중공영화의 모든 개혁의 배경의 상황을 이루어온 것이 중공의 사회적 개방이며, 이러한 개방 노선은 더욱 확대 심화해

---

16) 「중공영화 획기적 도약」, 『동아일보』, 1982.6.7.
17) 이노우에 야스시(정상정井上靖)의 원작 「둔황」을 영화화하는 것으로, 중공과 일본 배우들이 출연하였으며, 실크로드의 요충지인 둔황에서 현지 로케가 진행되었다.
18) 「중공청소년들도 미TV영화 흉내」, 『경향신문』, 1981.7.8.
19) 「중공 『해방군보』 사장 등 포르노 즐기다 해임」, 『경향신문』, 1985.3.22.
20) 「중공서 고개 드는 나찌 망령」, 『동아일보』, 1982.12.17.

가고 있는 중이라는 것이다.[21] 대부분의 풍문들은 이처럼 사회주의의 몰락과 미국으로 대표되는 자본주의의 승리를 알리는 말들로 채워졌다고 할 수 있다.

2) 중국 5세대 영화, 그 열광과 오해

무수한 풍문들에 싸여 있던 중국 영화의 실체를 한국의 대중들이 직접 확인할 수 있게 된 계기는 5세대 영화를 통해 주어졌다. 그리고 중국의 5세대 영화가 전해 주는 실상은 사회주의 문화의 몰락을 알리던 그간의 풍문들과는 사뭇 거리가 있는 것들이었다. 천카이거가 「황토지」로 1985년에 뉴욕영화제와 칸영화제, 런던 필름페스티벌에서 두각을 나타낸 것에 뒤이어 장예모 역시 1988년에 「붉은 수수밭」이 베를린 영화제에서 그랑프리를 수상하면서 자신의 존재를 알려 왔다. 1988년 한 해에 5세대 감독의 영화들이 칸-베를린-뉴욕의 영화제에서 동시다발적으로 수상하면서 세계영화사의 문법을 새로 쓰고 있다는 평가를 받았고[22] 그 이후로도 국제영화제들이 제5세대 영화들에 대해 환호를 보내고 있는 형편이었다. 매우 빠른 속도로 80년대 후반에 이르면 5세대 영화는 중국 영화를 대변하게 되었고, 비서구영화의 존재방식에 관한 논의에서 피할 수 없는 이름이 되어 버렸다.

　　중국 5세대 영화에 대한 한국 영화담론의 반응은 뜨거웠다. 세계영

---

21) 이영일, 「개방과 개혁—오늘의 중공영화: 국제영화제를 통해서 본 중공영화의 위상」, 『영화』, 1988.5.
22) 5세대 감독 및 비슷한 계통의 대만감독들이 많은 상을 휩쓴 곳은 베니스였다. 1989년에서 2007년까지 중국 본토와 대만을 합쳐 황금사자상을 이례적으로 6차례 수상했으며, 은사자상 및 다른 상들 역시 수상했다.

1988년 베를린영화제에서 금곰상을 수상한 직후의 장예모(좌)와 한국에서 출시된 「붉은 수수밭」의 비디오 자켓 사진(우).

화제의 향방을 진단하고 그 움직임을 비평적으로 해독해 보려는 노력에 힘입어 중국 영화에 관한 담론들은 빠르게 확장되어 나갔다. 중국어권 영화들(중국, 대만, 홍콩)이 세계영화제 그랑프리를 휩쓰는 놀랄 만한 이변을 일으키게 된 것은[23] 할리우드의 상업주의나 유럽예술영화의 매너리즘에 비해 영화언어의 새로운 가능성을 보여 주기 때문이라는 식의 말들이 무성했다. 그들이 이룬 영화적 성취를 일컬어 "이탈리안 네오리얼리즘도, 프랑스의 누벨바그도, 일본의 쇼오찌꾸 뉴웨이브도, 독일의 오버하우젠 세대도 해내지 못한 일이"[24]라고도 했다. 중국 영화가 이미

---

23) 93년 2월에 열린 베를린영화제에서는 중국의 여류감독 시에 페이의 「황혼녀」와 대만의 이안의 「결혼식 피로연」이 나란히 그랑프리를 수상했다. 같은 해 5월에 열린 깐느영화제에서는 천카이거의 「패왕별희」가 그랑프리를 받았고, 심사위원 특별상은 대만의 허우샤오시엔의 「희몽인생」에 돌아갔다. 그해 8월에는 베니스영화제에 장예모의 「화혼」이 출품되었으며, 그는 이미 베니스영화제에서 「홍등」으로 감독상을, 「귀주 이야기」로 그랑프리를 수상한 바 있다.
24) 정성일, 「중국권 영화의 급부상: 93 베를린·깐느영화제 그랑프리 차지」, 『영화』, 1993.7.

세계영화의 중심으로 자리 잡고 있는 듯한 인상을 줄 정도로 이들에 대한 영화계의 반응은 열광적이었다.

중국 영화가 세계영화계에 가시적으로 부상하기 이전부터 중국에 관한 크고 작은 관심은 있어 왔고, 특히 '중공'이 문화적으로 개방되고 있는 구체적인 정황에 대해서는 많은 이들이 궁금해했기 때문에 5세대 영화에 관한 논의는 좀더 열띤 형태로 진행되었다. 영화진흥공사가 발행하는 저널 『영화』지는 1988년에 발빠르게 '중국 영화의 변천과 현황'이라는 특별 기획을 마련하였고, 매 호마다 중국 영화에 관한 글을 실었다. 그러한 글 중의 하나는 1938년에 팔로군 총정치부의 지도하에 '시안영화공작대'를 조직한 것을 시작으로 하는 '중공' 영화사를 5시기로 나누어 통시적으로 소개한 뒤에, 제5세대 영화감독의 시작과 전개 과정을 집중적으로 기술하고 있다. 현재의 중국 영화의 위상을 소개한다는 목적하에 쓰여진 글이지만, 여기에는 객관적인 사실 기술을 넘어서 뜨거운 찬사와 열광이 전면에 등장하고 있다.

새로운 중공영화를 창조해 내겠다고 단언해 보이는 그들. 영화작품을 통해 실천적으로 세계에 도전해 오는 대륙인들. 그리고 그들의 삶에 대한 사고의 무게와 깊이는 외부인의 해석과는 무관하다는 듯이 작업을 계속 진행해 가고 있다. 「황토」가 첸케이지의 희망을 그려놓은 것이지만, 우리는 그가 「황토」를 통해 이야기한 것보다, 「황토」라는 텍스트를 만나야만 할 것이다. 그리고 나서 첸케이지라는 한 감독을 생각해 보고, 80년대를 이끌어가는 문화적 환경을 생각해보는 것이 게임의 법칙일 것이다. 그러나 아직은 작가에 대한 접근과 텍스트에 대한 경험 사이에 부재하는 공간이 크다. 하여튼, 중공의 젊은 영화감독들은 암흑이기보

천카이거가 감독한 「황토지」의 한 장면

다는 해뜨는 여명에 서 있는 인내할 줄 아는 예술가로 우리에게 다가오고 있다.[25]

위 글에서 인상적인 부분은, 비록 중국 영화의 실제 제작 환경이나 맥락에 대한 정보 부족으로 단언하기는 어렵다 해도, 다른 사회주의권 영화와는 달리 중국 영화는 오히려 희망의 시대를 맞이하고 있다고 강조하는 대목이다.

소련과 동구권 영화들이 할리우드의 승리와 지역 영화계 잠식이라는 우울한 소식과 더불어 전해졌던 것에 반해, 5세대 영화는 할리우드를 비롯한 서구의 영화미학에 맞섬과 동시에 그들을 능가하는 존재로 받아들여지고 있다. 뿐만 아니라 사회주의에 반하는 반체제적 입장이나 탈정

---

25) 장진경, 「중공영화의 어제와 오늘」, 『영화』, 1988.5, 56쪽. 인용문의 「황토」는 「황토지」를, '첸 케이지'는 '천카이거'를 말한다.

치적 맥락으로 읽혀지곤 했던 소련이나 동구권 영화와는 달리, 중국 영화에서는 사회주의적 면모를 상대적으로 더 많이 담고 있는 것으로 받아들일 여지가 있었다. 다소 애매한 구석이 있긴 했지만 「부용진」은 관료주의에 맞서는 민중들의 눈물로 읽혀질 수 있었고 「황토지」나 「붉은 수수밭」은 너른 대지와 집단성에 토대하고 있는 중국식 사회주의가 반영된 영화들로도 보일 수 있었다. 「붉은 수수밭」의 국내 상영 당시에, 공산당에 입당했다는 대사가 국민당에 입당한 것으로 자막이 바뀌는 해프닝도 있긴 했지만,[26] 그럼에도 이 영화는 인민이나 민중의 힘을 부각시키면서 사회주의적 문제의식이 여전히 유효한 것이라고 생각할 수 있는 여지를 제공했다. 천카이거의 영화 「황토지」는 "중국의 현 상황에 대한 가장 예민할 수밖에 없는 정치적 주제의 끈질긴 파헤침과 독특한 회화적 구도와 색채 연출로 구성된 화면"[27]을 지닌 것으로 인식되었다. 정치적 문제의식을 보여 주되 그것을 예술영화의 형식 안에 담아 표현하는 영화, 개인적 작가성과 집단의식이 이상적으로 결합된 영화, 국가나 민족의 자기정체성에 대해 질문하는 영화, 이러한 말들은 5세대 영화들에 대해 즐겨 부가되곤 하는 것들이었다.

이런 시선들은 중국 5세대 영화 내부의 세밀한 차이들을 무시한 채 상대적으로 단순화한 것일 수 있다.[28] 천안문 사태 이후 그것이 다소간

---

26) 검열과정에서 그렇게 바뀌었다기보다는 영화사 측에서 자막을 손보았을 가능성이 커 보인다.

27) 구회영, 『영화에 대하여 알고 싶은 두세 가지 것들: 에이젠스테인에서 홍콩느와르까지』, 한울, 1991, 79쪽.

28) 천카이거의 「황토지」나 「아이들의 왕」은 장예모의 「붉은 수수밭」과 역사와 사회를 보는 시선과 방법 면에서 근본적인 차이가 있었다. 「황토지」나 「아이들의 왕」이 중국의 역사와 문화에 대해 비판적인 입장을 보여 주는 것과는 달리 「붉은 수수밭」은 민족영웅과 민족 신화를 구현하는 것이다. 다이진화는 「아이들의 왕」과 「붉은수수밭」의 차이를 '反영웅/反아비/反역사' 대 '영웅/아비/역사'로 정리하여 언급한 바 있다(다이진화, 『무중풍경(霧中風景): 중국 영화문

의 과장과 오해에 기반한 것임이 드러난 바 있다. 그들의 영화가 스스로를 서구의 시선 앞에 타자화하거나 오리엔탈화하고 있었다는 점은 널리 알려진 사실이다. 다이진화가 냉정하게 지적하고 있는 것처럼 5세대 영화가 세계적인 성공을 거둔 배후에는 "해외투자를 얻기 위해, 그리고 유럽 국제영화에서 입상하기 위해 그들은 유럽 예술영화의 전통, 기준과 취미를 내재화하고 구미 세계의 '중국에 대한 상상'을 내재화해야 했"던 저간의 사정이 놓여 있다.[29] 그리고 이것은 "그들이 본토의 역사와 경험을 객체화하면서 그들의 영화에 다른 양상과 이국적인 정조를 담아야 했음을 의미"하는 것이며 따라서 이들의 영화는 "문화적 굴복이자 본토 문화의 자기 추방"[30]이라 할 만한 것이었다.

5세대 영화가 보여 준 것이 결국은 서양이란 타자의 의식을 내면화하지 않으면 자기 동일성을 내세울 수 없는 딱한 처지의 일면일 뿐이라는 식의 비판은 이후 한국의 비평계에도 누누이 제기된 바 있다. 이를테면 훗날 정성일은 「붉은 수수밭」이야말로 이제는 '평가절하돼야 할 영화'임을 밝히면서, "자기를 원시화하면서 스스로 구경거리가 되어 서방 세계의 관심을 끌려는 간교한 수작 또는 지겨운 자기-오리엔탈리즘"을

화 1978~1998』, 이현복·성옥례 옮김, 산지니, 2007, 68쪽). 그러나 「붉은 수수밭」이 세계적인 영화제에서 대성공을 거둔 이후 천카이거는 기존의 자신의 시선을 버리고 대신 장예모가 보여 주었던 '자기-오리엔탈리즘'을 복제하는 영화들을 지속적으로 생산해 낸다. 그러나 이러한 차이들에 관해 당시 대부분의 한국 영화담론들은 크게 주목하지 않았다. '5세대 영화'라는 하나의 틀로 묶어 이들을 동일한 정체성을 갖는 것으로 논의하는 것이 일반적이었고, 5세대 내부의 간극과 변화에 대해서는 별다른 관심을 보이지 않았다. 5세대 영화들의 구체적인 맥락과 차이에 대해 본격적으로 인식하기 시작한 것은 그로부터 한참이 지난 후, 중국본토의 영화인들이 쓴 영화서적을 비롯하여 중국 영화에 관한 다양한 정보를 얻고부터이다.

29) 다이진화, 『무중풍경: 중국 영화문화 1978~1998』, 2007, 176~177쪽.
30) 같은 책, 177쪽.

보이는 영화에 불과한데도 그동안 필요 이상으로 과대평가되었다고 말하고 있다.[31] 80년대 후반에 5세대 영화를 향해 보냈던 찬사가 무색할 정도로, 이후에 많은 논객들이 장예모나 천카이거의 영화에 대한 지지를 철회하였고, 그동안 정보 부족 등으로 그들의 영화를 오해했었노라는 고백을 들려주고 있는 바이다.

중국 5세대 영화들이 한국에 수용되는 과정은 중국 내에 그들이 받아들여지던 반응이나 평가와는 상이할 수밖에 없으며, 그들에 대한 오해와 오독은 상존했다. 5세대 영화의 열광이라는 사태는 결코 단일한 사건이 아니라 무수한 이질적인 관계들이 만들어 낸 사건이었다. 그러나 중국 영화를 향한 오해와 오독을 비판하는 일보다 중요한 것은 중국 영화를 향한 우리의 시선은 무엇이었고 중국 영화를 매개로 하여 우리가 지향했던 서사란 어떤 것이었는지를 묻는 일이다. 아주 기본적인 질문을 던져 보자. 중국의 5세대 영화의 부상은 당시 우리에게 무엇을 의미하는 것인가? 5세대 영화를 향한 우리의 열광은 도대체 어디를 향하고 있었는가? 5세대 영화는 어떠한 방식으로 우리에게 성찰의 기회를 제공하고 있던 것인가?

비슷한 시기에 쓰여진 또 다른 글을 인용해 보자. 이 글은 냉전에서 탈냉전으로 옮겨 가던 전환기라는 특수한 시기에 중국 영화가 우리에게 어떤 의미로 자리매겨지고 있었는지, 혹은 중국 영화를 향해 어떤 기대를 품고 있었는지를 요약적으로 보여 준다.

대지에의 깊은 애정과 민중의 삶을 사랑하는 중공의 영화감독들은 자

---

31) 정성일, 「20세기가 오해한 영화 100」, 『씨네21』, 1999.12.21.

신의 분명한 주제를 알고 있다. 그들은 할리우드처럼 상업적인 길을 택하지 않을 것이며, 유럽처럼 스노비즘에 사로잡히지 않을 것이며, 더구나 라틴아메리카처럼 과장된 메시지 전파에 흥분하지도 않을 것이다. 말하자면 그들은 영화가 사회와 인간의 진실에 대해서 무엇을 말할 수 있는지, 그리고 영화감독은 그 사이에서 무엇에 책임져야 할지를 결심한 것이다. 3개의 중국은 영화의 새로운 가능성이다. 그리고 그 기대감은 영화가 결코 특정 진영, 특정 이데올로기, 특정 시스템만의 소유물이 아니라는 확신에서 오는 희망이다.[32]

'아시아의 영화가 떠오르고 있다'라는 제목을 달고 있는 이 글은 중국 영화의 수용이 한국 영화의 존재 방식에 대한 메타적이고 반성적인 질문과 함께 이루어지고 있었음을 여실히 드러낸다. 탈냉전 시대에 이르러 한국 영화가 새롭게 취해야 할 모습들을 모두 지니고 있는 이상적인 존재가 곧 5세대 영화였다고 할 수 있다. 5세대 영화인은 어느 진영이나 시스템에도 얽매이지 않는 자율적 존재이자 현실의 정당성에 대해 의문과 비판을 제기하는 실천적 예술가로 인식되었다. 어떠한 이데올로기에도 얽매이지 않을 뿐 아니라 엘리트주의에 함몰되지도 않으며 미국으로 대변되는 거대 자본주의에 굴복하지도 않는 이상적 예술가상이 5세대 영화인들에게 투영되었다. 집단의 문제를 도외시하지 않으면서도 개인적 미학을 창출하는 존재, 기존의 제3세계 영화처럼 혁명성이나 정치성으로 과부하되지 않으면서도 사회에 실천적으로 참여하는 예술성을 보여 주고, 지역적 특수성을 포기하지 않으면서도 고립되지 않고 보편적인

---

32) 정예린, 「창간 3주년 특별기획: 아시아의 영화가 떠오르고 있다」, 『비디오』, 1988. 4.

지지를 얻을 수 있는 영화, 그것이 곧 중국 5세대의 영화였다. 엄밀한 의미에서 이러한 생각들은 부재의 가능성에 속하는 지극히 이상적인 것, 환상에 불과한 것들일 수 있다. 그러나 이러한 지향성들이 당시 한국 영화가 결여하고 있던, 더 나아가 한국사회가 결여하고 있던, 그래서 미래에 채워 나가야 할 전망 내지 목표로 추구되던 것들이라는 점은 두말할 것도 없다.

3) 탈/냉전 시대, 위기의 한국 영화

5세대 영화들에 대한 오해와 열광이 가능할 수 있었던 것은, 어떤 한계에 직면해 있던 한국적 상황의 불우함 때문이었다는 것은 부정하기 힘들다. 이 시기에 이르러 제도와 시장으로부터 동시에 고립될 위기에 처하게 된 한국 영화의 위기의식이 그러한 이상화를 만드는 일에 일조했다고 할 수 있기 때문이다.

당시 한국 영화가 당면했던 문제들 중 하나는, 외부에 대한 개방성이 빠른 속도로 진행되던 탈냉전적 시대 분위기와는 달리 국내 영화의 폐쇄성은 크게 달라지지 않았다는 점이다. 사회주의권 영화의 수입 개방을 허용한다는 정부의 발표가 나던 해인 1986년, 연고제가 열리고 있던 시기에 연세대에서 「부활하는 산하」라는 90분짜리 8미리 영화가 상영되자 상영 다음 날 이 영화를 제작 배포한 혐의로 영화운동가인 홍기선, 이효인, 이정하가 경찰에 연행되었다.[33] 이때 검찰이 적용한 법조항은, 공연윤리위원회의 심의를 받지 않고 영화를 상영할 경우 2년 이하의 벌금형에 처한다는 영화법 제12조 1항과 제32조 5항이었다. 탈냉전적 이슈

---

33) 당시 이들은 '민족·민중적 영화'를 지향하는 서울 영상집단 회원들이었다.

를 내걸었던 88올림픽이 끝난 지 얼마 되지 않았을 때에도 「오! 꿈의 나라」(1989)와 「파업전야」(1990)를 만든 '장산곶매'의 대표인 홍기선과 이용배가 불구속 기소되었다. 정부의 상영 불허 방침에 맞서 90년 4월부터 대학가를 중심으로 상영된 「파업전야」는 영화를 상영하고 보는 과정 자체가 또 다른 정치행위가 될 수 있다는 것을 보여 준 하나의 사건이었다. 「부활의 노래」는 검열기관과 기나긴 싸움을 벌였어야 했고, 「남부군」(정지영, 1990)은 제작사가 해체되는 비극을 당했다. 「그들도 우리처럼」(박광수, 1990)은 잘려나갔다.

진보적 영화운동에 대한 탄압은 90년대 들어 오히려 더욱 노골화되었다. 1991년에는 16mm 영화 「어머니, 당신의 아들」(영화제작소 '청년' 제작)의 필름이 압수되고 연출자 이상인이 구속되는 사태가 벌어지게 된다. 그것은 「오! 꿈의 나라」나 「파업전야」의 경우 제작자의 불구속 입건이나 벌금형 등에 그쳤던 것에 비교해 볼 때 정부의 공권력 투입과 탄압이 보다 노골화되고 험악해지고 있음을 상징적으로 보여 주는 사건이었다. 이러한 현실은 정부가 내거는 탈냉전적 문화정책이라는 모토를 무색하게 만드는 것들이었다. 탈냉전·탈이념적인 시대를 맞이하여 세계사적 변화에 개방적으로 대처해야 한다는 말들이 공식·비공식적으로 쏟아져 나오던 시기였지만, 국내의 사정은 여전히 폐쇄적이었다. 최후의 분단국인 한국 특유의 냉전적 잔재가 다시금 실감되는 상황이었다.

이 시기 영화의 검열은 예술 표현의 자유를 보장하는 헌법 정신에 정면으로 위배되는 것이었지만, 공륜 내부에서도 인정하듯이 "지나친 관권의 개입"이 자행되고 있었으며 "보수적인 관점의 지나친 가위질 행위가 많"[34]은 것이 엄연한 현실이었다. 공륜의 검열에는 어김없이 안기부·보안사·치안본부·문공부에서 파견된 '관계관'이 검열에 참여했으며, 이 '관계관'들은 공륜의 검열 기준이라는 법적 장치와 함께 영화인들의 창작 자세를 위축시키는 물리력을 여전히 행사하고 있었다. "공륜을 해체하여 영화계의 자율적 테두리 속으로 이전해야 한다"[35)]는 것에 영화인들이 예외없이 동감하고 있을 정도로 상황은 심각하였다.

그 한편으로 당시 영화인들이 가지고 있던 또 다른 위기의식 중의 하나는 미국으로 대변되는 거대 자본주의에 대한 두려움이다. UR시대를 맞이하면서 국가통제로부터 시장이 해방되었지만, 그것은 개인도 사회도 국가도 경쟁력을 갖추지 않으면 도태되는 엄혹한 시대의 시작을 알리는 것이기도 했다. 한국 영화가 위기에 처해 있다는 말이 빈번하게 들리기 시작한 것도 이때였다. 한국 영화가 언제 위기가 아닌 적이 있었느냐고 반문할 수도 있겠지만 다른 시대에 비하면 80년대 말에 한국 영화를 둘러싸고 형성되었던 위기의 담론은 훨씬 더 명확하고 실감나는 모양새를 지니고 있었다.

수입자유화 정책은 그 문제의 핵심에 있었다. 한국의 민주화는 영화계의 강권적 권위주의 구조를 종식하는 데 있어서는 어느 정도 효과적이어서 1985년 무렵부터 한국 영화는 정부의 조정 기능에 의해 수급이 조절되던 통제적 환경에서 벗어나 시장원리에 따른 자유로운 제작 환경을 갖추기 시작했으며, 뒤따라 이루어진 수입자유화는 1986년부터 본격적으로 그 효과를 발휘하기 시작했다.[36)] 그러나 이러한 조치는 어둠과 밝음의 양면을 동시에 가지고 있었다. 제작자유화 조치는 타율적 규제와

---

34) 당시 공륜심의위원을 맡고 있던 유현목 감독의 말을 직접 인용한 것이다.
35) 장선우 영화감독의 말에서 직접 인용. 안정숙, 「'문화민주화' … 걸림돌은 무엇인가: 각 분야 인사들의 진단과 처방」, 『한겨레』, 1988.5.15.

통제를 벗어나는 여건을 조성했지만, 수입자유화는 자율적 기반과 상품적 경쟁력이 미흡한 영화산업의 안정을 위협하게 되었기 때문이다.

자유화 초기인 1986년 이후 89년까지 수입 편수가 해마다 배 이상으로 증가했다. 이러한 수입 격증은 미국영화 직배로 더욱 증폭되어[37] 수입 추천 편수는 300편대를 넘어서게 되었고, 한 나라에서 수입되어 상영되는 외국영화의 숫자가 자국영화의 제작 편수보다 거의 3배 이상 많아지는 상황이 벌어졌다. "서울의 극장가는 마치 세계영화의 견본시장으로 탈바꿈한 것같이 한국 영화는 눈에 띄지 않고"[38] 동서를 막론한 월드시네마들이 극장가를 점령하고 있는 형국이었다. 1980년대 후반 이후 영화가 할리우드 영화와 피흘리는 경쟁체제로 편입되었고 그 과정에서 일어난 사태 중의 하나가 미국직배에 대한 반대투쟁이었다는 것은 주지의 사실이다. 한국 영화는 국가적 보호막이 사라진 상태에서 맨몸으로 UIP의 직배와 투쟁하면서 동시에, 수입자유화에 따라 자유로이 들어오는 수준 높은 외국 예술영화들과도 경쟁해야 하는 새로운 고난의 상황이 시작된 것이다. 미국영화의 직배로 대변되는 거대 자본주의에 대한 우려는 모든 진지한 혹은 순수한 영화가 소멸할 것이라는 불안감, 그리고 궁극에는 한국 영화의 몰락에 대한 불안감과도 맞닿은 것이었다.

수입자유화 이후로 한국 영화는 더 이상 국가의 힘에 기댈 수도, 그

---

36) 1985년 7월에 공포 시행된 5차 영화법 개정에 따라 외국영화 수입자유화가 이루어졌고, 1987년 6차 영화법 개정에 의해 미국영화의 직배가 시작되었다. 그리고 그사이에 미국영화 직배라는 새로운 상황 변화가 일어났다. 제6차 영화법은 국내 영화산업 내부의 요구가 아니라 미국의 한국시장 개방 압력의 일환으로 만들어진 조치였다.

37) 1988년 9월 미국영화 「위험한 정사」가 한국의 수입사를 통하지 않고 직접 배급된 이후, 88년 1편, 89년 15편, 90년 47편, 91년 51편, 92년 70여 편으로 급격하게 증가하였다.

38) 민병록, 「우리 영화의 해외진출: 장기적인 계획을 세워 기술개발을 해야」, 『영화』, 1992.9, 17쪽.

것과 직접적으로 적대함으로써 대립의 포인트를 전이시킬 수도 없게 되었다. 이제 한국 영화에게 가장 압도적으로 다가오고 있는 위협은 국가나 네이션이 아니라 시장이 되고 있었다. 영화가 지니고 있는 코즈모폴리턴적인 본성을 고려한다면 이는 당연한 일이겠지만 그럼에도 이런 문제가 새삼스럽게 다시 거론될 수밖에 없다면 그것은, 지난 시절 한국사회의 한 중추를 이루고 있던 네이션의 개념이 새롭게 변화된 환경 속에서 재정의되기를 요구하고 있기 때문이다.

이 상황에 어떻게 대처할 것인지에 대한 의견이 분분했다. 한편에서는 시장개방에 적극적으로 반대하여, 민족주의와 문화제국주의의 논리로 무장하고 스크린쿼터제를 강화하거나 국산영화에 대한 특별 세제 혜택을 주는 획기적이며 적극적인 정부의 영화진흥책이 필요하다고 했다. 영화는 상품이기 이전에 인간의 의식과 가치관에 작용하는 문화로서 결코 시장의 논리에 맡길 수 없다는 것이 그들이 내세우는 논리였다. 다른 한쪽에서는 시장 개방은 불가피한 것이고 대신 미디어의 규제를 없애고 자유로운 선택의 권리를 주자고 했다. 무엇보다도 세계시민주의를 향해 나가야 할 때라고도 했다. 쉽게 합의를 이루어 내기 힘든 사안이었다.

한국 영화산업의 근간이 뼛속까지 흔들리는 무서운 변화를 가져오고 있다는 아우성이 엄살이나 과장으로 들리기 힘든 상황이었다. 정부가 1991년을 '영화의 해'로 정하고, '우리영화 보기 운동'이나 '미국영화 안 보기 운동'을 관 주도로 대대적으로 펼친 것은 당시 영화인들이 느낀 불안이 어느 정도였는지를 가늠케 한다. "한국 영화가 어떻게 살아남아야 할지는 참으로 큰 숙제이며 난제가 아닐 수 없다"[39]는 곤혹스러움이

---

39) 김갑의, 「영화논단: 세계영화의 흐름과 한국 영화의 방향모색(상·하)」, 『영화』, 1992.3.5.

팽배했고, 저 거대한 할리우드 자본의 힘에 비하면 한국 영화란 고작해야 그렇고 그런 하찮은 존재에 불과하다는, 결국 저 자본제의 힘 속에 편입되고 말 것이라는 비관주의도 대두되었다. "밀물처럼 밀려오는 미국 영화의 물결 속에서 한국 영화가 빛을 잃어 간다는" 두려움, "우리가 받고 있는 교육의 대부분이 서양의 그것이기 때문에 외형뿐으로만 아니라 내면적으로도 우리는 서서히 '황색의 양키'가 되어가고 있는지도 모른다"[40]는 위기의식이 팽배하였다. 이러한 현상이 더 이상 돌이킬 수 없는 지배적인 흐름으로 자리할 것이라는 암울한 전망이 문제의 심각성을 더하였다.

"냉혹한 자본주의의 용서없는 게임의 규칙과 한국 영화산업의 기형적인 산업 구조 속에서 1991년에도 영화작가들은 전쟁을 계속해야 할 것"이라고 누군가 우려했지만[41] 그것이 결코 엄살일 수만은 없었다. 시간이 갈수록 '국경 없는 무한경쟁의 문화전쟁의 시대'로 치닫고 있었다. 이제 영화계는 새롭고도 다각적인 갈등 상황에 직면해야만 했다. 그리고 그것은 전쟁과 다를 바 없는 것이었다. 전선은 겹쳐지고 전이된다. 한국의 우방으로 지난 40여 년 동안 꾸준히 관계를 맺어온 미국이 어느덧 교류의 파트너가 아니라 대결의 상대가 되었다. 외부에서는 할리우드의 대자본과, 내부에서는 폐쇄적이고 억압적인 국가정책과 싸워야 했다. "영화관은 더 이상 휴식처가 아니라 우리의 국적과 용기를 묻는 시험장이되었고, 영화에 짐 지워진 임무는 너무나 무거운 것이어서 웃음과 행복

---

40) 이송이, 「『우리는 지금 제네바로 간다』: 우리의 안식처는 결코 제네바가 아니라 우리의 잃어버린 의식 저편에 존재하고 있다」, 『영화』, 1988.5, 142쪽.
41) 정성일, 「전쟁터의 메리크리스마스」, 『로드쇼』 21호, 1990.12.

을 허락지 않고 있"[42]다는 말은 결코 과장이 아니었다. 그러나 위기의식은 새로운 문제의식을 낳았다. 도대체 우리 세대에게 필요한 영화란 무엇인가라는 질문이 무엇보다 절실하다는 공감대가 형성되었고, 뼈저린 반성과 함께 이제는 한국 영화가 근본적으로 변화해야 한다는 문제의식이 팽배지고 있었다.

이러한 위기의 상황에서 중국 영화는 반성적 시선을 확보하게 해주는 일종의 거울이었다. 또한 우리가 패배의식을 접고 새로운 생존의 가능성을 점치고 다시금 변혁을 꿈꾸게 만든 희망이자 가능성이기도 했다. 이념적인 갈등에 의해 움직이는 냉전의 시대가 마감되었다고 하지만, 예전보다 더욱 치열하고 힘겨운 싸움이 기다리고 있었던 때가 탈/냉전의 시기였다. 우리는 누구이며 어디로 가야할 것인가라는 정체성 탐구가 새로운 과제로 주어진 이 시기에 중국 영화는 하나의 답안처럼 다가왔다. 자신이 있어야 할 자리와 미래에 대한 가능성에 확신을 갖지 못하는 상태에서 전선으로 나서야 했던 이들에게 중국 영화는 일종의 모델이 될 가능성을 품고 있는 것처럼 보일 수 있었다. 최소한 실천적 미디어로서의 영화의 존재를 인식케 하고, 힘을 잃어 가는 사회운동을 대신하여 탈식민과 탈자본에 관한 집단적인 사유를 이끌어 내고 문화운동의 가능성을 꿈꾸게 하는 일에 중국 영화에 대한 열광과 오해가 일조했다고 할 수 있다.

---

42) 정성일, 「두 개의 스캔들, 그리고 영화의 해」, 『로드쇼』 23호, 1991.02.

4. 영화수용 문화와 영화공동체

1) 문화운동과 영화공동체

우리가 자주 망각하곤 하는 것이 있다. 영화 경험은 텍스트가 담고 있는 내용만이 아니라 수용되는 방식 속에 존재한다는 사실이 그것이다. 의미 있는 삶의 영역들을 영화가 보여 주는 것도 중요하지만 그만큼이나 중요한 것은 수용되는 방식일 것이다. 영화가 집단적인 매체일 수 있는 이유 중의 하나가 다양한 타자들의 관점과 언어가 소통하는 공간을 구성하기 때문이라 한다면, 영화가 수용되던 환경과 방식은 문제적일 수밖에 없다.

그런 점에서 이 시기에 이루어졌던 영화수용 문화의 변화는 주목을 요한다. 80년대 후반 이후 급격히 증가한 영화동인 모임은 그 의미 있는 사례일 수 있다. 80년대 후반 이후 영화감상 소모임이 가파르게 증가세를 보이고 이른바 시네마테크 운동이 부상하고 있었다는 것은 의미심장한 일이다. 크고 작은 영화감상모임이 결성되고 그것이 문화운동의 성격으로 발전되는 움직임을 보여 주기 시작한 것이 80년대 후반의 일이다. 이미 1985년 한 해에 서울에서 5개 이상의 영화감상모임이 생겼으며 영화제작워크숍을 갖는 단체 역시 증가하고 있었다. 80년대 후반에는 합법적인 경로를 통해서든 혹은 불법으로 복제된 비디오 테이프에 의지하고 있어서든, 일정한 공간에 여럿이 모여 영화를 함께 보고 대화하고 토론하는 영화공동체 모임들이 급격히 증가하였다. 이를테면 1988년도에 어느 대학의 경우, 사회운동 성향의 이론 세미나팀의 수가 줄어든 대신 영화를 함께 보고 토론하는 모임이 급격히 늘어나 한 학과 내부에 서너 개 정도가 결성되어 있었을 정도였다. 영화토론 모임에 참여했던 어느

학생은 그곳에서 중국을 비롯한 아시아 영화와 제3세계 영화를 접해 볼 수 있었으며, 사회와 영화와 문화운동의 생산적 관계에 대해 함께 열띤 토론을 나눌 수 있었다고 말하고 있다. 서강대 커뮤니케이션센터나 프랑스문화원의 '시네클럽'과 같은 것에서부터 '영화마당 우리', '영화사랑', '영화공간 1895', '81/2', '오디오 문화공간', '아시아영상기록센터', '시앙시에', 그리고 크고 작은 다양한 형태의 영화동호인 모임에 이르기까지, 이 시기에 영화를 감상하고 토론하는 단체의 수는 급격히 증가했다.

영화를 보는 공간이 개방되고 공유되며, 그 공간 속에서 여러 사람들이 영화의 운명과 관점을 공유하는 대화와 소통이 시작된 것이다. 개인적 공감을 즐거운 소통과 행복한 연대의 표현으로 드러내는 것이 새로운 문화로 자리 잡게 되면서, 이들 모임은 영화의 감상이나 토론만으로 끝나지 않고 직접 영화제작에 참여하는 등 영화를 문화운동의 일환으로 발전시키기도 하였다. 1986년 10월에 결성된 서울영상집단이 내건 모토는 '민주화를 위한 영화', '이 땅의 문제해결에 적극적으로 기여할 수 있는 영화'였다. 영화소비가 여가 활동이 아니라 문화운동으로 인식되면서, 영화제작과 수용의 의미도 일종의 운동의 방편으로서 사회적 생산과 운동의 이미지를 갖게 되었다고 할 수 있다.

1990년대 초에 문을 연 '문화학교 서울'이 1993년 1월에 연 영화제의 이름이 '중국 5세대 영화제'였다.[43] 불법 비디오테이프에 의지하여 이루어졌던 이 영화제는 상영된 영화의 자막이 없어 중국 영화 연구의 초창기 영화연구가인 도성희와 영화배우 김의성이 성우 역할을 하면서 영화를 상영했다. 이후 1993년 3월에는 제3세계 영화제를 열었고, 같은 해

---

43) 문화학교 서울이 영화제를 열기 시작한 시기는 1992년 11월부터였다.

10월의 경우 동구권 영화제를 개최했다.

　중국 5세대 영화에서 제3세계 영화로, 그리고 동구권 영화로 이어지는 영화제 프로그램은 이 문화공동체가 무엇을 지향하고 있는지를 짐작케 한다. '문화학교 서울'에서 영화제를 기획하고 진행한 사람들 중 하나였던 이주훈은 이렇게 회상한다. 조금 길게 인용해 보자.

　생각해 보면 92년, 93년이라는 시기가 굉장히 미묘한 시기였다. 영화들을 봐도 그렇고, 세계사적으로도 그렇고. 하나의 시네마테크 운동으로서 자리매김이 된 것은 94년인데 토론프로그램도 진행했었다. 영화를 소비하는 것에 그치지 않고 생산적인 뭔가를 만들어 보자고 동의를 한 게 93년 말이었다. 그 배경에는 영화매체가 폭발적인 전파력을 가지고 있고 엄청난 무기다라는 생각을 가지고 오게 된 것이다. 난 그전엔 거의 영화를 안 봤다. 상업적이라고 생각하기도 했다. 생각이 변한 거지. 80년대 말에 대다수 운동권들이 영화판에 들어온 것과 마찬가지로 우리가 그 판으로 들어간 것은 아니지만 이 판이 어떤 새로운 영토가 될 수 있음에 대한 기본적인 마인드 공유가 있었고 서로 확인하진 않았지만 다 백그라운드들을 확인하면서 그렇게 나갈 수 있었던 거 같다.[44]

　요컨대 영화는 이제 단순한 상품이나 구경거리일 수가 없다는 것, 영화를 본다는 것은 사회에 대한 문제의식을 공유하는 실천적 행위와 다를 바 없다는 것, 더 나아가 영화가 산업의 영역을 넘어서서 대중적인

---

44) 곽용수 외 3인 대담, 「'문화학교 서울'을 추억하다: 곽용수, 김형석, 이주훈, 조영각 음주대담」, 계간 『독립영화』 18호, 2002, 강조는 인용자.

문화운동의 일환일 수 있다는 것, 이러한 문제의식이 시네마테크 운동의 저변에 놓여 있었다는 얘기이다.

1990년대를 특징짓는 말들 중 하나는 '이데올로기의 시대는 가고 문화의 시대가 도래'한 시기라는 것이다. 김창남은 이 말을 다시 한번 강조하면서, 운동권이라는 테두리에서만 존재하던 사회운동이 미조직 시민대중으로 전파되고 대중문화권에 일정한 긴장을 불러일으키는 과정을 '민중문화운동의 대중화'라는 말로 요약하고 있다.[45] 아마도 영화문화는 이러한 사회운동의 대중화를 가장 활기 있게 보여 준 영역일 것이다. 학교를 비롯한 다양한 집단과 문화공동체에서 영화를 상영하고 토론하는 문화가 성장하고 비판적인 영화담론을 실어 나르는 영화저널이나 PC통신 등을 통해 영화를 자유로이 토론하는 문화가 급격히 증가하게 되면서, 영화를 본다는 행위 자체는 보다 실천적이고 변혁적인 의미를 갖게 될 수 있었다. 중국 영화에 관한 담론이 보다 활성화되고 적극적인 의미가 부여될 수 있었던 것 역시도 이러한 영화문화의 확장에 힘입은 바 컸다고 할 수 있다. 영화를 보고 그 의미에 대해 질문하는 행위는 그동안 눌려 있던 대중의 문화적 욕구가 표현되는 기회일 수 있었고, 이 땅의 영화가 무엇을 해야 할 것이냐는 실천적 질문일 수 있었으며, 궁극적으로 반시대적 성찰을 드러내고 부정성의 계기를 발현시키는 적극적인 계기일 수 있었다.

---

45) 김창남, 「대중문화의 변화와 탈정치화」, 학술단체협의회 엮음, 『6월 민주항쟁과 한국사회 10년 2』, 당대, 1997.5.26, 416쪽.

2) 아시아 연대

경계를 발견하는 일이란 경계 너머에 대한 사유의 가능성을 열어놓는 일이기도 하다. 이 시기에 나온 많은 글들이 5세대 영화를 통해 일국의 차원을 벗어나 사고의 지평을 더 넓은 범주로 확대하고 있다는 점은 그런 점에서 주목할 만하다. 중국 영화에 관한 관심은 비단 중국 본토의 경우로만 국한되지 않았다. 중국 영화라 함은 중국 본토와 홍콩, 대만 영화를 모두 아우르는 압도적인 넓이를 지니고 있는 용어였고, 그 안에 다양한 문법과 양식들이 공존하고 있는 것은 물론이었다. 당시 중국 영화의 정체성을 전일적으로 규정하는 일은 불가능했으며, 중국 영화 안에 모순과 분열이 존재하고 있다는 사실은 다양한 비평들을 통해 증명되고 있던 바였다. 관심의 시작은 5세대 영화에서 시작이 되었지만, 곧이어 대만의 허우샤오시엔에 대한 관심으로,[46] 허우샤오시엔에 대한 관심은 에드워드 양과 미국 내에서 영화를 만들었던 이안으로, 그리고 1997년의 중국 반환을 앞두고 있던 홍콩영화로까지 확대되었다. 그리고 궁극적으로는 여럿이 한데 모여 만들어 내는 '중국 영화'의 정체성에 대해 어떻게든 해명하려는 비평적 노력이 잇따랐다.

80년대의 세계영화제들이 새로운 '미지의 영화'인 중국 영화를 발견해 냈을 때, 그것을 아시아 영화들의 부상이라는 의미로 확장시켜 받아들이는 움직임이 우리 영화비평계에 일찍부터 존재하고 있었다는 점은 흥미롭다. 중국에 대한 관심은 아시아 영화로의 시선으로 빠르게 확

---

46) 허우샤오시엔은 1989년 「비정성시」가 베니스영화제에서 그랑프리 상을 수상한 뒤에 곧바로 거장으로 등극하였고, 천안문 사태 이후 위축된 5세대 영화를 대신하여 중국어권 영화의 중심적 인물이 되었다.

허우샤오시엔 감독의 「비정성시」와 에드워드 양 감독의 「고령가 소년 살인사건」. 이 두 편의 영화는 당시 한국에서 널리 회자되던 대표적인 대만영화였다.

장되었다. 이미 1988년 한국의 영화비평계에 "세계영화는 지금 아시아 대륙으로 그 시선을 돌리고 있다"는 진단이 나오고 있었다. 우리에게 중국 영화의 부상은 아시아영화의 부상이기도 하다는 것이다. 어떤 평론가는 한국 영화의 국제무대 진출을 확신할 단계에 있지 못한 것에 대해 아쉬워하면서도 중국 영화의 부상은 "세계영화의 중심이 아시아로 옮겨지고 있"는 증거라면서 환영의 뜻을 표했다.[47] '3개의 중국 영화는 바로 세계의 영화들'이라고 극찬했다는 외국비평가의 이야기가 직접 인용되고, "현재는 미국이라든가 서양 중심의 문화권이 형성되어 있지만 앞으로는 점점 더 동북아시아 문화권이 중심으로 될 것"[48]이라는 전망이 확산되기 시작했던 것도 이 시기의 일이었다.

---

47) 정예린, 「창간 3주년 특별기획: 아시아의 영화가 떠오르고 있다」, 『비디오』, 1988.4.

1989년에 「비정성시」가 베니스영화제에서 수상한 것 역시도 대만의 성취가 아닌 '아시아 영화의 사건'으로 받아들여졌다. 이를테면 허우샤오시엔의 영화가 보여 주는 문제의식, 즉 "역사를 소재로서만 이용하지는 않으며, 소재로서의 역사와 영화를 낳은 사회에 이미 주어진 조건으로서의 역사 사이에 거리를 두려워하지 않는다"는 점이나, "더 이상 중심과 주변의 이분법에 시달릴 이유가 없다는 자신감과 함께, 지나간 역사와 동시대의 관객에 대한 책임이라는 문제를 진지하게 파고"드는 점은[49] 아시아 영화의 유의미한 정체성 내지 아시아적 가능성으로 읽혀질 충분한 맥락을 지니고 있었다.

영화문화는 제작과 소비만이 아니라 장르, 호칭, 그리고 영화가 소비되는 다양한 전후 상황까지를 모두 포함한다. 그런 의미에서 영화제와 영화시장은 교류의 기회를 제공하는 장소이자, 의미심장한 영화문화가 만들어지는 곳이라 할 수 있다. 국제영화제는 "가속화된 초국가적 문화의 흐름"[50]을 지향하는 까닭에, 민족주의적 의도나 요소는 약화되고, 초국가적 시각과 다문화의 조우에 대한 관심이 부각되기 마련이다. 특히 1980년대에 들어오면 영화제는 "새로운 네트워크와 연합을 가능하게 하는 중요한 초국가적 기반시설로서의 중요성"[51]이 보다 커져가고 있었다. 중국 영화의 대부분이 재차 영화제를 통해 소개됨으로써 아시아영화

---

48) 박광수의 인터뷰 중에서 인용. 김홍숙, 「특별기획: 영화작가와의 만남-끊임없는 삶의 변화 속에 세계적 영화 추구: 박광수 감독」, 『영화』, 1993년 1월, 67쪽.

49) 구회영, 『영화에 대하여 알고 싶은 두세 가지 것들: 에이젠스테인에서 홍콩느와르까지』, 한울, 1991, 53~54쪽.

50) Iwabuchi Koichi, *Recentering Globalization: Popular Culture and Japanese Transnationalism*, Durham: Duke University Press, 2002, p. 19.

51) Darrell William Davis and Emilie Yueh-yu Yeh, *East Asian Screen Industries*, BFI(London), 2008, p. 142.

라는 새로운 범주의 형성을 가능하게 해주었고, 그런 맥락에서 중국 영화는 서구 중심의 영화사를 반성하는 계기로 작용할 수 있었다.

그 한편으로, 홍콩과 중국, 그리고 대만의 영화적 교류와 그들의 겹침과 분리의 양상들은 분단국가인 우리의 아픈 역사를 환기시키며 적극적으로 의미화될 수 있는 것들이었다. 또한 지역의 로컬한 역사와 밀착되어 있으되, 그러한 역사의 특수성을 뛰어넘어 보편성을 획득할 수 있는 영화의 가능성을 새삼스레 인식케 하는 계기이기도 했다. 더 나아가 중국 영화는 제3세계로서의 아시아의 위상에 대해 다시금 고민하도록 독려하여, 아시아에서 제3세계라는 개념은 아직도 유효한가라는 질문을 다시금, 그러나 보다 절실하게 제기하게 만들었다. "제3세계(특히 라틴아메리카)나 동구 및 사회주의 영화를 소개해야 할 전략적 시기가 아닌가?"[52]라는 질문과 더불어 서구와 동양, 자본주의와 사회주의, 냉전과 탈냉전, 식민과 탈식민의 간단치 않은 관계에 대한 수다한 토론이 유발된 것이 그러한 사정을 보여 준다.

이러한 질문은 80년대에 영화운동 진영에서 라틴아메리카를 중심으로 일어났던 제3세계 영화를 탐구하던 것과는 유다른 성격을 가지고 있었다. 1980년대 말 무렵에 '제3세계 영화의 변혁과 투쟁'에 관한 특집이 마련되었던 것이나 '제3영화의 대두'라는 이름의 좌담이 열리고 영화운동 진영에서 베트남 영화운동사를 번역 소개하고, 중국 영화를 아시아 영화로 범주화하고, 이를 다시 제3세계 영화의 문제의식과 결합하려는[53] 등의 일련의 시도들은 모두 미국패권주의에 정면으로 맞서고 싶어 했던

---

52) 정성일, 「영화의 일보 전진, 이보 후퇴!」, 『로드쇼』 18호, 1990. 9.
53) 김정옥 외, 「좌담: 제3영화의 대두」, 『영화론의 전개와 제3의 영화』, 시각과언어, 1997.

영화인들의 욕망을 반영하고 있다고 할 수 있다. 이렇듯 중국 영화가 아시아 영화로, 그리고 제3세계의 문제의식으로 확장되도록 만든 또 다른 요인은 무한경쟁의 자본주의 시대에 돌입하고 있다는 위기감이었다. 폐쇄적인 냉전 시기가 마감되고 탈냉전 시기를 맞이하였다는 안도감과 희망을 채 실감하기도 전에 함께 찾아온 UR시대는 영화계에 위기의식을 불러일으켰고, 이러한 위기의식은 아시아적 정체성과 연대에 대한 사유를 촉진시켰다고 할 수 있다. 이제 영화의 장은 정치의 장과 마찬가지로 특수한 형태의 권력과 정당성을 추구하는 투쟁의 장소가 되었다. 누구를 친구로 삼고 누구를 적으로 삼을 것인가를 새로이 결단해야 하던 때에 중국 영화는 함께 길을 가야 할 동지로 인식될 수밖에 없었다.

사정이 이러하건대, 중국 영화에 대한 관심이 아시아 영화에 대한 재인식을 유도하는 일련의 움직임들로 구체화된 것에는 놀라울 바가 없다. 부산영화제의 첫 구상자인[54] 김지석 수석프로그래머는 이렇게 질문했다. "왜 우리는 서구인들의 관점을 무비판적으로 수용해야 하는가?" 이 질문에 대한 답은 자명했다. "문화적 편식과 서구의 문화적 지배이데올로기의 추종"을 막기 위해서라도 '아시아 영화읽기와 제대로 보기'를 해내야 한다는 것이다. 우리는 주변에 있는 아시아 각국의 영화들을 접하고 이해하고, 또 그들과의 교류를 통해 연대의식을 형성할 필요가 있다는 것. 결국은 '문화제국주의'의 굴레를 벗고 '다문화주의'를 수용해야 한다는 소명의식[55]이 필요하다는 것이었다. 부산영화제가 그 출발부터

---

54) 부산영화제에 대한 발상은 1991년에 이미 시작되었고, 영화제는 1996년 10월에 정식으로 출범했다.
55) 김지석, 「탈식민주의 시대의 아시아 영화 읽기」, 『아시아영화를 다시 읽는다』, 한울, 1996.

'아시아영화의 메카'라는 이름을 내걸었던 것은 단순한 수식어구일 수는 없었다.

이 시기, 즉 80년대 말에서 90년대 초라는 전환의 시기에 중국 영화의 수용이 갖는 적극적 의미가 있다면 그것은 상상의 아시아 공동체를 창출하는 데에 있어 무엇보다도 문화가 중요함을 일깨운다는 사실이다. 아시아라는 지역적 일체감이라 함은 실제로 실현되지 않은, 다분히 상상적인 것이라 할 수 있다. 실제로 아시아 지역을 구성하는 모든 국가 간의 가치나 문화는 다양하며 과거 역사 인식의 문제도 있기 때문에 아시아라는 공동체 인식이 존재한다고는 쉽게 말하기 어렵다. 심지어 탈냉전 시기에 접어들면서 세계 각국에서 내셔널리즘이 고조되는 국가 간의 적개심이 높아지는 현상이 벌어지고 있던 상황이었다. 그러나 이러한 상황과는 다르게 영화의 재범주화는 동아시아라는 공간에 문화적 의미를 부여하고 동아시아의 상호 이해와 유대가 가능한 지역 공동체를 상상할 계기를 제공할 수 있다. 중국 영화를 이해한다는 것은 냉전시대에 굳어져 온 여러 오해의 일부를 넘어서는 작업과 관련되며, 동시에 이데올로기나 국가의 경계를 넘어서는 영화공동체와 영화미학의 가능성을 타진하는 일과 만나는 일이기도 했다. 더불어 시라이시 사야가 말한 대중문화의 상호교류에 기반한 '느슨한 문화공동체로서의 아시아'[56]가 본격적으로 구상되기 시작한 계기가 되었다는 말을 할 수 있을 것이다.

---

56) 시라이시 사야, 「동아시아 대중문화 네트워크와 한일 문화교류」, 『동아시아와 한일교류』, 아연출판부, 59~64쪽.

5. 나가며

현실사회주의의 붕괴 이후 자본주의 모순의 극복이라는 공동 전망이 흔들리면서 사회 전체에 정치적 무력감과 무관심, 탈정치적 경향이 야기되었다는 것은 주지의 사실이다. 새로운 사회정의의 담론을 띄우는 열기로 가득했던 80년대와는 달리, 민주화 이후로 야기된 사회 전체의 탈정치적 경향과 경제 지상주의가 어떤 부정적 결과를 초래했는지는 왕왕 지적되어 왔다. 이것은 기본적으로 열망 뒤의 환멸 같은 것이었고, 무엇보다도 집단화된 열정과 유대감의 상실을 의미하는 것이었다.

그러나 영화의 경우는 사정이 조금 달랐다. 1990년을 전후로 하여 한국 영화 담론은 새로운 층위의 접근 방식을 보여 주게 된다. 이전 시기의 영화담론들이 개발독재와 군부독재하에서 변혁의 목소리가 현저히 축소된 채로 고립되어 있었다면, 이 시기의 주목할 점은 1980년대의 문제의식을 이어받으면서 사회변혁의 꿈을 응시하고 있다는 점이다. 정치적 변혁의 이상과 영화적 상상력이 서로 맞물려 있던 때, 영화를 만들고 보고 읽는 행위가 더 이상 산업이나 유희의 차원이 아니라 사회에 대응하는 실천적 장으로 인식되기 시작하던 때가 이 시기였다. 역설적이게도 1980년대 후반 이후로 영화담론에서 정치성과 사회성이 차지하는 비중은 오히려 확대되어 갔으며, 그와 동시에 영화가 사회담론의 장에서 차지하는 비중도 차츰 커지게 되었다. 사회적으로 탈정치화의 경향이 팽배해 가고 있을 때 영화는 오히려 정치성을 드러내고 사회성을 구현하는 적극적인 장이 되기 시작한 것이다. 1980년대의 문제의식은 마감된 것이 아니라 오히려 영화담론 속에서 다양한 정서적·미적 탐구들과 만나면서 발전되었다는 말도 가능할 수 있을 것이다. 덕분에 영화의 장은 정치의 장과 마찬가지로 특수한 형태의 권력과 정당성을 추구하는 투쟁의 장소로 인식되고, 역사적 비전에 매개되는 영화적 상상력이 사회적 관심의 장으로 부상할 수 있었다. 중국 영화는 이러한 영화문화의 성장에 힘입어 풍성한 담론을 양산했고, 훗날 어느 정도의 오해와 과장이 있었던 것으로 밝혀지긴 했지만, 새로운 영화의 모범으로 참조될 수 있었던 듯하다.

탈/냉전 시기에 이르러 한국 영화가 맞이한 감정은 희망이 아니라 의외로 두려움이었다. 한편에서는 최후의 냉전지대이자 분단국으로서의 한국사회가 그 내부에 갖고 있던 전근대적인 비합리성의 구조가 다시금 확인되고 있었고, 다른 한편에서는 세계 자본주의가 위압적인 모습으로 압박해 오고 있었다. 냉혹한 시장주의와 맞닥뜨리게 되면서 과거 우방국이었던 미국과의 불화가 확대되고 있었으며 미국의 대자본에 대한 비판이 대다수의 공명을 얻고 있는 상황이었다. 동서가 벽을 두고 서로 대결했던 냉전시대에 적은 하나였지만, 냉전의 벽이 허물어지면서 상황이 복잡하게 변하였다. 무엇보다도 탈/냉전 시대는 자신의 정체성에 대해 중대한 의문을 품게 만들었고 자신의 본질을 재정의하도록 강요하고 있었다. 영화개방과 할리우드 직배로 생존의 위기를 맞고 있던 한국 영화의 경우는 좀더 직접적이고도 날카롭게 이러한 질문들과 대면할 수밖에 없었다. 우리는 누구인가, 무엇이 우리를 남과 다르게 만드는가, 우리는 어떤 세계를 물려받아야 하는가, 앞으로의 영화는 무엇으로 살아갈 것인가.

두려움이 희망에 자리를 내주기 위해서는 미래의 본보기가 필요한 법이다. 중국 영화는 위기의식 속에 모색된 답안들 가운데 하나였다. 거대 자본의 위력에 굴하거나 상업주의에 투항하지 않고, 영화제작을 통제하는 공권력에도 맞서며 자기역사에 담담히 말을 거는 것처럼 보였던 중국 영화는 일종의 희망의 전언일 수 있었다. 또한 누벨바그와 같은 서구의 영화형식에 영향을 받았으되 그것을 전통과 결합시켜 새로운 형식적 구조와 영화언어로 실험했던 5세대 영화는 아시아 영화의 나아갈 길을 짐작케 해주는 지표였다. 패권적 자본주의와 국가이기주의가 점차 힘을 얻어가고 있던 탈/냉전의 과도기에, 중국 영화는 적어도 탈식민적이고 탈자본적인 생존 가능성을 타진하고 탈국가적 내지 초국가적인 새로운 공간으로서의 아시아를 상상하는 데 일조했다. 비록 오독을 동반한 것이기는 했지만, 중국 영화의 의미자질과 맥락을 풍요롭게 과장했던 오독이 비판적인 영화담론의 견인과 탈/냉전 시기의 새로운 정체성의 형성에 미친 기여는 적다고 할 수 없다.

1979년 중월 국경전쟁과
포스트사회주의 중국의 탈/냉전 문화정책

6장 _ 1979년 중월 국경전쟁과 포스트사회주의 중국의 탈/냉전 문화정책

장쥐안

혹 내가 작별을 고하고 영원히 돌아오지 못한다면, 당신은 받아들일 수 있나요? 이해할 수 있나요?

혹 내가 쓰러져 다시 일어서지 못한다 해도 당신은 나를 영원토록 기다려 줄 수 있나요?

만약 그리된다 하여도 슬퍼하지 말아요, 피로 얼룩진 영광의 공화국 깃발이여.

만약 그렇게 되더라도 슬퍼하지 말아요, 피로 얼룩진 영광의 공화국 깃발이여.

—「피로 얼룩진 영광」, 쉬량과 왕홍의 공연, 1987년 CCTV 설 특집쇼

1980년대에 중국에서는 「피로 얼룩진 영광」(Blood-stained Glory, 血染的风采)이라는 노래가 상당한 인기를 끌었는데 이 곡은 당시 중국사회의 정서를 가장 잘 보여 주는 노래 가운데 하나였다. 중국과 베트남의 국경인 라오산(Lao Shan) 전쟁터에서 한쪽 다리를 잃은 전쟁영웅인 쉬량(Xu Liang)의 이야기를 다룬 이 노래는 1987년 CCTV 설 특집쇼에서 처

음으로 세상에 알려졌다. 1979년 중국-베트남전쟁에서 사망한 사람들을 기리는 이 노래는 전쟁터로 떠나는 군인들이 사랑하는 이에게 작별을 고하는 장면을 감상적으로 묘사하고 있는데, 이러한 대중가요는 수십 년 동안 이전 세대의 군인들에게 인기를 끌었던, 적들에 대한 맹목적 적개심을 담은 과장된 영웅주의를 드러낸 '애국적인 노래'와는 달랐다.

만약 1979년 중국과 베트남 국경전쟁의 구체적인 맥락을 이해하지 못한다면 이 노래는 단지 전쟁터와 잃어버린 목숨들과 많은 이들의 희생이 가져온 피로 얼룩진 영광만을 묘사한 것에 불과할 것이다. 노래의 내용은 살아 돌아오지 못할 수도 있다는 약한 인간의 모습과 죽음으로 얼룩진 전쟁터의 승리를 주로 담고 있다.

그런데 중국이 여전히 베트남과 교전 중이었으며, 정부가 중국의 입장이 정당하고 이 전쟁이 중국의 말을 듣지 않는 베트남을 '한 수' 가르치기 위한 것이라고 설명했는데, 그리고 그 승리가 예견되던 상황이었는데, 어떻게 갑자기 이전과는 확연하게 바뀌어 명확히 부정적이고 감상적인 전쟁 노래가 중국 전체를 사로잡을 수 있게 되었을까?

이 글에서 나는 이 노래를 포함하여 중국-베트남 국경전쟁을 다룬 1980년대 영화와 대중음악과 같은 문화생산물들을 대상으로 그 모호성을 파고듦으로써, 공산주의에 대한 열기가 탈정치화하고 개혁지향적인 실용주의에 의해서 힘을 잃어 가던 변혁기의 중국을 살펴보고자 한다. 당시에 아시아 전역에는 냉전의 구름이 어렴풋이 드리워져 있었으며 동시에 철의 장막 내부에는 적대 진영과의 대립만이 아니라 동맹진영 내부의 동지 사이에서도 이데올로기적인 대립이 존재하였다.

이 글은 위와 같은 접근방법을 통하여 '공산진영'과 '자유진영' 사이에 지배이데올로기와 문화전쟁이라는 대립이 존재했다는 냉전연구의 오래된 가설에 대하여 이의를 제기하고자 한다. 그 가설은 진영 내부의 이데올로기적 동일성과 연대의식을 상정하고 있는데, 최근 '공산진영'의 학계에서는 이러한 가설을 신화로 규정하고 해체하는 시도가 진행되고 있다.[1] 이 작업들은 단순히 이데올로기 차이가 진영 사이의 경계를 구축했다는 전제 위에서 만들어진 냉전정치학 패러다임이 불충분하다는 점을 증명했다고 할 수 있을 것이다.

아시아에서 흔히 사용되는 정치적 분석과 대중적 상상은 공산주의 운동과 미국의 정치, 경제, 문화적 영향을 받은 나라들 사이에 존재하는 첨예한 이데올로기적 분리주의를 따르고 있는 것 같다. 이 상상된 냉전적인 '경계'가 강력한 개념구축과 현실적 구체성을 띠고 그 시대의 정치, 사회, 외교적 복잡성을 설명하는 데 보편적이면서도 손쉬운 해석의 출발점이 되기 때문이다.[2]

그러나 이러한 접근은 특히나 역사적인 복잡함, 문화적 연대, 평화와 전쟁 등이 난맥상처럼 얽혀 있는 아시아 지역의 복잡하고도 특수한 정치지리학을 지나치게 단순화할 위험을 안고 있다. 이런 관점에서 이 글은 진영 내부의 동질성과 진영 간의 명백한 이데올로기적·문화적 균열이라는 섣부른 가정을 피하면서 아시아지역의 냉전과 탈냉전의 문화정치학을 이해하고자 한다. 1979년 중국-베트남전쟁을 바탕으로 한 이

---

1) Yinghong Cheng, "Sino-Cuban Relations during the Early Years of the Castro Regime, 1959~1966", *Journal of Cold War Studies*, 2007, 9(3), pp.78~114; Lorenz Lüthi, *The Sino-Soviet Split: Cold War in the Communist World*, New York: Princeton University Press, 2008; Odd Arne Westad and Sophie Quinn-Judge, eds., *The Third Indochina War: Conflict between China, Vietnam and Cambodia, 1972-79*, New York and London: Routledge, 2006.

2) 이 분야는 국제관계, 안보 연구, 그리고 아시아 지역 연구 영역에서 특히 중요하다. 논의 방향은 *Journal of Cold War Studies, Asian Survey, and Pacific Affairs*를 참고하라.

글의 목표는 첫째, '공산주의적 결속'이 본질적으로 지니고 있는 균열적 속성을 고찰하고, 둘째로 공산주의 운동에서 선언된 서약을 바탕으로 결성된 동맹들이 얼마나 쉽게 상호불신과 불안, 질투, 야망, 이기심에 의해 분열되는 것이었는가를 드러내 보이는 데 있다.

이 글은 1979년 중국-베트남전쟁의 역사적·문화적으로 복잡했던 상황을 포괄적으로 이해하기 위하여 전쟁에 관한 정부 공문서와 출판된 회고록을 참고하고 전쟁을 직접 경험한 사람들의 자전적 이야기들을 텍스트에 포함시킴으로써 연구의 정확도를 높이고자 하였다. 아울러 중국 사회에서 냉전이데올로기의 미묘한 정치사회적 변화를 1980년대 대중문화라는 분석틀을 통해 고찰하고자 하였다. 미시정치학의 관점에서 영화와 음악에 대한 대중의 선호도 변화는 중국의 정치사회적 변동을 확인할 수 있는 유용한 자원으로서 가치가 있기 때문이다.

국경전쟁 직후인 1980년대에 급격히 발전한 중국의 초기 문화시장에서는 전쟁을 소재로 한 대중적인 전쟁영화가 주류를 이루었고 특히 베트남을 악의 축, 지역평화의 파괴자, 사회주의의 반역자로 묘사하는 선전용 수사법이 빈번하게 사용되었다. 1980년대 중후반 무렵에는 문화 생산물들이 중국-베트남전쟁을 자기반성적 관점에서 재해석하려는 시도가 이루어지기 시작하였으며 낭만적 사랑과 전쟁 장르가 결합되는 것과 같은 새로운 추세가 폭넓게 대중화되었다.

새롭게 부각된 인도주의적 접근방법은 기존에 이성적으로 사고하지 않는 무자비한 군인과 충성스러운 살인기계로 묘사된 군인영웅들을 좀더 현실적이고 인간적인 방식으로 묘사하기 시작하였다. 이 글은 이러한 작품들에 반영된 문화적 이데올로기 변형과정을 세밀하게 분석함으로써 베트남을 적대시하던 냉전시대의 공포가 점차 내적 자아성찰과 자기분석의 방향으로 흘러가는 과정과 그러한 패러다임의 전환이 1980년 대 중국에서 어떻게 발생했는가를 추적하고자 한다. 분석을 통하여 냉전 이데올로기의 사회체제가 일관성을 갖추지 않았으며 확고하지 않았다는 것을 궁극적으로 증명할 것이다. 냉전 이데올로기는 늘 변화하는 국내외 무력외교의 역학으로 인하여 대중선전, 공교육 그리고 정치적 운동을 통하여 지속적으로 강화될 필요가 있었다. 특히, 대중문화는 파편화되고 모호한 속성을 지닌 이데올로기의 구조를 드러나게 하고 선전과 대중의 관심을 반영하는 매개체 역할을 한다는 점에서 상당히 중요하다.

쩽(Zheng)은 1980년대 아시아에서 어떻게 테레사 텅(Teresa Teng)[3]의 음악이 그토록 상당한 인기를 얻을 수 있었는가에 대하여 언급한 바 있다. 그는 향수를 불러일으키는 텅의 발라드가 본질적으로 정치적이지 않으면서도 타이완과 중국 본토 사이의 긴장상태를 심도 있게 사유하도록 하는 데 지대한 정치적 영향을 끼쳤다고 주장한다. 이 글 역시 이데올로기 안에서 대중문화가 만들어지지만, 또한 이데올로기에 갇히지 않은 무엇인가를 생산해 낼 수 있다는 점에서 대중문화가 의도하지 않은 정치적 효과를 발휘한다는 점을 확인하고자 한다.[4] 기이하게도 냉전 편집증에 눈이 먼 공산주의 진영 내에서 벌어진, 잔인한 1979년 중국-베트남전쟁은 사실상 예술적 창조의 기본 토대가 되었고 결국에는

---

3) 덩리쥔(鄧麗君)의 영문 이름이다.
4) 어떻게 대중문화가 국가의 통제를 벗어나 국가권력과 관련하여 자기 위치를 구축하고 협상을 했는지, 어떻게 재즈음악이 미국 냉전전략이 될 수 있었는지, 그리고 미국의 민족문화 안에서 아프리카 미국인이 어떤 핵심적 역할을 했는지 등에 관한 흥미로운 연구를 보려면 Penny M. Von Eschen, "The Real Ambassadors", eds. Robert O'meally et al., *Uptown Conversation: The New Jazz Studies*, New York: Columbia University Press, 2004의 연구를 참고하라.

자아성찰의 계기를 만들어 내어 중국사회 안에 냉전 종식을 예고하는 정치적 풍토의 변화를 촉진시켰다.

다시 말하면, 이러한 문화적 생산물들은 주류의 사회문화적 태도를 형성하고 반영할 뿐만 아니라 정치적 변화에 영향을 끼칠 수 있는 잠재력까지 갖고 있다. 초반에 소개된 노래 「피로 얼룩진 영광」의 경우, 중국-베트남전쟁 기간에 사망한 병사들을 추도하기 위해 만들어졌으나 1989년 천안문 학생운동(Tian'anmen student movements) 당시에 민주주의와 자유를 향한 싸움에서 학생운동가들을 자극하는 운동의 대표적인 상징으로 탈바꿈되었다.

이 노래 외에도 다른 문화적 생산물들, 가령 영화나 대중음악도 나와 타인, 주권과 독립국가에 관한 대중의 신념과 사상을 개조함으로써 냉전적 상황 속에서 냉전논리를 대체하는 자아성찰에 관한 새로운 트렌드를 반영하였다. 자아성찰에 관한 이와 같은 비판적인 태도는 1980년대 중국의 사회정치적 변화에서 상당히 중요했을 뿐 아니라 중국이 냉전 정치학에서 벗어나 시장경제를 채택함으로써 "자유진영"으로 좀더 가까이 이동했다는 것을 시사하는 전환점이 되었다.

이 글은 첫번째로 1979년 중국-베트남 국경전쟁을 재논의하고 출판된 기록물, 회고록, 개인적 담화를 분석하면서 전쟁의 기원, 진행과 결과를 검토하고자 한다. 연구의 목표는 중국-베트남 관계가 갑작스럽게 악화된 것처럼 보였던 것들이 단순히 국제적이고 지역적인 정치의 결과일 뿐만 아니라, 실은 국내의 전략적 계획과 정치적 엘리트들의 열망과 고민에 의한 결과라는 것을 보여 주는 데 있다. 이를 위해 1980년대 중국에서 국경 전쟁을 소재로 다룬 대중영화를 소개하고 분석하고자 한다.

이 국경 전쟁은 중국 내에서 '베트남에 대한 정당방위반격'(自卫还

击)으로 표현되었기 때문에 이 시기에 늘어난 문화적 생산물들은 독특한 형태의 '정당방위반격'이라는 장르를 만들어 내었다. 이 글은 베트남과의 전쟁에 관한 대중적 담화에서 발생한 미묘하지만 근본적인 변화——중국의 공식 선전을 신뢰하고 따르는 투쟁을 극화한 것으로부터 전쟁과 희생에 관한 인도주의적 담화의 도입과 반전(反戰) 정서의 공공연한 표출에 이르는——를 추적하는 것을 목표로 한다. 개혁개방을 실천하는 과정에서 중국사회의 변화가 지속됨에 따라, 이러한 문화생산물들은 냉전에 기반한 적개심이 사그라지는 것과 함께 휴머니즘과 국가주의를 결합하려는 욕구가 등장하는 것을 동시에 보여 준다.

1. 1979년 중국-베트남 국경 전쟁

1979년 중국-베트남 사이의 국경 전쟁은 그 시작부터 종결까지 모호하였다. 갈등의 주요 원인과 전쟁의 목적, 전투의 최종적인 결과 등 모든 것이 여전히 논쟁의 여지를 남겨 두고 있다. 중국은 그 전투에 대하여 첫째, 중국의 영역과 주권을 보호하기 위한 것이었으며, 둘째, 잘못된 처우를 받아 온 베트남에 거주하는 중국 민족들을 대변하여 정당성을 찾기 위한 것이었고, 셋째, 베트남의 동남아시아 지역에 대한 패권적 야망과 '제국의 꿈'을 억누르기 위한 것, 넷째, 소련에 경고 신호를 보내기 위한 것이었으며, 마지막으로 동남아시아 지역에 자국의 영향력을 확장하기 위한 것이라고 주장하였다.[5] 그러나 베트남의 관점에서 보면, 이 군사 공격

---

5) Hui Jin, Huisheng Zhang, and Weiming Zhang, *Sino-Vietnamese War: A Secret Dossier (Zhongyue zhanzheng milu)*, Changchun: Shidai Wenyi Publisher, 1990;

은 악의적인 의도와 만행이 수반된 명백한 침략이었다.[6] 더욱 흥미로운 사실은 이 전쟁에서 양쪽 다 승리를 주장했다는 점이다.

1979년의 중국-베트남전쟁은 아시아지역 공산주의 운동의 역사에서 가장 커다란 분수령의 하나로, 냉전 시기의 '수퍼 파워'와 당시 그 아시아의 이웃들 간의 국제관계에 있어서 지정학적이고 외교적으로 심오한 의미를 내포하고 있는 것이었다.[7] 1979년 충돌의 발생은 세계 공산주의 운동 내부의 급격한 정치적 변화와 중국 내부적으로 발생한 정권의 변화, 둘 다에 근본적인 원인이 있었다. 중소분열은 정치적인 혹은 이데올로기적인 혼란을 심화시켜 중국과 베트남 간의 적대감을 극대화하였다. 1950년대 이후에 중국과 소련 간의 정치적·이데올로기적 관계는 스탈린(Iosif Stalin) 사망 이후로 뚜렷하게 쇠락하는 조짐을 보이기 시작하였다.[8]

마오쩌둥은 스탈린의 후계자인 니키타 흐루시초프(Nikita Khrushchev)가 스탈린에게 가한 맹비난과 그가 사회주의와 자본주의 사이의 양립할 수 없는 적대성에 관한 맑스-레닌주의 행동원칙을 경시하면

Peking Review, Sino-Vietnamese Negotiations: Two Different Attitudes, April 27, 1979.

6) Ministry of Foreign Affairs Vietnam, *The Truth about Vietnam-China Relations over the Last Thirty Years*, Hanoi: Ministry of Foreign Affairs, Vietnam, 1979; Vietnam Courier, *The Hoa in Vietnam: Dossier*, Hanoi: Foreign Language Publishing House, 1978.

7) Harlan Jencks, "China's "Punitive" War on Vietnam: A Military Assessment", *Asian Survey* 19(8): pp.801~815, 1979; Eugene K. Lawson, *The Sino-Vietnamese Conflict*, New York: Praeger Publishers, 1984.

8) 중소분열은 극히 복잡하고 다면적이어서 이 역사적 사건의 자세한 설명은 본 논문의 연구 영역을 벗어난다. 이에 대해서는 '올해의 책'을 수상한 로렌츠 뤼티(Lorenz Lüthi, *The Sino-Soviet Split: Cold War in the Communist World*, New York: Princeton University Press, 2008)의 연구를 참고하라.

1979년 중월 국경 전쟁. 인 홍웨이(Yin Hongwei) 사진제공.

서 좀더 급진적인 성장의 길로 소련을 이끌려는 계획을 지닌 데에 영향을 받았다. 즉 1960년대, 나날이 증가하는 이념적 차이뿐만 아니라 일련의 다른 외교, 군사, 영토분쟁 문제로 인하여, 마오 체제의 중국 공산당(Chinese Communist Party, CCP)은 소비에트 공산주의 모델을 공식적으로 '수정주의 반역자'로 규정하고 강하게 비난하였다.

중소분쟁은 공산진영을 어리둥절하게 만들고 냉전 정치를 완전히 바꾸어 놓았다. 또한 중소분쟁은 1960년대 중국과 쿠바 사이의 붕괴를 초래했고,[9] 라틴아메리카와 중국의 역학관계를 바꿔 놓았으며,[10] 획일적 '공산주의 위협'이라는 인식을 변화시켜 1970년대 중미관계의 긍정적 변화의 밑거름이 되었다.

1960년대 중소분열 이후, '공산진영'과 자본주의 '자유진영'을 분할하는 데 집중되었던 냉전적 긴장은 예전 같지 않았다. 미국은 더 이상 싸워야 할 적이 아니었으며 실제로 중국의 최고 통치자들의 눈에 미국은 최후의 악으로 현현한 소련에 대항할 새로운 이념 전쟁의 동맹국으로

---

9) Cecil Johnson, *Communist China and Latin America, 1959-1967*. New York: Columbia University Press, 1970.

10) Yinghong Cheng, "Sino-Cuban Relations during the Early Years of the Castro Regime, 1959-1966", *Journal of Cold War Studies*, 2007, 9(3): pp. 78~114.

비춰졌다. 1970년대 초 통
치 말년의 마오쩌둥은 소
비에트 위협을 상쇄하기
위한 대책으로서 중미 관
계를 개선하기 위하여 상
당한 노력을 기울였다.[11]

1979년 중월 국경 전쟁. 인 훙웨이 사진제공.

그러나 중미정상화
의 진척상태는 더뎠으며 마오쩌둥이 사망할 때까지도 가시화되지 못했
다. 미국과의 동맹이라는 중국의 전략적인 움직임은 우방국인 베트남에
게는 공산주의 운동에 대한 배신일 뿐만 아니라 베트남과의 오랜 우정
마저도 저버리고자 하는 중국의 명확한 의사 표시로 받아들여졌고, 이로
인하여 중국과 베트남 사이의 오래된 친밀한 관계는 손상되었다.[12] 이에
대한 대응전략으로써, 베트남은 소련과 더욱 가까워졌고 공공연하게 많
은 상황에서 중국의 권위에 도전하기 시작하였다.[13]

1975년 이후, 중국-베트남 관계는 영토분쟁이 반복적인 의제로 떠
오르면서 더욱 극심한 갈등상태를 맞이하게 된다. 국경 분쟁 이외에도,
중국민족(호아 사람들, Hoa people)의 광시(Guangxi), 윈난(Yunnan)
그리고 다른 동남아시아 국가들로의 집단이주는 점차 논쟁의 쟁점이 되

---

11) Kuisong Yang and Yafeng Xia, "Vacillating between Revolution and Détente: Mao's
Changing Psyche and Policy toward the United States, 1969-1976", *Diplomatic
History*, 2010, 34(2): pp.395~423.

12) Ministry of Foreign Affairs Vietnam, *The Truth about Vietnam-China Relations
over the Last Thirty Years*, Hanoi: Ministry of Foreign Affairs, Vietnam, 1979.

13) 예를 들어, 베트남은 1968년 소련의 체코슬로바키아 침략(중국에 의해 맹렬하게 이의제기된
결정)에 적극적으로 지원하겠다는 태도를 공개적으로 표명했다.

었다. 베트남은 호아 사람들을 학대하고 박해했다는 중국의 비난을 강력하게 부정하면서 중국 민족 이동의 책임이 오히려 베이징의 강압에 있다고 주장하였다.[14] 이러한 사건들은 중국이 베트남에 대한 공격을 계획하는 시발점이 되었다.

중국-베트남 관계의 급격한 냉각은 중국 내의 정권 변화로 인해 한층 심화되었다. 1976년 마오쩌둥의 서거 이후, 화궈펑(Hua Guofeng)이 당시 최고 의장이었음에도 불구하고, 덩샤오핑(Deng Xiaoping)이 중국의 실질적인 지도자로 부상하였고 덩샤오핑의 국내 정책은 중국의 국가적인 최우선 사항을 경제와 기술발전, 세계 타 국가들과의 협력을 통한 현대화로 설정하였기 때문에 마오쩌둥의 정책과는 뚜렷하게 달랐다. 덩샤오핑은 분명하게 미국을 현대화의 개척자, 부 창출, 선진기술, 교육프로그램의 최고국가로 간주하였다.

마오쩌둥이 미국과의 관계를 공식적으로 정상화하는 데 도달하지 못한 후로, 덩샤오핑은 그 목표를 성취하는 데 전력을 기울였다. 그가 계획한 것 가운데 하나는 중국이 지역 내 소비에트의 영향력을 약화시키기 위하여 베트남과의 전쟁에 기꺼이 참여할 것이라는(그것을 통해 미국의 걱정을 덜 수 있도록) 메시지를 미국에게 분명히 전달하는 것이었다. 덩샤오핑은 이를 통해 중미관계가 공고해지기를 희망하였으며 중국이 국가안보 면에서 이익과 함께 중국의 경제 발전과 현대화의 계획에 긍정적 영향이 있기를 기대했다.

만약 중국이 정말로 베트남을 공격할 계획을 가지고 있었다면, 워싱

---

14) Vietnam Courier, *The Hoa in Vietnam: Dossier*, Hanoi: Foreign Language Publishing House, 1978.

턴의 지원은 덩샤오핑에게 상당히 중요한 것이었다. 중국 지도부가 예상한 최악의 시나리오는 중국이 군대를 남쪽으로 보냈을 때 소비에트와 중국이 맞닿아 있는 중국 북부 국경의 긴장 악화가 초래될 수 있다는 것이었다. 이러한 중국의 불안감은 왜 베트남이 소련과 점점 가까워졌을 때 중국이 그토록 불쾌해 했는가를 잘 설명해 준다. 베트남이 캄보디아를 침략했을 때, 소련과 베트남에 의한 중국의 고립화는 분명해지는 것처럼 보였고 이는 중국 지도부의 심각한 안보 위협의 하나로서 간주되고 있었다.

덩샤오핑은 특히 미국과의 협상에 총력을 기울였으며 그 무렵에 정상화 과정을 서둘렀는데 그 이유는 워싱턴으로부터의 지원이 총체적으로 정국의 역학관계를 바꿔놓을 수 있다고 생각했기 때문이다.[15] 1979년 1월, 덩사오핑은 역사적인 워싱턴 방문을 단행하였으며, 국제사회가 중국의 베트남 국경에서의 움직임을 비난하거나 소련이 보복할 경우를 대비하여 미국 정부로부터 "도의적 원조"를 공식 요청했다.[16]

1979년 2월 17일, 중국과 베트남의 국경에서 충돌이 발발하였다. CCP 중앙위원회는 당직자들에게 지방, 군 지역, 정부 각료들 그리고 다양한 민간단체들(人民团体)에게 공식회보를 발송했다.[17] 이 회보는 국경 충돌의 심각함, 중국민족에 대한 학대, 그리고 전쟁의 이유로서 잠재적

---

15) Wenzhao Tao, "Deng Xiaoping and the Sino-American Relations, 1977-1991(Deng Xiaoping yu Zhongmei guanxi)", *Social Science Research (Shehui kexue yanjiu)*, 2005, (5): pp.11~18.

16) Zbigniew Brzezinski, *Power and Principle: Memoirs of the National Security Advisor 1977-1981*, New York: Farrar, Straus and Giroux, 1983, p.409.

17) Li Min, *Ten Years of the Sino-Vietnamese War (Zhongyue zhanzheng shinian)*, Chengdu: Sichuan University Press, 1993, p.34.

하노이 포스터. "우리는 승리를 거둘 것이다"라고 쓰여 있다. 각 연도와 함께 그려져 있는 세 이미지는 베트남이 프랑스, 미국, 중국을 상대로 싸운 전투를 기념하는 것을 상징한다: 반(反)프랑스 전투(1954), 베트남전쟁(1975), 국경전쟁(1979). 청잉훙 사진 제공.

소련과 베트남의 안보 위협에 따른 중국의 고립화에 대해 언급하면서 중국은 베트남으로부터 단 1인치의 영토도 뺏을 생각이 없으며 이번 공격은 '레주앙 클리셰'(Lê duấn cliche, 黎笋集团)에게 본보기를 보여 주기 위한 제재조치에 불과하다는 것을 강조했다.

　　그 회보는 '레주앙 클리셰'가 '아시아의 쿠바'가 되고자 하며 베트남 국민들의 의지에 반하는 악의적 조치인 '사회제국주의'(社會帝國主義)

의 헤게모니를 장악하려 하였다고 설명했다. 이 논리에 따라 회보는 중국의 '정당방위반격'은 도의적이고 정당하였으며, 이는 사실상 중국뿐만 아니라 베트남 국민들과 아시아지역의 평화를 위해 최선을 다한 처사였다고 선언하였다.

2. 전투 이후의 삶

처음부터 국경전쟁은 정치적 책략과 중국의 최고위급 지도부들을 성가시게 한 냉전 공포증의 산물이었다. 이러한 베이징 고위 관료들에 의한 정치적 계산과 권력게임이 일반 중국과 베트남 국민들에게 충분히 이해될 리 만무했다. 국경 지방에 사는 중국과 베트남 사람들은 그들이 공유해 왔던 강한 결속력과 유대감을 기억했다.

베트남이 전쟁에 의해 어려운 상황에 놓이고 중국이 최악의 기근과 문화대혁명으로 사회가 혼란스러웠을 때, 국경에 사는 양국 사람들은 서로를 보호하였으며 어려운 시기를 이겨내고자 음식, 약, 다른 생필품들을 공유했었다. 잦은 교류와 종족 간 결혼을 통해 국경을 넘는 결속력은 강하게 유지되었다. 국경지역에서 중앙정부의 통치는 미약하여 깊숙이 관여하지 못했고 국경지방에서의 일상생활은 오로지 평화롭게 이웃과 함께 사는 것일 뿐이었기 때문이다.

1978년 후반, 국경지방에서의 상황은 다른 국면을 맞이하기 시작하였다. 군대가 주변 방어 요새를 짓기 위해 도시와 마을에 진입했다. 전쟁에 참가할 생각이 전혀 없던 젊은 병사들이 전쟁터로 내몰렸다. 한 국경지역 상인은 전쟁 전에는 그의 남동생이 아주 어렸을 적부터 망고를 따러 수영을 해서 홍하(紅河)를 건너곤 했었다고 회고했다.

그러나 전쟁이 발발하자 그는 베트남 병사에게 붙잡혀 죽도록 맞은 후에 강 건너 중국에 있는 그의 가족이 볼 수 있도록 그 망고 나무에 걸렸다고 했다. 전쟁이 지난 30년 후, 국경지역 주민들은 이와 같은 이야기들을 베트남 사람들과의 무역을 원활하게 하기 위해 점차 잊으려 하였으며 결국 잊혀지게 되었다. 국경지대의 중국인들은 전쟁은 과거의 것이고, 최선은 그저 잊어버리는 것이라고 증언하였다.

이러한 의도적 '망각'은 특히 과거 전쟁의 기억이 환기될 때 중국인들 사이에서 이따금씩 냉소와 예리한 인식을 수반하였다. 대중문화와 학계 학술지에서도 중국의 근대 전쟁(아편전쟁, 반일본전투, 반국민당 내전, 한국전쟁 등)은 집단적 기억으로 구축되었고 이후 중국의 국민국가 이데올로기에 통합되었다. 이 과정에서 군사담론은 중국민족주의의 주요한 부분이 되었다.[18] 다수의 사람들이 중국의 생존과 구원이 전쟁에서의 역사적 승리 위에서 구축된 것이라는 데 의문을 품지 않았기 때문에 '망각'은 선택사항이 아니었다. 그러나 중국-베트남 국경전쟁은 국가적 명예나 자긍심 차원에서 공개적으로 축하되지 않았으며 끊이지 않는 의문과 질문들에 의해 도전받으며 서서히 잊혀져 갔다. 1980년대 초, 중국의 국경 전쟁에 관한 대중적 담론은 여전히 냉전 이데올로기와 당 정책에 깊이 침윤되어 있는 주정부 관료들에 의하여 널리 회자되었다. 1980년대 후반 무렵, 이러한 담론은 기존의 거친 선전적 접근에서 벗어나, 문화적 영역에서 배양해 온 훨씬 '인도주의'적인 고려를 반영하기 시작하였다.

---

18) William Callahan, "National Insecurities: Humiliation, Salvation and Chinese Nationalism", *Alternatives*, 2004, 29(2), pp. 199-281; Yinan He, "Remembering and Forgetting the War: Elite Mythmaking, Mass Reaction, and Sino-Japanese Relations, 1950-2006", *History and Memory*, 2007, 19(2), pp. 43~74.

이 '인도주의'적 사고방식은 정당이나 국가에 대해서보다는 '중국 인민들'을 위한 자기희생, 순국, 민족주의, 공헌을 강조했다. 이와 같은 전환은 자유로운 대중문화가 등장하기 시작한 1980년대라는 시간성과 관련이 깊다. 새로운 형태의 대중문화의 등장은 중국이 조심스럽게 시장 개혁에 관여하면서 새로운 사고방식과 획기적인 예술적 실험이 번성하였던 것에 바탕을 둔다. 1980년대에 생산된 텔레비전 쇼, 영화, 음악 및 대중문학들은 여전히 국가의 이데올로기적 성질을 띠고 있기는 했으나, 과거에 전통적으로 국가 선전만을 담고 있었던 형태에서 상당한 정도로 벗어나 있었다.

3. 1980년대의 전쟁정치와 대중문화

1980년대와 1990년대 중국에서는 '문화열', 특히 '대중문화 붐'(流行文化热)에 관한 글이 쏟아져 나왔다.[19] 이 시기는 덩샤오핑 체제 아래서 자본주의와 조금씩 협력하면서도 마오쩌둥–레닌의 사회주의 이데올로기의 권위가 여전히 주장되던 시기였다. 특히, 1980년대는 세계적으로 유

---

19) Geremine Barme, *In the Red: On Contemporary Chinese Culture*, New York: Columbia University Press, 1999; Fong-Ching Chen and Guantao Jin, eds., *From Youthful Manuscripts to River Elegy: The Chinese Popular Cultural Movement and Political Transformation, 1979-1989*, Hong Kong: The Chinese University of Hong Kong Press. 1997; Rey Chow, *Primitive Passions: Visuality, Sexuality, Ethnography and Contemporary Chinese Cinema*, New York: Columbia University Press, 1995; Sheldon Hsiao-Peng Lu, "Postmodernity, Popular Culture, and the Intellectual: A Report on Post-Tiananmen China", *Boundary* 2, 1996, 23(2): pp. 139~169; Xudong Zhang, *Chinese Modernism in the Era of Reforms: Cultural Fever, Avant-garde Fiction, and New Chinese Cinema*, Durham: Duke University Press. 1997.

명세를 탄 장예모(張艺谋)와 천카이거(陈凯歌) 등의 '제5세대'라 불리는 영화제작자들의 등장과 전국적으로 뜨거운 논쟁을 촉발한 텔레비전 미니시리즈 「황하의 죽음」(河殤), 그리고 홍콩과 타이완의 대중음악이 중국에서 큰 인기를 얻은 것 등 문화적으로 상당히 중요한 시기였다.

1980년대의 문화생산물들은 마오쩌둥 정권 시기에 유행했던 소비에트 스타일의 사회주의리얼리즘 장르와는 거리가 있었다. 오히려, 자연스러운 환경의 민중문화와 보통 사람들의 일상생활이 새로운 예술적 초점의 중심이 되었다. 1980년대의 새로운 제작물들은 사회주의 영화에 주로 등장하던 '천편일률적'인 영웅이나 악당 대신에 주인공의 다면적인 심리상태, 깊이 있는 플롯이나 캐릭터의 모호함을 다루는 것을 선호하였다. 정치적 이슈보다는 권위주의적 통치의 계략에서 깨어난 현대인의 자기성찰적 '자유 의지'를 세밀하게 묘사하는 것이 시도되곤 하였다. 1980년대 중국의 문화영역에서 '휴머니즘으로의 전환'은 실로 개혁 이후에 나타난 급격한 사회정치적 변화의 징후였다.

많은 이들이 이 문화적 전환이 문화대혁명의 종료와 중국의 문호개방 및 개혁의 출현에 의한 것이라 말하지만, 1980년대에 10년 가까이 지속되고 있는 중국과 베트남 간의 국경 전쟁 역시 진행 중이라는 사실은 종종 간과한다. 중국과 베트남 간의 이 긴 전쟁은 공산진영 내의 '사회주의 냉전'[20)]에 의해 촉발되었고, 여타 다른 국가들이 사회주의 정치를 포기하고 '자유 진영'으로 움직일 준비를 갖추던 때까지도 지속되었다. 이러한 전환의 시기에 국경전쟁은 새로운 대중영역을 지배하고 주권과 국

---

20) Yinghong Cheng, *Creating the "New Man": From Enlightenment Ideals to Socialist Realities*, Honolulu: University of Hawaii Press, 2009, p.41.

가정체성, 자아와 타인, 희생과 자아실현에 관한 성찰을 주도한 셀 수 없이 많은 노래, 영화, 소설에 사용될 만큼 대중적인 테마로 자리 잡았다.

이 생산물들은 보통의 상투적인 선전물로부터 총알이 왔다 갔다 하는 단순한 흥미위주의 액션영화에 이르기까지, 그리고 희생적 애국주의를 호소하는 감상적 멜로드라마부터 솔직한 아방가르드 실험에 이르기까지 다양하였다. 이것들은 1980년대의 독특한 문화적·이데올로기적 흔적이 담긴 '정당방위반격'이라는 장르를 구성하였다. 이 문화적 생산물들로 인하여 평범한 사람들은 전쟁의 의미에 대해 의문을 품기 시작하였고, 무엇을 위하여 누군가는 살고 누군가는 죽으며, 어떻게 자본주의 시장개혁과 부당이득, 이타적인 봉사, 희생정신 사이의 모순을 조정할 것인가라는 질문을 하기 시작하였다. 이러한 질문들과 자기성찰들이 지배적 정치와 문화적 어젠더를 크게 벗어나지는 못하였으나 다양한 논쟁을 위한 중요한 기틀을 마련하였고 나아가 1989년 민주화 운동을 직접적으로 촉발시킨 문화 영역의 자유화라는 환경을 만들어 냈다.

다음으로, '정당방위반격' 장르의 대표격인 1980년대의 가장 인기 있었던 영화와 노래들 일부를 간략히 소개하고자 한다. 본 연구의 목표는 이 장르들의 출현의 기원을 추적하고, 시대를 통한 관념적 예술의 성장을 이해하는 것이다. 특히, '정치적'인 것과 '대중적'인 것의 의미를 재구성함으로써 이 두 가지가 중국사회에서 어떻게 긴밀하게 작동하여 의미와 권력의 사회적 영역을 생성했는지를 살펴보고자 한다.

'대중적'인 것은 '정치적'인 것으로부터 완전한 단절을 꾀할 수 없으며 온전하게 권력 외부에 있을 수 없다. 그렇다고 해서 '대중적'인 것이 그것을 재구성하거나 나아가 새로운 통찰력과 의미를 부여하는 '정치적' 전복을 할 가능성이 없는 것은 아니다. 아래에서 필자는 대중적인

'정당방위반격' 영화와 노래들이 어떻게 새로운 정치적 문화를 생산하였는지를 살펴보고, 문화생산물이 어떤 방식으로 전혀 다른 사회정치적 상황하에서 재해석된 진보적, 문화적, 도덕적 가치를 계속적으로 전달하였는가를 살펴볼 것이다.

4. 훌륭한 병사들, 완벽하지 않은 영웅들, 그리고 바람직한 여성상

'정당방위반격' 영화들은 1979년 국경 전투 직후 등장하기 시작했다. 국경 전쟁으로부터 소재를 이끌어 낸 초기 영화 중 하나는 「어머니, 우리를 자랑스럽게 생각해 주세요」(自豪吧母亲, 창춘영화사 제작, 1980)이다. 이 영화는 전쟁터에서 평범한 군인들의 과장된 영웅주의를 그려낸 작품으로 조국을 위해 개인의 안녕과 낭만적 사랑을 희생한 훌륭한 군인들의 완벽한 이미지를 연출하기 위하여 사회주의적 리얼리즘이라는 고전적 방식을 채택하였다(이는 주인공 군인들이 중국공산당에 당원으로 가입하게 되는 것과 그들의 승리를 지켜보며 자랑스러움에 눈물을 흘리는 그들의 어머니들로 상징화된다).

같은 맥락에서, 1980년과 1981년에 생산된 열 편이 넘는 영화들은 전쟁 초기에는 정치적으로 정신적으로 미성숙한 젊은이들이 점차적으로 훌륭한 군인으로 성장하고, 자신이 가진 모든 것을 희생하면서 국가를 위해 충성하는 이들을 가장 이상적인 인간상으로 그려내었다.[21]

당시에 큰 인기를 끌었던 또 다른 영화로는 「신병 마챵」(新兵马强, 베이징영화사 제작, 1981)이 있었는데, 영화는 주인공인 젊은 소작농 마챵이 국경전쟁 전날에 군인으로 징병되는 것에서 시작된다. 주인공은 눈에 띄게 총명하지는 않았지만 각별히 충성스러웠고 친절한 마음을 가진

영화 「어머니, 우리를 자랑스럽게 생각해 주세요」의 포스터

젊은이였다. 어느 날 그는 마을 시장에서 두 아이와 함께 있는 중국인 과
부를 만난다. 과부는 자신의 가족이 베트남의 맹공격에 의해 어떻게 살
해당했는지를 회상하고, 그 아들은 마챵에게 왜 중국 군인들은 베트남의
공격에 맞서 싸우지 않느냐고 묻는다. 과부와 그녀의 어린 아이들은 집
으로 돌아가는 길에 매복해 있던 베트남 군인들에게 공격을 당하였다.

어린 아들을 제외한 모든 사람이 죽는 그 비극적 장면을 바로 마챵
이 목도하게 되고 그는 참사 속에서 고아가 된 소년을 구출한다. 마챵의
머릿속에는 그 어린 아이가 "왜 당신들은 싸우지 않아요?"라고 했던 말
이 맴돈다. 새로운 영웅의 성장을 그려 내는 익숙한 사회주의의 전투적
스타일인 꽉 쥔 주먹, 눈에서 불타오르는 열기, 그리고 엄숙한 얼굴 등으

---

21) 영화들로는 「철갑 008」(鐵甲008, 바이영화사, 1980), 「시들지 말아야 할 장미」(不該凋謝的玫
瑰, 광시영화사, 1981), 「장백산전투」(長排山之戰, 바이영화사, 1981), 「젊은 친구들」(年輕的朋
友, 어메이영화사, 1981) 등이 있다.

영화 「신병 마챵」의 포스터

로 상징화된 마챵이 영화 속에서 탄생된 것이다. 남겨진 소년의 복수를 향한 듯한 울음은 많은 것을 함축하고 있다. 영화는 의도했던 대로 베트남을 중국 영토를 습격하고 무고한 마을 사람들을 살해한 침략자로 형상화한다. 또한 따뜻한 심성을 가진 중국인 병사가 더 이상 그러한 부당함을 참지 못하고 반격할 수밖에 없었다는 것을 보여 줌으로써 관객들로부터 분노와 공감을 불러일으킨다.

더욱 중요한 것은, 이 영화가 비단 전쟁을 도덕적이고 올바르게 연출한 것뿐만 아니라, 관객들로 하여금 그 전쟁터를 죽음의 장소가 아닌,

인간의 성장과 승리를 만들어 내는 곳으로 보도록 설득했다는 점이다. 국경 전쟁에 의해 더욱 강인해진 마챵은 명사수가 되고, 전장에서 살아 남아 다른 사람들을 돌보는 중요한 기술들을 익힌다. 그는 베트남 적들에 용감하게 맞서 싸우고, 자신의 안전을 담보로 하여 베트남 어린 아이들과 무고한 민간인들을 구해 내기도 한다. 영화는 전쟁이 지속되는 과정에서 새로운 영웅의 세대가 도래했음을 암시하고,[22] 대중의 상상 속에 전쟁은 합법적이었다는 군사적 수사를 재생산한다. 게다가 영화는 너무 나약해 나라를 지켜내지 못할 수도 있었던 중국의 많은 젊은 세대의 심신을 강화하는 데에 전쟁이 핵심적 역할을 해냈다는 메시지를 전하면서 장엄하게 막을 내린다.

초기의 '정당방위반격' 장르에서 보여지는 예술적 표현들은 한국전쟁 당시의 1950년대와 1960년대에 대단히 인기있었던 '홍색경전'(紅色經典)의 전통을 이은 것이다. 새로운 장르의 '정당방위반격' 영화들은 한국전쟁을 그린 고전적인 영화인 「상간링 산맥 전투」(上甘峙, 창춘영화사 제작, 1956), 「용감무쌍한 아들과 딸들」(英雄儿女, 창춘영화사 제작, 1964) 등의 전례를 그대로 따랐다. 그러나 비록 '정당방위반격' 영화들이 줄거리와 전투적 민족주의의 예술적 연출 방식, 과장된 영웅주의와 순국이란 면에서 초기의 고전적인 전쟁영화와 거의 흡사하지만 1980년대 초부터는 새로운 시도가 이루어졌다.

낭만적 사랑, 특히 국경을 넘는 사랑관계는 예술적 실험을 위한 새

---

22) Wang, Horng-Luen, "War Memories, Military Discourse and Nationalist Sentiments in Contemporary China", Paper presented at The Annual British Association for Chinese Studies Conference, University of Manchester, 6-7 September, 2007.

로운 공간을 제공하였다. 이러한 실험영화의 대표적인 예는 「시들지 말아야 할 장미」(不该凋谢的玫瑰, 광시영화사 제작, 1981)이다. 지뢰제거 임무를 띤 인민해방군(people's liberation army)인 웨이 리(Wei Li)는 임무 수행 중에 부상을 당하게 되는데 젊은 베트남 위생병인 응우옌(Nguyen)에 의해 구조된다. 원래 그들은 어린 시절 국경 근처의 강을 사이에 두고 살던 친구사이였는데 다시 만나게 된 후로 둘은 서로에게 마음을 열고 깊은 사랑에 빠졌다. 웨이 리가 부상에서 회복하고 중국으로 돌아가려 할 때, 응우옌은 그에게 자신의 사랑을 뜻하는 장미 한 송이를 주었고 몇 달 후 응우옌이 약을 사기 위해 강을 건넜을 때, 그녀는 웨이에게 달려갔다. 다시 사랑에 빠진 그들은 결혼을 하여 딸도 갖게 되었다. 그러나 베트남 부대가 국경지역 마을 침략을 계속하면서 중국-베트남 국경 상황은 악화되어만 간다. 웨이의 아버지와 응우옌의 아버지 둘 다 사살되고, 응우옌에게 정보를 빼 내려는 베트남 군인들에 의하여 그녀 역시 감옥에 갇히게 되었다. 이때 고향 집에서는 응우옌의 어린 딸이 그녀의 엄마를 찾으러 강 근처를 서성이다 베트남 군인들이 심어 놓은 지뢰를 밟아 생명을 잃었다. 마침내 응우옌이 베트남 관리에 의해 풀려나 중국으로 돌아오는 배를 타고 오던 중 그녀마저 총에 맞아 물속으로 가라앉았다. 강둑에서 그녀가 돌아오기를 기다리던 그녀의 남편은 아내의 죽음을 목격하고는 강으로 뛰어들어 가 응우옌의 시신을 건져 올리려 하다가 다시 총성이 울리고 웨이 리는 그들의 피로 이미 붉게 물든 강 속으로 가라앉는다.

가슴이 찢어질 듯한 웨이 리와 응우옌의 국경을 초월한 사랑이야기는 전장의 전투장면을 전혀 묘사하지 않고 비극적 로맨스라는 소재를 통해 '정당방위반격' 장르에 새로운 의미를 부여한 초기 작품 가운데 하나이다. 응우옌이 웨이 리에게 준 장미로 상징 되는 국경을 초월한 사 랑은 국경지대의 삶을 황폐화시킨 정치적 폭 풍 속에 시들어 버리고 말지만, 이 영화는 왜 이 두 국가가 수십 년을 평

영화 「시들지 말아야 할 장미」의 포스터

화롭고 친밀하게 잘 지내다 갑자기 등을 돌리게 됐는지에 대해 넌지시 질문을 던진다. 이 함축적인 질문은 그후 1980년대 영화에서 더욱 진지 하고 성찰적으로 탐색되면서 주요한 테마로 자리 잡았다. 그러나 영화가 숭고함과 사랑의 파괴를 통해 전쟁의 잔인함을 표현하는 것을 시도하였 음에도 불구하고, 이 모든 비극의 시작이 근본적으로는 악으로 표상되는 적(베트남)에 의한 것이란 지배 이데올로기의 틀에서 벗어나지 못했다.

이 영화에서 주목할 점은 「신병 마창」에서 표현된 뻔한 윤리적 영웅 주의를 의도적으로 자제하였다는 데 있다. 여기서 악으로 표상되는 적은 죄없는 사람들을 무참히 살해한 베트남 군인들이며 그 어떤 주인공도 이 틀에서 벗어날 수는 없다. 조국을 위해 죽음마저 기꺼이 감수하는 모 범적 군인에 대한 영웅적 묘사를 영화에 담지 않은 것은 참신하다. 이 영 화는 결국 이 전쟁에 대한 심오한 성찰을 이끌어 내는 데까지는 이르지 못하였지만 영화의 새로운 시도는 영화제작자들과 관중들이 당의 선전 에 의해 현실을 왜곡하는 경직된 판에 박힌 시나리오를 외면하기 시작 했다는 점을 시사한다. 게다가 관객들은 완벽한 사회주의적 병사가 아니 라, 약점과 결점을 갖고 있어서 더 사랑스러운 병사, 인간을 보살필 줄 아

는 휴머니즘적인 욕망을 표현하는 인간을 영화에서 보기를 원하였고, 이를 좀더 잘 표현하기 위한 새로운 비전과 예술적 언어를 찾고 있었음을 보여 준다.

1980년대 초기에 제작된 이런 영화들은 상업적인 면에서 그다지 성공적이지 않았는데, 그 이유는 여러 요인으로 설명될 수 있을 것이다. 이 시기는 덩샤오핑이 정권을 획득하면서 새로운 정치적 문화가 출현하던 때였다. 마오쩌둥의 정책에서 벗어나기 위하여 덩샤오핑은 문화의 자유화를 일정한 수준으로까지 끌어올렸고, 예술, 과학, 교육 분야의 발전을 촉진시켰다. 또한 이 시기는 문호개방정책을 채택한 뒤 중국이 일련의 교육과 정치개혁으로 인한 사회적·문화적으로 엄청난 격동을 겪는 시기이기도 했다.

타이완과 홍콩의 대중가요뿐만 아니라 쿠바, 브라질, 일본에서 수입된 텔레비전 드라마도 중국 본토로 유입되었는데 그것은 기존의 문화적 생산물을 소비하던 보통 사람들의 소비방식을 완전히 바꾸어 놓았다. 문화대혁명에 의하여 초래된 고통과 트라우마는 여전하였고 사람들은 끝없는 이데올로기적 선전운동과 마오쩌둥 시대를 지배했던 지루한 학습 모임에 지쳐 있었다. 1950년대 고전적 전쟁영화를 닮은 「신병 마챵」 같은 영화들은 똑같은 사회주의 혁명 스타일을 넘어선 뭔가 새로운 것을 보기를 갈망하는 중국 관객들에게는 더 이상 만족스럽지 않았다. 휴머니즘 가치에 특히 초점을 맞춘 새로운 예술적 표현들이 곧 유행의 트렌드가 되었다.

몇몇 학자들은 이미 1980년대와 1990년대 중국 영화, 소설, 대중음악에 등장한 휴머니즘 담론의 출현에 주목하고 있었다. 대중문화와 일상의 평범함을 묘사하고, 역사와 깊이를 캐릭터와 스토리에 접목시키기 시

작한 '제5세대' 영화제작자들과 유사하게 새로운 '정당방위반격' 영화의
감독들 역시 이상주의적이고 혁명적인 영웅주의에서 탈피하고자 하는
경향이 뚜렷하였다. 그들은 인간의 약점과 결점을 드러내면서 이를 통
해 한 단계 높은 인도주의적 접근을 시도하였다. 영화는 결점을 가진 '평
범한' 영웅들을 더욱 현실적이고 사랑스럽게 그려냈고, 이를 통해 궁극
적 승리를 향한 그들의 투쟁도 보다 숭고하게 묘사되었다. 이러한 변화
의 대표적인 예는 1984년에 상영된 셰진(Xie Jin, 谢晋) 감독의 「산기슭
의 화환」이다. 이 영화는 제5회 금계상(金鸡奖) 시상식[23]에서 시나리오
상, 주연배우상, 조연배우상, 그리고 편집상 등 총 4개의 상을 수상하였
다. 또한 이 영화는 연극과 텔레비전의 드라마로도 제작되었다. 영화는
1979년 전쟁 종군기자로 직접 국경전쟁을 목도한 리춘바오(李存葆) 작
가의 동명 소설을 각색한 것이었다.

영화는 1979년, 9중대의 중대장인 량산시(梁三喜)가 새로 부임한
교관인 짜오멍성(赵蒙生)을 환영하는 일 때문에 오랫동안 미뤄왔던 자
신의 가족 방문을 연기하는 데서부터 시작된다. 새로 부임한 교관인 짜
오는 오로지 고속 승진을 목적으로 최전선에 배치받기를 원했던 인물로
고급간부의 자제였다. 그는 도착하자마자 제9중대와 불협화음을 일으
켰는데 이 일을 수습하느라 량은 막 딸을 출산한 부인을 보러 가지 못하
게 된다. 9중대를 전선으로 투입시키라는 공식 명령이 떨어졌을 때, 량
은 고작 아내에게 자신이 돌아오지 못할 것이며, 부대에 갚아야 할 돈이
620위안(약 300달러, 1980년대 환율 기준)이 있으니 이것을 갚아야 한다
는 사실을 알리는 편지만 겨우 보낼 수 있을 뿐이었다. 그는 아내에게 가

---

23) 이는 중국 영화계에서 아카데미 시상식에 상응하는 대표적 시상식이다.

족 소유로 되어 있는 돼지를 팔고 또 본인이 사망하면 보상금 550위안을 받을 수 있다는 것을 알려 주었다. 전쟁은 곧바로 발발했다. 상급간부인 짜오의 모친은 갖은 인맥을 동원해서 아들을 전쟁터에서 빼내려고 하였으나 성공하지 못하였다. 그런데 짜오는 전쟁터에서 동료 병사의 죽음을 목격하고는 격분한 나머지 전투를 이끌게 된다. 짜오가 그저 그런 청년에서 9중대의 승리를 이끈 전쟁 영웅으로 변신하게 된 것이다. 한편 량중대장은 부인에게 줄 겨울외투와 갓 태어난 딸에게 줄 장난감 북, 그리고 피에 젖은 차용증을 남긴 채 전장에서 목숨을 잃는다. 그의 유언을 따라 량의 모친과 부인은 량의 빚을 갚기 위하여 9중대를 방문하게 되고, 영화는 군인들이 존경을 가득 담은 육군식 의식으로 량의 모친과 부인을 송별하는 장면으로 끝난다.

　이 영화는 중국 영화의 군사영화 장르에서 점차 혁명적 영웅을 대체한 휴머니즘의 시초를 알렸다. 저명한 감독인 셰진은 량산시나 짜오밍성 같은 인물들을 현실과 더욱 밀접하게 관련시키면서 전쟁 영웅들을 더욱 인간적으로 그려내었고 이를 위하여 감상적이고 비극적 요소를 연출에 활용하였다. 눈에 띄는 것은 셰진 감독이 완벽하지 않고 오히려 약한 속성을 지닌 인물들을 영웅으로 묘사했다는 점이다. 이러한 캐릭터는 기존의 군사영화 장르에서 형상화되어 온 완벽한 영웅으로서의 군인 캐릭터와는 비교조차 될 수 없는 파격적인 것이었다. 짜오는 가족의 힘을 빌려 군인의 의무를 회피하고 빠른 승진을 꾀한 젊은이였고, 량은 희생적인 인물이었지만, 결국에는 자기 삶뿐만 아니라 그의 노모, 부인, 그리고 어린 딸의 행복까지도 지켜내지 못한 젊은이였다. 이 두 캐릭터가 지닌 수많은 모호함과 복잡한 요소들은 상당한 논쟁거리가 되었다. 관객들은 영화에 드러난 수많은 질문들을 곰곰이 생각하게 되면서, 도대체 영웅

의 모습이란 어떤 것인가
라는 의문을 갖게 되었다.
짜오는 본인의 책무에서
도망치려 했지만 강제로
투입된 전쟁터에서는 결
국 용감하게 싸웠고 량은
오히려 모든 명령에 복종

영화 「산기슭의 화환」의 포스터

하고 조국을 위해 목숨까지 바쳤지만 가족들을 고통과 가난으로 떨어지
게 했다. 셰진 감독이 전쟁에 대하여 어떤 비판도 분명히 표현하지 않았
으며 필요한 부분에는 여전히 관료적 수사법들을 조심스럽게 집어 넣었
지만(가령, 량의 어머니가 아들의 죽음을 겪고 난 이후에 9중대를 방문한 자
리에서 "중국이여, 번영하라"라는 말을 맥락 없이 외치는 것 등), 그가 던진
함축적인 질문들은 중국 영화제작자들과 관객들이 더 이상 당의 슬로건
에 만족하지 않고 그들만의 문제의식을 갖기를 원한다는 것을 암시한다.

　　1980년대 초반의 대중영화에서 고위간부와 평범한 사람들 사이의
불평등, 공권력 남용과 군인들의 가난, 군인가족에 대한 보살핌의 부재
와 같은 복잡한 사회적 이슈들을 다룬 경우는 거의 없었다. 국가 직속 스
튜디오가 영화 제작을 담당하고 있고 '중국 영화/텔레비전 공사'에 의해
모든 영화는 검열되는 상황에서 대부분의 영화는 당의 선전기구 역할에
충실했기 때문이다. 이 무렵에 국제적으로도 널리 알려진 「황토지」(黃土
地, 천카이거 감독, 1984)와 같은 영화는 소작농의 삶과 일상을 다루면서
인도주의적 맥락에서 자유, 사랑, 양심, 그리고 억압 등을 예술적으로 탐
색하는 시도를 하였다.[24]

　　셰진 감독이 의도적으로 영화의 배경을 불명확하게 한 것은 인상적

이다. 영화에서 『인민일보』 헤드라인에 실린 중국에 대한 베트남의 침략 기사가 3초 정도 스쳐 지나가는 장면으로 나온 것을 제외하면, 베트남이나 국경전쟁에 대한 언급은 전혀 없다. 군복이나 장비에 관한 세부사항 역시 의도적으로 모호하게 그려져 사실상 영화에서 묘사한 것은 특정한 전쟁이 아니라 전쟁 일반으로도 해석될 수가 있었다. 그렇게 함으로써 영화는 군인 영웅의 스토리를 이용하여 중국 내에 진행되는 사회적 논쟁을 효과적으로 다루는 데 성공한다.

영화가 이와 같이 초점을 미묘하게 이동시킴으로써 영화의 서브텍스트가 드러날 수 있는 중요한 공간이 생겨났다. 중국의 '해방'전쟁에서 큰 아들을 잃고, 문화대혁명의 숙청 시기에 둘째 아들과 남편을 잃은 량산시의 모친을 보자. 유일하게 남은 아들 량산시마저 중국-베트남전쟁에서 잃은 후, 그녀는 그의 아들의 목숨 값인 보상금과 유일한 재산이었던 돼지를 판 돈으로 아들이 군대에서 진 빚을 갚는 데 쓰게 된다. 이제 그녀에게 남은 것은 아무것도 없지만, 그녀는 장차 다가올 중국 번영을 9

---

24) 심지어 최근 중국 영화가 상업화되면서 중국의 과거전쟁을 비판적으로 접근하려는 시도는 거의 눈에 띄지 않는다. 예를 들어, 최근 블록버스터 영화 「난징! 난징!」(南京! 南京!, 루촨 감독, 2009)을 보면, 그 영화는 처음에는 1937년 일본이 중국을 침략하던 시기에 악명 높았던 난징대학살에 대해 새로운 비판적 깊이와 역사적 정확성을 통해 재해석을 시도한 영화였지만, 결국 수박 겉 핥기식의 휴머니즘 이상을 보여 주지 못하였다. 영화는 단순히 대학살에 참여한 일본군인들을 악의적 괴물이 아닌, "역시 인간의 하나"로 묘사하는 데에 그쳤다. 사실 이러한 주제는 난징대학살 당시의 중국인들을 고통을 겪은 희생자, 그리고 영웅적 군인으로 표현되기 적합하다고 보는 것이 이념적으로 타당하기 때문에 문제가 되지는 않는다. 2차 대전이라는 정치적·역사적 비극 속에서 중국인들이 해야만 했던 역할들——잔인한 폭력 속의 영예와 승리라는 관념들——에 관한 성찰은 영화에서 전혀 이루어지지 않았다. 제레미 바르메(Geremie Barme, *In the Red: On Contemporary Chinese Culture*, New York: Columbia University Press, 1999)가 지적했듯이, 중국문화의 인도주의로의 전환은 분명하게 이데올로기적 포장을 통해 제공되었지만, 궁극적으로는 결코 독재적 통치에 도전했다고 볼 수는 없다.

중대와 함께 눈물을 흘리며 크게 기뻐한다. 겉보기에 너무나 분명한 이러한 애국적인 전쟁영화에 가득한 아이러니와 블랙유머를 발견해 내는 것은 그다지 어렵지 않다.

물론 블랙유머는 의도적인 것이 아닐 수도 있다. 하지만 중국이 사회주의 혁명 이데올로기의 시대를 넘어가는 1980년대를 기점으로 중국 국민들 사이에서는 지루함, 냉소, 그리고 주저하는 분위기가 만연해 있었다. 경제 개혁과 자유주의 시장 경제로의 이행이 역사의 새로운 장을 열었던 반면, 여전히 진행 중이던 중국-베트남전쟁은 중국의 낙후한 과거를 상기시켰다. 사람들이 국경전쟁의 목적과 의미에 대해 더 많은 질문을 던질수록, 이 전쟁은 중국에게 더욱더 당혹스러운 존재가 되었다.

이러한 특별한 인식은 왜 1980년대 후반까지도 문화생산물들이 여전히 국경 전쟁을 예술적 재료와 문화적 상징의 원천으로 선호했는가를 설명해 줄 수 있을 뿐 아니라, 왜 특정 전쟁 사례를 바탕으로 한 전쟁의 특수성에서 거리를 두려고 했는지를 설명해 준다. 따라서 국경전쟁의 모호성은 정치적·사회적 변환기를 겪는 중국 국가 자체의 상황을 반영한 것이라고 볼 수 있을 것이다. 이 변환의 시기에 중국의 대중문화에서 가장 주목할 만한 예술적 발전은 바로 냉전이라는 편집증에 의해 만들어진 대결 정치의 쇠락과 인도주의적 도덕주의, 개인주의, 민족주의의 대중화였다.

1986년과 1987년에는 「그들이 남긴 삶」(雷場相思樹, 바이영화스튜디오, 1986), 「여군의 왈츠」(女兵圓舞曲, 창춘영화스튜디오, 1986), 「보름달」(十五的月亮, 베이징필름스튜디오, 1986)을 포함한 많은 새로운 영화들이 제작되었다. 영화 「그들이 남긴 삶」에서는 전쟁터에서 새로운 군인이 된 재능 있는 다섯 대학생들의 이야기가 다뤄진다. 그들 중 한 의사는 베트남 군인의 목숨을 구해 주다 다리 하나를 잃고, 음악가는 기타를 잡으려다 지뢰를 밟고, 전쟁을 경멸하던 작가는 친구의 죽음을 겪고 난 후 서서히 살인기계가 되어 간다.

이 영화는 젊은이들의 삶을 통해 인생의 예측불가능성, 승리의 아이러니, 삶과 죽음이라는 절대절명의 순간에는 아무런 의미 없는 이데올로기, 그리고 인간의 구원 등의 주제를 다루면서 전쟁을 날카롭게 비판한다. 한편, 「여군의 왈츠」와 「보름달」은 군인, 여자친구 그리고 아내로서의 여성의 삶에 초점을 맞춘 작품인데 그들이 직면한 전쟁은 최전선에만 있는 것이 아니라, 사랑, 개인의 발전, 그리고 가족의 책임 등에 투영되어 나타나곤 한다. 이 영화들이 기존의 유사한 장르의 영화와 구별되는 점은 주인공이 더 이상 군인 훈장이나 메달을 열망하는 것이 아니라, 낭만적인 사랑의 결실을 바탕으로 한 인정과 인간의 구원을 추구한다는데 있다. 관객들은 영웅이 얼마나 용감하게 전쟁에서 싸웠느냐가 아닌, 그의 여자 친구나 아내가 그의 희생을 얼마나 이해하고 그가 돌아오기를 기다리는가를 그려봄으로써 감동과 카타르시스를 느끼고자 하였다.

'정당방위반격' 장르 후반기의 발전 양상은 여성이 상처 입은 군인을 돌보는 역할을 함으로써 국가를 대표(represent)하는 계기가 되었다는 점에서 몹시 중요하다. 낭만적 사랑은 점차 국가의 명예, 정의 그리고 자긍심으로 장식된 새로운 메달을 상징하게 되었다. 고결하고 충실한 동반자로서 중국남성의 판타지가 투사된 이상적인 여성이 개인적인 희생까지 감수하는 경우라면 이러한 종류의 사랑은 그 무엇보다도 가치 있는 것으로 여겨졌다.[25]

예를 들면, 보름달은 두 커플의 운명을 중심으로 이야기가 전개된다. 위앤 사오린 중위가 국경전쟁에서 전투 명령을 받자, 그의 여자친구

영화 「보름달」의 포스터

인 팡 샤오메이는 자발적으로 위앤의 홀어머니를 돌보는 책임을 떠맡는다. 한편 또 다른 주인공인 티앤 징은 군 복무 중인 남자친구인 팡화를 만나러 최전방으로 면회를 다녀온 뒤에 생과부(守活寡)가 되고 싶지 않다며 그와의 관계를 끊는다. 버려진 팡화는 티앤의 이별통고 편지를 주머니 속에 간직한 채 최전방에서 전사한다. 한편, 휠체어를 타고 돌아온 위앤은 영웅으로 환대를 받았을 뿐만 아니라 연인인 팡 샤오메이의 변

25) Emily Honig and Gail Hershatter, eds., *Personal Voices: Chinese Women in the 1980s*, Stanford: Stanford University Press, 1988; Xueping Zhong, "Male Suffering and Male Desire: Politics of Reading Half of Man is Woman by Zhang Xianliang", *Engendering China: Women, Culture and the State*, C. Gilmartin, G. Hershatter, L. Rofel, and T. White, eds., Cambridge: Harvard University Press. 1994, pp. 175~194.

함없는 사랑까지 얻었다. 이 영화는 한 여성의 배신과 거절이 어떻게 죽음을 상징하는지, 그리고 한 여성의 희생과 사랑이 어떻게 목숨을 지켜내는지를 우화적으로 보여 준다. 영화는 팡 샤오메이와 티앤 징의 경험을 보여 줌으로써 기존 영화의 특징인 국경 전쟁에 대한 공정성과 영예로움에 대하여 도덕적 질문을 던지는 것과는 상당히 달라진 양상을 보인다. 전쟁 자체에 대한 질문을 하는 대신에, 중국 관객들은 남성이나 국가가 아니라 여성과 여성들의 선택을 응시하면서, 이들의 선택이 전쟁이라는 공간에서 얼마나 도덕적이고 적절했는가를 판단하도록 유도되었다. 이 글의 앞부분에서 소개했던 「피로 얼룩진 영광」으로 다시 돌아가 보면, 이 노래가 1987년에 발표되고 나서 어떻게 그렇게 대단한 인기를 누릴 수 있었는가를 이해하는 것은 그리 어렵지 않다. 그 노래는 사랑하는 이에게 작별인사를 고하는 군인에 관한 노래였다. 그가 왜 그 전쟁에서 싸워야 했는지에 대한 설명 없이, 그는 그저 [연인에게—옮긴이] 본인이 돌아오지 못하는 상황을 이해할 수 있느냐고 묻는다. 심지어 연인이 '영원히 기다려 줄 수' 있는지를 그는 알고 싶어 한다. 이 노래에 표현된 구슬픈 감상성은 여성이 어떻게 해서 이 전쟁과 국가의 도덕적 정당성의 표상으로 되었는가를 보여 주는 완벽한 보조설명이 된다.

5. 마지막 총성

지금까지 1979년 중국-베트남 국경전쟁을 배경으로 한 1980년대에 제작된 다양한 영화를 검토하였으며, 대중문화에 나타난 다양한 재현들을 통하여 중국 내 냉전 이데올로기가 정치·사회적으로 변화하는 양상을 포착하고자 하였다. 훌륭한 군인, 인간적인 영웅과 이상적 여성 등과 같이 변형된 캐릭터들은 대중문화(어느 정도의 대중의 의식과 더불어)가 인도주의, 개인주의와 결합함으로써 혁명적 영웅주의라는 냉전적 정치시스템으로부터 탈피하고 있음을 보여 주었다. 이러한 변화가 여전히 중국공산당 이데올로기라는 한계 안에서 이루어지긴 하였으나 그것은 분명하게 중국 내 냉전의 종식을 알리는 비판적인 자기성찰의 계기가 되었다. 아래에서는 대중문화가 사회문화적 태도에서의 변화를 단순히 반영하는 데 머무는 것이 아니라, 어떻게 대중문화 스스로가 변형되는가를 살펴보고자 한다. 아울러 대중문화가 삶을 기존의 체제에 도전하는 새로운 정치적 문화로 끌어온 점과 대중문화의 배경이 된 이데올로기를 어떻게 넘어서는가를 천착하고자 한다.

'정당방위반격' 장르에서 그리 알려진 작품은 아니지만, 1980년대에 주목할 만한 두 편의 영화는 「그들의 전성기」(他们正年轻, 조우샤오원[周晓文] 감독, 1987)와 「비둘기나무」(鸽子树, 우쯔니우[吴子牛] 감독, 1985)이다. 「그들의 전성기」는 전쟁 중에 공습대피소에서 3개월 동안 갇혀 있었던 9명의 젊은 군인들이 경험한 극도의 불안을 묘사한 작품으로 군인들은 그곳에서 견딜 수 없는 열기와 습기, 식수와 햇볕의 부족, 수면 부족, 음식과 영양 부족, 그리고 죽음과 질병의 끊임없는 위협을 겪었다.

조우샤오원 감독은 전쟁이 장기화될수록 심해지는 병사들의 히스테리, 외로움, 절망감을 심혈을 기울여 표현하였다. 이 영화는 국경전쟁의 전쟁터였던 (양국의) 인접지역을 집으로 돌아가지 못하고 죽은 군인들의 영혼의 지옥으로 그렸다. 영화가 인민 해방군의 '영광스런 이미지'를 더럽히고 '국경 전쟁의 정당성'을 훼손시킨다는 이유로 즉각 금지되었기 때문에 영화가 공식적으로 상영된 적은 없다. 한편, 조우샤오원의 「그들의 전성기」 외에 극장에서 개봉되지 못한 또 한 편의 영화가 우쯔

니우 감독의 「비둘기나무」이다. 이 영화는 소설을 바탕으로 하였으나 실제로 국경 전쟁에서 직접 전투에 참여했던 7명의 군인들이 배역을 맡음으로써 사실감을 높였다.

스토리는 단순한 편인데, 중국인 순찰대가 매복해 있던 베트남 병사들에 의해 습격당하고 이로 인해 주인공인 거타이(Ge Tai)는 동료 병사들로부터 고립된다. 빽빽한 정글 속에서 안개를 헤치며 동료들을 찾던 중, 부상당한 것처럼 보이는 두 남자를 바라보고 있는 베트남 병사 한 명을 발견하게 된다. 그는 어떤 질문도 하지 않은 채 베트남 군인으로 보이는 자를 총으로 쏴 버렸고, 이내 자신이 쏜 사람이 부상당한 중국인 병사들을 응급처치하고 있던 베트남 여자 위생병이었다는 사실을 알게 된다. 충격과 양심의 가책을 느낀 거타이와 두 명의 부상당한 중국 군인은 사망한 베트남 위생병을 묻어 주고, 마지막 조의를 표한다.

강한 반전 정서가 드러나 있는 두 편의 영화는 중국 영화계에서 논쟁 대상이 되었다. 평론가들은 영화 「비둘기나무」가 '국경전쟁의 특수성과 목적'에 대한 의미화를 배제하면서 추상적인 휴머니즘 가치만 내세웠다고 평하였다.[26] 비록 공식적으로 상영이 되지는 못하였지만 두 영화는 새롭게 독립적으로 사고하는 경향과 기존 작품들에서는 분명하게 표출되지 않았던 비판적 성찰을 보여 주었다. 강압적으로 참전한 전쟁에서 많은 이들은 영혼을 잃어버리게 되었으며 —— 영광스럽지도 서정적이지도 않게 —— 이런 전장에서는 더 이상 훌륭한 군인이나 결점 있는 영웅이 존재할 수가 없었다. 인간의 정신은 역경과 잔인함 속에도 여전히 빛을

---

26) Xuan Zhang, *Wu Ziniu, For Whom the Bell Tolls*(*Wu Ziniu, wanzhong weishei erming*), Changsha: Hunan Wenyi Publishing House, 1996, p.291.

영화「그들의 전성기」의 포스터

발하였지만 결국 전쟁에서 승리자는 없었다.

하나의 흥미로운 질문은 여전히 남아 있다. 만약 1979년 중국-베트남 국경전쟁이 삶과 죽음, 자아와 타자, 국가와 개인의 의미에 관한 문화적 비평에 그토록 생산적인 소재거리가 되었다면, 왜 예술가, 작가, 영화제작가나 심지어 보통 사람들까지도 중국의 예전 전쟁을 좀더 비판적인 시각으로 바라보지 않았을까? 다시 말해, 왜 다른 전쟁들(반일전쟁이나 한국전쟁 같은)과는 상반되게, 1979년의 국경전쟁에 바탕을 둔 문화적 생산물들이 이데올로기보다 더 오래 지속될 수 있었던 것인가?[27]

이 질문에 대한 답을 찾는 것은 중국의 그 전환기적인 시기에 다양한 정치, 역사, 문화적 요소들이 얽혀 있기 때문에 쉽지가 않다. 1976년 마오쩌둥의 사망 이후, 새로운 정권 체제 아래 중국은 예술과 문학 분야

---

27) 최근에 중국의 과거 전쟁을 비판적으로 바라본 영화와 소설이 몇몇 등장했다. 예를 들어, 장원(姜文)감독의 블랙코메디인 「귀뢰군이 왔다」(鬼子來了, 2000)는 반일전쟁에 대한 중국의 입장을 전혀 다르게 재해석한 작품 중 하나다. 이 영화는 공식 허가 없이 칸영화제에 참여하며 엄청난 논쟁을 불러일으켰고, 이후 중국에서 상영금지처분을 받았다.

에서 '새로운 시대'(new age, 新时期)를 맞이하였다. 지식인과 예술가들은 새로운 형태의 표현들과 당시에 대중적으로 널리 받아들여지던 사조인 '이성적으로 되돌아보기'(理性反思)를 시도하기 시작하였다. 즉 1980년대 무렵, 문화를 재평가하는 흐름이 일어났고, 이 점진적인 예술의 자유화는 덩샤오핑의 '개방'정책과 함께 수반된 서구와 타이완, 홍콩 등지에서 유입된 예술적 트렌드의 유입으로 인하여 문화생산에 있어서 근본적인 영향을 미쳤다. 비록 중국공산당이 문화영역에서 '부르주아적 자유화'를 몰아내려고 몇 차례 시도를 하였으나 예술가들이 공권력이 정한 경계를 넘지 않으려고 조심하였기 때문에 일반적으로 분위기는 안정되고 용인되는 상태였다. 이와 같이 중국의 '개방'과 외국사조의 유입이 중국이 문화적 생산물들을 만들어 내는 방식을 변화시키는 데 중요한 역할을 했던 것은 분명하다. 그러나 중국-베트남전쟁이 상당 부분 간과되었기 때문에 지금까지 이 글에서는 당시의 또 다른 중요한 측면인 이 부분을 드러내기 위하여 노력하였다.

1980년대 문화 시장이 영화, 문학, TV프로, 대중음악에 나타난 '정당방위반격' 장르의 인기를 주목한 것은 결코 우연이 아니었다. 중국을 뒤흔들어 놓았던 문화대혁명이라는 국가적 트라우마에 대해서 예술가들이 비평은커녕 성찰(반성)조차 할 수 없었기 때문에 많은 이들이 진행 중이던 중국-베트남전쟁으로 눈을 돌렸다. 이 전쟁에 대한 예술가들의 예술적 표현과 비판적 접근은 전쟁의 영역을 넘어섰으며 예술가들은 인도주의, 개인주의, 이질감과 반전 정서 같은 혁신적 주제들을 탐색함으로써 사회주의 미학과 도덕주의에까지 도전할 수 있었다.

현행 연구에서는 국경 전쟁이 1980년대 문화 발전에 영감을 준 측면과 1986년 후반 이후에 학생과 지식인들에 의하여 일어났던 민주항쟁 사이의 연관성에 대한 탐구가 부족하다. 이에 이 글에서는 양자의 연결고리를 분명히 드러내고자 한다. 1989년 학생 민주화 운동과 6월 4일 천안문 대학살 이후 생겨난 문화적 상징들 중에서, 두 노래가 주목할 만한데, 그 첫번째는 널리 알려진 「피로 얼룩진 영광」이다. 이 노래는 1989년 항쟁의 가장 핵심적인 상징 중 하나가 되었으며 학생들과 시위 참가자들은 중국의 정치적 변화를 요구하는 항쟁에서 이 노래를 지속적으로 불렀다. 심지어 오늘날까지도 매년 홍콩과 해외 여러 곳에서 열리는 6월 4일 추도식에서 「피로 얼룩진 영광」은 무고한 젊은이들의 목숨을 앗아간 폭력의 잔인함을 기억하고자 하는 사람들에 의해 여전히 반복되어 연주되고 있다. 또 다른 하나의 노래는 1987년 '중국 록 음악의 대부'인 최이젠(崔健)이 만들고 부른 「마지막 총성」(最后一枪)이다. 최이젠은 그가 곡을 쓰던 1979년 국경전쟁이 벌어지던 당시에 전쟁에 대한 충격을 받고 곡을 만들었으며 1987에 발표한 앨범 「이름 없는 고지」(无名高地)에 수록하였다. 노래의 가사는 다음과 같다.

빗나간 총알이 내 가슴에 명중해
갑자기 과거 지난날들이 내 심장에 솟아오르네
오, 오, 슬픔 없이 눈물만 흐르네

만약 이것이 마지막 총성이라면
나는 기꺼이 이 드높은 영광을 맞이하리라
오, 오, 마지막 총성이여
오, 오, 마지막 총성이여

얼마나 많은지 모르겠네, 내가 다 하지 못한 말이 얼마나 많은지

얼마나 많은지 모르겠네, 내가 다 못 즐긴 행복이 얼마나 많은지

얼마나 많은지 모르겠네, 날 아끼는 사람들이 얼마나 많은지

얼마나 많은지 모르겠네, 얼마나 많은 마지막 총성들이 있었는지

이 따뜻한 땅 위 평화롭게 잠들며

아침 이슬, 저녁 노을, 만개하는 꽃과 함께,

오, 오, 내가 남길 말은 오직 한마디: 이 땅에서 살아남으리.

최이젠은 이 노래에서 총이 발사된 곳과 그것이 어디로 향하는지를 고의적으로 애매하게 만들기 위하여 '빗나간 총알'(流弹)이라는 단어를 사용하였다. 또한 그 총에 담길 수 있는 표면적 의미도 제거했다. 최이젠에게 1979년 국경전쟁에서 발사된 총알들은 무고한 사람들의 목숨을 앗아간 어이없고 의미 없는 빗나간 총알들에 불과했기 때문이다. 이 노래는 최이젠이 만든 노래 중 유일하게 알려진 곡은 아니지만, 1989년 이후 문화적으로 새롭게 주목받았다. 1990년 초반 그의 투어인 '새로운 대장정의 록rock'(新长征路上的摇滚) 중 한 부분에서 그는 빨간 눈가리개를 쓰고, 「마지막 총성」을 연주한 것으로 잘 알려져 있다.

노래를 끝낸 최이젠은 관객들에게 "내가 방금 부른 이 노래의 제목이 무엇인가요?"라고 물었고, 관객들은 뜨거운 반응을 보이며 "마지막 총성"이라고 외쳤다. 최이젠은 "네, 맞습니다. 이제 다같이 작년에 울려 퍼진 그 마지막 총성(1989년 천안문사태)이 진짜 마지막이기를 희망해 봅시다!"라고 말했고, 이 때문에 공연이 끝난 직후 최이젠은 유죄를 선고받았으며, 그의 투어 공연도 즉각 금지되었다. 이 노래는 최이젠이 가사는 부르지 않고 멜로디만 연주하면서 무대로 되돌아온 2000년대 후반

「마지막 총성」의 티셔츠 디자인. 작자 미상. 출처: Geremine Barme, *In the Red: On Contemporary Chinese Culture*, New York: Columbia University Press, 1999.

이 되어서야, 비로소 공개적으로 공연될 수 있었다. 몇 년 뒤, 한 인터뷰에서 최이젠이 이 노래에 대해 언급한 적이 있는데, 그는 자신의 노래가 정치적인 어젠더를 담고 있지는 않지만, 그렇다고 결코 정치적 의무를 피하지는 않을 것이라고 말하였다.

　1990년대 초반, 소련 붕괴와 천안문 대학살 이후 중국은 혁명적 이데올로기와 급진적 개혁이 여전히 중대 관건이던 역사의 한 페이지를 마침내 넘겼다. 1989년 민주항쟁의 실패는 국가의 잔인함, 걷잡을 수 없는 정치, 경제정책, 그리고 절망감, 불확실, 운명론과 같은 '불명확한

(grey)[28] 문화'를 탄생시켰다. 사람들은 희생과 순국이 결국에는 아무런 결과도 만들어 내지 못하며 오직 이윤추구와 이기주의만이 판치는 것이 시장개혁이라는 것을 깨닫게 되었다. 1992년 중국과 베트남이 공식 관계를 정상화하고 전쟁이 마침내 끝났다. 몇 년 동안 중국과 베트남의 국경지대는 성공적인 경제특구로 변신하였다. 사람들은 그 적개심과 유혈사태에 관한 것을 망각하기 시작했고, '정당방위반격' 장르 역시 빠르게 대중의 눈에서 사라졌다. 이 글에서 다루어진 대부분의 대중 영화들은 새로운 양국 간의 외교 정책과 경제개발주의 이데올로기에 대립된다는 이유로 더 이상 영화관이나 텔레비전에서 상영되지 못한다. 어쩌면 정말로 1979년 중국-베트남 국경전쟁과 '정당방위반격' 장르는 중국의 냉전 투쟁의 종식을 알린 '마지막 총성'을 상징하는 것일는지도 모르겠다. 이 마지막 총성이 발포된 후, 중국의 국민들은 개인의 이익과 화폐정책, 패거리 자본주의에 의해 지배되는 미래를 향해 그들의 삶을 빠르게 변화시켜 가고 있다.

— 유화정 옮김／김성경·김미란 감수

---

28) Barme, *In the Red*.

찾아보기

필자 및 역자 소개(논문 수록 순)

권혁태 _ 성공회대학교 일어일본학과 교수. 저서로는 『일본의 불안을 읽는다』(교양인, 2010), 역서로는 『히로히토와 맥아더: 일본의 '전후'는 어떻게 만들어졌는가』(개마고원, 2009) 등이 있으며, 「사상의 사상화라는 방법: 마루야마 마사오와 조선」 등 다수의 논문이 있다.

임우경 _ 성공회대학교 동아시아연구소 HK교수. 현재 한국전쟁 시기 중국의 국민동원과 여성, 동아시아 냉전의 정착과 그 성격에 관한 연구를 진행 중이다. 주요 논문으로 「요코이야기와 기억의 전쟁: 전 지구화 시대 민족기억의 파열과 봉합, 그리고 젠더」 등이 있다.

김미란 _ 성공회대학교 동아시아연구소 HK교수. 젠더적 관점에서 동아시아의 근대와 탈근대를 연구하고 있으며 저서로는 『현대 중국여성의 삶을 찾아서: 국가·젠더·문화』(소명출판, 2009) 등이 있다.

쩡전칭(鄭楨慶) _ 홍콩 추하이대학의 아시아연구센터의 멤버이자 조교수. 중국, 대만, 홍콩과 일본을 중심으로 테레사 텅(덩리쥔)의 음악을 분석함으로써 냉전아시아를 음악을 중심으로 연구하였다. 주요 관심분야는 냉전아시아의 대중문화 및 영화이다.

김정수 _ 숭실대, 서울대 등에서 중국현대문학과 중국문화 등을 강의하고 있다. 중국 현대문학과 영화, 문화연구 그리고 여성에 관심을 가지고 연구를 진행 중이며, 대표 논문으로는 「만청 여성 전기와 국민 상상의 형성 연구」(베이징대학 박사논문, 2011) 등이 있다.

오영숙 _ 성공회대학교 동아시아연구소 HK연구교수. 한국 영화를 비롯하여 아시아의 탈경계적 영화 현상에 관심을 두고 있다. 주요 저서로 『1950년대, 한국 영화와 문화담론』(소명출판, 2007)이 있고, 역서로는 『영화의 내레이션』(시각과언어, 2007) 등이 있다.

장쥐안(張娟) _ 싱가포르 국립대학교 아시아연구소의 연구원이며, 현재 관심사는 초국적이동과 동시대의 중국과 동남아시아이다.

유화정 _ 영국 요크대학에서 박사과정 중이며, 현재 가족제도 외부의 동거 커플에 대한연구를 하고 있다. 주요 관심사는 개인적 관계, 친밀성, 섹슈얼리티 분야이다.

김성경 _ 성공회대학교 동아시아연구소 HK연구교수. 공저로는 『근대를 다시 읽는다 2』(역사비평사, 2006) 등이 있다. 주요 관심연구 영역은 문화사회학, 아시아 영화, 문화지리학, 아시아 대중문화 그리고 문화산업의 정치경제학이다.